我国农村新型合作金融组织制度的创新与发展研究

宋彦峰 著

郑州大学出版社

图书在版编目（CIP）数据

我国农村新型合作金融组织制度的创新与发展研究 / 宋彦峰著 . — 郑州 ：郑州大学出版社，2022. 9
ISBN 978-7-5645-8857-1

Ⅰ. ①我… Ⅱ. ①宋… Ⅲ. ①农村金融 - 合作金融组织 - 组织制度 - 研究 - 中国 Ⅳ. ①F832.35

中国版本图书馆 CIP 数据核字（2022）第 114688 号

我国农村新型合作金融组织制度的创新与发展研究
WOGUO NONGCUN XINXING HEZUO JINRONG ZUZHI ZHIDU DE CHUANGXIN YU FAZHAN YANJIU

策划编辑	王卫疆 李珊珊	封面设计	王 微
责任编辑	李珊珊	版式设计	凌 青
责任校对	樊建伟	责任监制	李瑞卿

出版发行	郑州大学出版社	地 址	郑州市大学路 40 号（450052）
出 版 人	孙保营	网 址	http://www.zzup.cn
经 销	全国新华书店	发行电话	0371-66966070
印 刷	郑州宁昌印务有限公司		
开 本	787 mm×1 092 mm 1 / 16		
印 张	13.5	字 数	266 千字
版 次	2022 年 9 月第 1 版	印 次	2022 年 9 月第 1 次印刷

书 号	ISBN 978-7-5645-8857-1	定 价	56.00 元

前言

如果以1979年经济体制改革为起始点，我国农村金融制度的建立和发展已40余年，从农村金融的存量改革延伸到农村金融的增量改革，成绩斐然。但是，与我国经济体制改革的总体进度相比，与城市领域的金融深化改革和发展相比，与农村经营体制改革不断迸发的活力相比，农村金融发展还相对滞后，农村金融对全面推进乡村振兴和农业农村现代化发展的支持力度还不够，反映在供给层面上即农村金融的供给无论是在数量上还是在结构上都存在不足。为进一步完善农村金融市场，我国于2003年开始新一轮的农村金融改革，并在2006年出台了放宽农村金融市场准入门槛的相关政策，实施增量改革，农村资金互助社作为合作金融的一种制度安排也在政策允许范围内。基于合作金融良好的制度特征和我国小农户广泛存在的现实基础，以农村资金互助社为代表的多种类型的农村新型合作金融组织得到了迅速发展，对于缓解农村地区信贷约束、助力农户脱贫增收、促进乡村产业发展起了一定的作用。

早期合作金融组织产生于社区内成员的资金互助，它是在农业农村经济不发达，农村金融市场信贷约束严重的背景下自发产生的，是基于合作社基本原则进行自我管理、自我雇佣，提供金融服务的一种民间组织。我国农村新型合作金融组织的发展更多的是来源于民间自发实践的结果，是自下而上的诱致性制度变迁的结果，而后政府又对其发展进行规范化管理和发展，同时为进一步缓解农村地区信贷约束，一些地方政府或行业主管部门以试点或实验的方式推进多种类型合作金融组织的发展，政府在农村新型合作金融组织的发展中发挥了主导作用。因此，新时期农村新型合作金融组织的产生和发展是诱致性制度变迁和强制性制度变迁的结果，我国农村新型合作金融组织的产生和发展既有合作金融制度变迁的一般性路径，也蕴含着我国农业和农村发展中的实际情况，以及我国农村金融体系所特有的制度安排，也有属于我国农业和农村发展阶段的特殊环境，更是迎合新时期我国农村生产经营方式的转变和创新的组织形式。

本书以现阶段我国农业农村发展的现实需要及农村金融发展的实际为研究内容的逻辑起点，结合对现阶段我国农村金融政策的解读，在梳理国内外相关文献的基础上，理清合作金融组织的本质和制度特征，并延伸界定我国农村新型合作金融组织的制度边界，进而探索我国农村新型合作金融组织得以发展的路径和制度环境，运用制度变迁理论、产权理论等分别就不同类型的农村新型合作金融组织的制度特征、组织功能等进行研究，结合当下全面推进乡村振兴战略的金融需求，最终凝练结论、提出简要的政策建议以及研判合作金融在我国的未来发展趋势。

以我国农村新型合作金融组织的发展和演进为研究内容，本书分析了我国农村金融市场的发展状况及存在问题、合作金融的本质及在我国的新发展；在制度变迁视角下探讨了我国农村新型合作金融组织的演变和发展；进一步探讨了以农村资金互助社为代表的正规合作金融组织，以农民合作社内部资金互助组织、贫困村村级资金互助组织等为代表的准正规合作金融组织等三种类型的农村新型合作金融组织制度；基于新时期农业农村发展的中心任务，以全面推进乡村振兴战略为背景，分析农村新型合作金融组织在发展中面临的机遇和现实挑战。

本书的主要贡献在于：一是针对我国目前出现的多种类型的农村新型合作金融组织，尽可能以一个规范的角度对其进行科学的界定。即按照这些组织的监管归属单位将其分为正规农村新型合作金融组织、准正规农村新型合作金融组织和非正规农村新型合作金融组织。二是将农村新型合作金融组织的创新发展放置于农业农村发展的时代背景中，并从制度变迁视角出发，对农村新型合作金融组织的发生和发展进行梳理。三是分别就农村资金互助社、合作社内部资金互助组织和贫困村村级发展互助资金组织这三种类型的合作金融组织进行比较系统的制度分析，内容涉及产权安排、治理结构、风险防范、组织认定等多个方面。

总体而言，改革开放四十多年来，我国农村金融的发展始终围绕和服务于农村改革并在其中曲折向前，农村金融也在不断完善中。就农村合作金融的发展来说，亦是历经坎坷，反反复复，在组织形态上也在不断地尝试、创新、转型或消亡，但是基于合作金融良好的制度属性以及我国小农户广泛和长期存在的现实基础，我们也相信未来我国农村金融的组织架构中始终有合作金融的一席之地。合作金融的发展任重道远，愿合作金融的实践者和研究者不忘初心，且行且努力。

当然，由于本人能力和精力有限，书中难免存在一些不足，敬请批评指正。

著者　宋彦峰

2021 年 2 月

目录

第1章 绪论

1.1 研究背景、目的和意义

如果以1979年经济体制改革为起始点，我国农村金融制度的建立和发展已40余年，从农村金融的存量改革延伸到农村金融的增量改革，成绩斐然①。特别是党的十八大以来，农村金融的改革和发展以服务农业供给侧结构性改革为主线，在助力脱贫攻坚、推进乡村振兴中发挥了巨大作用。农村金融本身也得到了巨大发展，农村金融基础设施不断完善，农村金融组织体系不断优化，农村金融产品和服务不断创新，农村金融发展的广度和深度改善明显，为巩固和提升农业农村的发展做出了突出贡献。但是，与我国经济体制改革的总体进度相比，与城市领域的金融深化改革和发展相比，与农村经营体制改革不断迸发的活力相比，农村金融发展相对滞后，处于金融抑制和金融市场分割状态，农村金融支持农业农村发展的力度还不够，反映在供给层面上，即农村金融的供给无论是在数量上还是在结构上，都存在严重的不足。

1.1.1 研究的背景

从我国农村金融市场的实际发展来看，农村金融市场的资金约束问题依然严重，农村资金需求主体，特别是一般农户、新型农业经营主体、农村小微企业等经济主体的信贷需求难以得到满足。中国农业银行半年报显示，截至2020年上半年，中国农业银行县域内个人存款余额为62 113.19亿元，而贷款余额仅为21 342.12亿元，存贷差额为

---

① 李树生，何广文，等. 中国农村金融创新研究[M]. 北京：中国金融出版社，2008.

40 771.07亿元,差额巨大。理论界对农村金融研究的学者们大多基于实地调查,对于农户以从正规金融机构获得信贷支持的情况几乎给出了一致性描述,并且农户通过非正规金融机构进行融资的行为比较频繁。如殷浩栋、王瑜、汪三贵(2018)在贫困地区的1262个农户样本的调查显示,农户在正规金融机构贷款仅占贷款总额的1/4;从非正规金融渠道获得借款金额比例高达70%以上,远远高于从正规金融机构获得的借款金额①。罗荷花、吴伶俐(2019)在分析8省2033户农户的调研数据时,发现有融资需求的农户数为1130户,占样本总数的55.58%,其中共有412户向金融机构申请过贷款,有120户的贷款申请完全被拒绝,即在所调研的农户中仅有292户获得了正规金融机构的融资支持,有贷款意向农户的获贷率仅为25.8%②。孙少岩、张景星(2020)对吉林省的调查显示,在融资时有31%的农户仅通过民间借贷,有44%的农户没有发生贷款行为,只有11%的农户仅从金融机构进行贷款,还有14%的农户同时有民间借贷和正规金融机构贷款,特别是农户发生各类消费性支出时更多的选择民间借贷③。从统计数据来看(见表1-1),近年来涉农贷款、农村贷款和农业贷款占各项贷款的比重不增反而有所下降,特别是农业贷款下降比较严重,由2010年占各项贷款比重的4.5%下降到2020年的2.5%。再以农户贷款为例,从总量来看,我国金融机构对农户的贷款余额2010年为2.6万亿元,2020年为11.81万亿元。从农户贷款占各项贷款的比重来看,农户贷款占比由2010年的5.1%增加到2020年的6.9%,优于涉农贷款、农村贷款和农业贷款的占比,但是总体来说,农户贷款占各项贷款的比重依然很低。

表1-1 历年涉农、农村、农户和农业贷款余额及占各项贷款比重(单位:万亿、%)

	涉农贷款余额	涉农贷款占各项贷款比重	农村贷款余额	农村贷款占各项贷款比重	农户贷款	农户贷款占各项贷款比重	农业贷款	农业贷款占各项贷款比重
2010年	11.77	23.10	9.8	19.30	2.6	5.10	2.3	4.50
2011年	14.6	25.10	12.15	20.90	3.1	5.30	2.44	4.20
2012年	17.63	26.2	14.54	21.60	3.62	5.40	2.73	4.10

① 殷浩栋,王瑜,汪三贵.贫困村互助资金与农户正规金融、非正规金融:替代还是互补?[J].金融研究,2018(05):120-136.

② 罗荷花,吴伶俐.基于收入异质性视角的农户融资约束评估及影响因素分析[J].农村经济,2019(11):101-109.

③ 孙少岩,张景星.普惠金融视角下农户融资方式选择特征研究:基于“粮食直补资金”担保贷款的分析[J].当代经济研究,2020(10):106-112.

续表 1-1

	涉农贷款余额	涉农贷款占各项贷款比重	农村贷款余额	农村贷款占各项贷款比重	农户贷款	农户贷款占各项贷款比重	农业贷款	农业贷款占各项贷款比重
2013 年	20.89	27.30	17.3	22.60	4.5	5.90	3.04	4.00
2014 年	23.6	28.10	19.44	23.20	5.36	6.40	3.34	4.00
2015 年	26.35	27.80	21.61	22.80	6.15	6.50	3.51	3.70
2016 年	28.23	26.49	23	21.59	7.08	6.65	3.66	3.44
2017 年	30.95	25.43	25.1	20.65	8.1	6.66	3.9	3.18
2018 年	32.68	24	26.64	19.60	9.23	6.80	3.94	2.90
2019 年	35.19	23.3	28.84	19.1	10.34	6.90	3.97	2.60
2020 年	38.95	22.9	32.27	19.0	11.81	6.90	4.27	2.50

资料来源:根据历年《中国金融统计年鉴》《中国农村金融服务报告(2020 年)》整理。

注:农村贷款是指县及县以下贷款。

再对农村新型经营主体的融资情况进行分析。随着我国农村改革的不断深入,农业经营体制机制不断创新,以农民合作社、家庭农场为代表的新型农业经营主体赋予了双层经营体制新的内涵,并实现了蓬勃发展。以农民合作社为例,自 2007 年《农民专业合作社法》实施以来,全国依法登记的农民合作社从 2007 年的 2.6 万家,发展到 220.1 万家(截至 2019 年底)。这些新型农业经营主体已经成为推动农业农村发展、引领农民致富的重要力量,也是农村资金需求的重要主体。但是,农民合作社与农村小微企业一样存在融资难融资贵的问题。《2021 年中国新型农业经营主体发展分析报告(一)——基于中国农民合作社的调查》显示,农民合作社融资难问题依然存在,农民合作社 500 强中,有 296 家合作社贷款余额为 0,有贷款余额的 204 家合作社中,贷款余额的平均值为 322.2 万元,贷款余额在 500 万元以上的合作社仅仅有 34 家,合作社贷款余额占资产比重仅为 6.6%①。根据笔者 2019 年对 8 个省农民合作社的调研数据,农民合作社获得贷款的正规金融机构主要是农村信用社或农村商业银行,以种植业合作社为例,在调研的 375 家种植业合作社中,获得贷款的合作社为 113 家,占调研样本的 30.1%。在探究农民合作社贷款难的原因时,其中“合作社缺乏抵押”是最重要的因素。

① 高杨,王军,魏广成,孙艺荧.2021 年中国新型农业经营主体发展分析报告(一):基于中国农民合作社的调查[N].农民日报,2021-12-17.

围绕解决农村金融市场约束问题,以更好地为农村资金需求主体提供金融服务,建立有效率的农村金融市场,改进农村金融资源配置效率,进而促进农村经济发展,就成为我国农村金融改革和发展的着力点。中央政府在农村金融改革过程中,先进行“存量”改革,后推行“增量”改革,目的就是要培育多元化的农村金融市场,形成合理的农村金融服务体系。增量改革就是进一步对我国的农村金融制度进行创新和发展,培育活跃的微观创新主体,形成产权形式多元化的农村金融组织,即真正实现农村地区商业金融、政策性金融、合作金融等多种金融主体竞合发展局面。从世界各国农业现代化的进程来看,无论是发达的美国、法国、德国和日本,还是发展中的印度等,它们的农业现代化进程无不得益于农村合作金融组织的发展和壮大。合作金融的发展历史悠久,而且直到现在仍被证明具有良好的制度成效,这说明合作金融制度本身具有极强的适应性和包容性。目前,随着我国具有合作金融性质的农村信用社改制农村商业银行的完成,农村地区具有合作制特性的金融机构昔日辉煌不在,在农村地区商业性和政策性金融机构已经具备的情况下,能否构建一个高效的农村合作金融体系亦是推进和完善我国农村金融体制改革的重要内容。

随着世界经济的进一步深入和银行业竞争的加剧,一些国家的合作金融组织存在着互助精神淡化、盈利和商业化倾向加重、民主管理和自治原则被削弱、合作制向商业化演进等现象。然而,合作金融组织商业化倾向的基础是这些国家工业化和城市化高度发达,农业在国民经济中的份额大幅度下降,农村人口急剧减少。尽管我国城镇化进程正加快推进,但是乡村人口依然众多,第七次全国人口普查数据显示,我国居住在乡村的人口为50 979 万人,占总人口的36.11%。农村人口依然庞大,农业和农村经济发展对资金需求规模相当大,对于正在进行的农业现代化建设来说,以合作制原则组建合作金融组织是必要的。而我国对合作金融的探索亦未停止过,回顾我国合作金融发展历史,自1919 年我国首家合作金融组织——上海国民合作储蓄银行成立,到1923 年我国近代第一家信用合作社——河北香河县信用合作社的诞生,再到新中国成立后于1951 年召开第一次全国农村金融工作会议决定重点试办农村信用合作社,其间曲折迂回、沧桑历尽。

在农村金融改革的大潮中,尽管具有合作金融性质的农村信用社逐渐商业化,但是国家对合作金融的探索并未停滞。多年来,我国政府在推进农村金融改革时,亦注意到农村合作金融的缺失,在提出发展多元化的农村金融组织同时,也及时地对合作金融的发展进行弥补和创新。特别是近十多年来,中央出台多项法规或政策支持鼓励合作金融的发展。2006 年中央一号文件在加快推进农村金融改革时指出,“引导农户发展资金互助组织”,明确提出以资金互助的方式发展合作金融。以此为契机,在农村金融改革的浪潮中,合作金融再次扬起发展的风帆。2006 年底,中国银行业监督管理委员会(以下简称银监会)发出《关于调整放宽农村地区银行业金融机构准入政策更好支持社会主义新农村建设的若干意见》(银监发〔2006〕90 号),引导农民和农村小微企业开展社区性质的信用合作组织,并在 2007 年针对信用合作组织的发展出台了《农村资金互助社管理暂行规定》,以“农村资金互助社”的名义对农村合作金融的发展进行重新阐释和创新。同时,历年中央一号文件多次提及强调合作金融的发展,如 2012 年提出“引导农民专业合作社规范开展信用合作”;2014 年又明确提出开展信用合作的基本原则;2016 年和 2017 年均提出在“农民合作社内部开展信用合作试点”,2021 年进一步提出“稳妥规范开展农民合作社内部信用合作试点”。作为农民自己的金融组织,内生于农民、农村经济组织资金需求及合作组织天然具有的扶危济困特性,在政府政策的支持下,农村合作金融组织迅速以不同的载体,通过各种发展路径涌现出来。这些新型的农村合作金融组织既有正规的金融机构,也有在相关政府部门监管下的准正规金融机构,同时亦有属于民间金融的非正规金融机构。

当下,银监会框架下的正规农村新型合作金融组织——农村资金互助社,是我国政府促进农村金融制度改革和创新的产物,是在正规金融供给不足的情况下民间内生自发金融创新产生的一种新的制度安排,也是在中国现有正规金融制度安排之外产生的真正的、正式的合作金融制度安排。但此类正规农村合作金融在发展的同时,也存在着困扰其发展壮大的一些问题:一方面,这种组织形式在运作和监管等诸多方面类似于正规的商业银行机构,与基于合作社理念的合作金融组织尚有差距;另一方面,国家主导下的农村金融制度安排使得这种新的农村合作金融组织未来几年难以在数量上实现突破,难以真正成为农村合作金融的主体。然而与此相呼应,我们注意到其他类型的农村新型合作金融组织,在国家政策的支持下却呈现很好的发展势头,如以现有的农村各类经济组织作为合作金融组织产生和发展的母体,是农村新型合作金融发展的一个亮点;借助政府的力量旨在解决贫困地区农户资金需求的贫困村村级互助资金组织,亦是合作金融组织发展的一个雏形;在深化供销合作社综合改革中,推动开展的生产、供销、信用“三位一体”综合合作试点是合作金融发展的方向;还有一些在民政部门注册的资金互助组织等民间机构。所有的这些新型的合作金融组织有别于农村信用社,它们以多种发展模式为表征,在广袤的农村大地生根发芽。新时期合作金融的实践已经对旧的农村金融体制产生了冲击,这种制度安排蕴含着中国农村社会中金融供给与需求之间的复杂利益机制,又囊括了中国农业和农村金融制度供给与制度需求的极为特殊的约束条件,更隐现中国未来农村金融制度安排的种种可能。

在经历了 40 余年的改革探索后,我国社会主义市场经济体制日益完善,为农村金融体制机制创新提供了有利环境。特别是完成了脱贫攻坚和全面建成小康社会之后,农业农村的基础地位更加巩固,“三农”工作重心亦发生了历史性转移,进入全面推进乡村振兴阶段,“三农”工作重心转移到以乡村发展为中心的全面改革上来。以往农业农村的改革常常发起于某一个行业或某一个领域,改革局部性特征比较明显,原因在于农业农村的发展基础还比较薄弱,存在一些短板和不足,难以形成相互联系相互弥补的整体推进策略。在全面推进乡村振兴的战略背景下,乡村的发展是全面的,乡村的改革需要整体的协同推进,合作金融作为农村金融改革中的重要一环,面临着角色转换与市场重新定位的新挑战。

从新型农村合作金融自身的发展来看,一方面,近十余年新型农村合作金融的发展并不是一帆风顺的,一些正规或准正规农村新型合作金融组织实质性的突破发展不大,甚至有些类型的新型合作金融组织发展一段时间后进入了沉寂期;另一方面,金融参与精准扶贫打下了良好的信用基础,普惠金融战略的推进,挤压了原本属于合作金融的发展空间,使得合作金融更是举步维艰。从农村金融的改革走向来看,一方面,国家依然致力于深入推进农村金融的改革,也在鼓励合作金融的发展,历年的中央一号文件也多次提及发展信用合作;另一方面,这种内生于农村地区金融制度亦在蓬勃生长,以多种载体或模式存在于广袤的农村大地。因此,面对新时期全面推进乡村振兴战略及农村全面改革的多重有利因素,怎样构建我国农村合作金融的完整框架,探索不同的合作金融组织模式,以适应不同地区农户和农村小企业对资金的需求;如何保障合作金融载体的可持续发展;如何通过制度创新实现合作金融支持和服务乡村振兴的重任,需要深层次探讨合作金融可持续发展的制度安排,这些构成了本研究的现实背景和初始条件。

本书以农村新型合作金融组织为研究对象,将研究的时间跨度放置于2006年农村新一轮增量改革至今,对农村资金互助社、农民合作社内部资金互助、贫困村村级互助资金组织等我国农村新型合作金融组织的发展和创新问题进行系统性的研究。

1.1.2 研究目的

农村新型合作金融组织的发生和发展是我国农村金融改革和制度创新、机构改革完善的一项重要内容,是我国农村地区银行业金融机构市场准入政策的重大突破,也是我国农村金融领域内以金融机构和产权形式多元化为改革内容的重要组成部分。自2006年以来,各地的农村新型合作金融组织的实践和发展已经显示了良好的成效,在支持脱贫攻坚和乡村振兴中发挥了重要作用,同时也为丰富合作金融理论提供鲜活的素材。合作金融实践的不断深入发展需要有适宜的理论作为指导,本书的研究目的如下:

第一,系统梳理国内外的相关研究成果,立足新时期农业农村发展的现状和农村金融改革方向,深入探讨农村新型合作金融组织的演变路径和发生机理,对我国农村新型合作金融组织的发展现状和未来走势有一个大致的判断。

第二,对新时期农村新型合作金融组织的制度实践,特别是正规和准正规农村合作金融组织制度的实践,给予比较系统、富有阐释力的解说。以农民合作社内部资金互助、贫困村村级资金互助组织、农村资金互助社等新型合作金融组织的发展为研究内容,把握不同模式的农村新型合作金融组织载体的发展路径和制度约束,探讨这些新型农村合作金融载体的制度安排和组织特征,总结归纳这些新型农村合作金融组织的发展经验和路径,探索促进农村新型合作金融组织健康发展的有效途径。

第三,希望通过理论综述和实践总结,构建一个对我国农村新型合作金融组织制度安排完整的框架,从而对我国农村新型合作金融组织的发展和创新达成更多的共识,促进我国农村新型合作金融组织向更有利于支持农业、农民和农村发展的方向前进,为缓解农村资金信贷瓶颈的政策措施提供有价值的理论依据和决策参考。

1.1.3 研究意义

本书的研究具有理论指导与实践探索意义。具体而言,本书基于已有的主要理论成果和新型农村合作金融组织的实践,重新认识合作金融组织的理论本质、揭示我国农村新型合作金融组织的发生和发展的机理和机制,从制度变迁角度对已出现的多种类型合作金融组织发展状况的合理性给予阐释,并对这些组织的制度安排进行剖析,以全面推进乡村振兴战略为背景判断我国新型农村合作金融未来发展的各种可能性,及其发展趋势。因此,在理论与实践紧密结合中,本书可为我国农村金融市场的改革和推进,以及农村新型合作金融组织的发展提供实践探索和理论支撑,为解决中国农村农民信贷约束问题提供一些有价值的解决思路。

1.2 相关概念和研究对象的界定

1.2.1 合作金融

合作金融是整个合作经济的重要组成部分,是合作经济在金融领域的体现。德国是世界合作社组织的发源地之一,1864 年德国人弗里德里希·莱弗艾森创立全球首个农村信贷合作社。合作金融以合作制为原则来安排金融活动,因此,凡是以金融资本形式参与合作,并在规定范围内专门从事金融活动的经济成分,均可称为合作金融。具体而言,合作金融是按照国际通行的合作制原则,以股金为资本,以入股者为服务对象,以基本金融业务为经营内容而形成的金融活动和金融合作组织。

合作金融有广义和狭义之分。广义的合作金融指的是一切按照国际通行的合作制原则组建和发展起来的信用合作组织,这些合作金融组织具有合作经济组织一般的特性和属性,也有随着时代的变迁其组织形态和特征出现与传统的合作经济组织不共有的特殊性。因此,在合作金融的实践中,合作金融既包括西方发达国家"商业化"和"升级化"之后的合作金融组织,也包括我国目前运作不规范的多种类型的合作金融组织。狭义的合作金融指的是严格按照国际通行的合作制原则组建,并且有与之相适应的组织职能、作用和组织行为,因此,它只包括组织制度规范且不以营利为目的的合作金融组织形态。

1.2.2 农村新型合作金融组织

我国自古以来就存在多种形式的民间合作金融组织,如合作基金会、互助储金会等,这些民间合作金融组织在运行层面有着互助合作的理念和运行规则,对于解决个人生活和生产方面的资金需求起着重要作用。

长期以来,由于我国农村金融市场改革的不充分,传统农区、欠发达地区存在着银行业金融机构网点覆盖率低、机构多元化严重不足,金融供给不足、竞争不充分的问题。国家在农村地区实施新一轮的农村金融增量改革,2005 年年底,中国人民银行牵头推动小额贷款公司试点业务的推进;2006 年 12 月银监会颁布了《关于调整放宽农村地区银行业金融机构准入政策更好支持社会主义新农村建设的若干意见》(银监发〔2006〕90 号),确立了农村金融市场准入新政,力推包括以合作制原则组建的农村资金互助社在内的三种类型的农村金融机构的组建和审批,并于 2007 年 1 月进一步出台三种类型金融组织的暂行规定。与此同时,为解决农村资金信贷约束问题,我国多个地区或行业主管部门以缓解农户或农村资金需求为目的,基于合作制原则,探索了具有合作金融性质的多种组织模式。2006 年 5 月,原国务院扶贫开发领导小组办公室与财政部联合下发通知,以金融扶贫为手段,在河北、山西等 14 个省份开展村级扶贫互助资金试点;2008 年 9 月,党的十七届三中全会决议中提出,"允许有条件的农民专业合作社开展信用合作";还有供销合作社在推动综合改革中,积极参与农村金融的改革发展,提出发展合作社信用合作,推动生产、供销、信用合作,构建"三位一体"农民合作经济组织体系;另外还有各级地方政府、部门推动组建的其他类型的合作金融组织。这些组织的出现时间大致为 2006 年以后,特别是《农民专业合作社法》颁布以后，以合作社为基础组建的资金互助组织或合作社内置的资金互助组织数量更多。以上所出现的多种类型的合作金融组织，本书均将其界定为“农村新型合作金融组织”。之所以将这些组织均视为农村新型合作金融组织，是基于如下原因。

其一，农村新型合作金融组织是以信用合作为基础，以资金为媒介的联合。这些合作金融组织存在和发展的纽带是社员投入的股金，股金的筹集源于资金需求主体相互资助的动机，在这些合作金融组织中，农户、农民合作社、农村小微企业的联合是主体，资金的联合是客体，如《农村资金互助社管理暂行规定》第一章总则的第二条规定，农村资金互助社是由乡（镇）、行政村农民和农村小企业自愿入股组成的，这与现行的农村信用社及其他正规金融机构的主体构成不一样，即为“民有”。

其二，新型合作金融组织实行民主管理。国际通行的合作制原则要求建立一个完善的民主化管理体制，社员大会是最高权力机关，理事会负责贯彻社员代表大会的决议和合作金融组织的日常经营管理，监事会主要是监督理事会和合作金融组织的管理者；在贯彻民主管理的具体措施上，合作金融组织成员实行“一人一票”的民主管理制度，如在《农村资金互助社管理暂行规定》第三章社员和股权管理的第二十三条规定，农村资金互助社社员参加社员大会，享有一票基本表决权；出资额较大的社员按照章程规定，可以享有附加表决权，即为“民管”。

其三，新型合作金融组织不以营利为目的。新型合作金融组织由弱小者共同组建，其服务的对象也是这些组建人。合作金融是由社员入股组建、为成员服务的“自为组织”，它植根于成员之中，为成员的生产、流通等环节服务，旨在解决农村资金需求主体信贷约束的问题。合作金融组织经营的目标是促进成员的经济发展和社会进步，其服务内容和范围仅限定在组织内部，而不是营利，即为“民受益”。

当然，目前中央层面对合作金融的推动，特别是银监会框架下合作金融组织（农村资金互助社）的发展要远落后于农民自发的实践活动，但是这些组织均属合作金融范畴。作为农村民间自主金融创新的产物，这些农村新型合作金融组织产生和发展路径是不一样的，所表现出来的形式也是不一样的。根据这些农村新型合作金融组织是否纳入监管范围以及监管的部门不同，可以分为正规合作金融组织、准正规合作金融组织和非正规合作金融组织三大类（表1-2）。其中正规合作金融组织根据我国银行保险监督管理委员会新规则组建，有金融许可证；准正规合作金融组织尽管没有纳入银监会的新规则，却是在各级政府或相关行业主管部门（如各级扶贫部门、各地农业农村部、供销合作社）的指导和监管下运作；非正规合作金融组织一般在无政府监管状态下运作。

表 1-2 农村新型合作金融组织发展模式

<table>
<tr><th>分类</th><th>产生动因</th><th>存在形态</th><th>资金来源</th><th>金融许可</th><th>注册情况</th><th>经营范围</th></tr>
<tr><td rowspan="2">正规</td><td rowspan="2">自发产生或根据监管新规则组建</td><td>独立存在</td><td>对社员吸储</td><td rowspan="2">有</td><td rowspan="2">工商</td><td rowspan="2">村或乡镇</td></tr>
<tr><td>与合作经济组织共生</td><td>对社员吸储</td></tr>
<tr><td rowspan="2">准正规</td><td rowspan="2">各级地方政府或行业主管部门推动</td><td>独立存在</td><td rowspan="2">不吸储</td><td rowspan="2">无</td><td rowspan="2">民政或者工商</td><td rowspan="2">村或跨村</td></tr>
<tr><td>与合作经济组织共生</td></tr>
<tr><td rowspan="4">非正规</td><td rowspan="4">农户自发组建</td><td rowspan="2">独立存在</td><td>不吸储</td><td rowspan="4">无</td><td rowspan="4">无或者民政或者工商</td><td rowspan="4">村或跨村</td></tr>
<tr><td>变相吸储</td></tr>
<tr><td rowspan="2">与合作经济组织共生</td><td>不吸储</td></tr>
<tr><td>变相吸储</td></tr>
</table>

银行保险监督管理委员会框架下的农村资金互助社，作为政府层面力推的农村新型合作金融组织形式，自 2006 年银保监会着手推行至现在，已 15 年有余。从实践情况来看，农村资金互助社在数量的发展上并不是很理想，甚至出现缩减的态势。从全国的情况看，能够按照银保监会政策规则组建，在工商部门注册并取得金融许可证的农村资金互助社少之又少，农村资金互助社的推动发展乏力。然而，反观其他类型的农村新型合作金融组织，如以合作社内部资金互助以及前期开展的贫困村村级互助资金互助组织，在数量上实现了极大的增长，这些新型合作金融组织在推动农村金融改革、缓释农村信贷约束、提高农户收入、促进区域经济发展方面起到了一定的作用，若加以规范促使其健康发展，或许是未来我国农村合作金融发展的基础，亦是重新构建我国农村金融体系的重要组成部分。

1.3 国内外研究现状

1.3.1 国外研究现状

国外对合作金融研究较早，在 19 世纪末和 20 世纪初就出现了这方面的专著，其中以德国学者的研究最为深入和系统。国外对合作金融的研究大致分为三个阶段：第一个阶段从 19 世纪中叶到 19 世纪末期，这个时期是合作金融组织起步阶段，因此，对合作金融的研究多集中在组织特征的探讨，如合作金融的组织原则、社员的权利和义务等，代表专著有法国学者季特于1923年撰写的《合作原理比较研究》和1926年撰写的《英国合作运动史》；第二个阶段从20世纪初到第二次世界大战期间，由于合作金融已经取得重大发展，并在社会经济活动中开始扮演重要角色，因此，学者们的关注点聚焦于合作金融的立法、合作金融组织与政府的关系、合作金融原则的修改和补充、合作金融组织在整个金融体系中的作用和地位等；第三个阶段是第二次世界大战以后，这时的合作金融已经成长为世界金融领域中的一股强大实力，对其研究不再局限于合作金融范畴，更多地倾向于商业金融运作机制的探讨，如合作金融资产的保值、金融业务的创新和业务的国际化等问题。国外学者关于合作金融研究的内容表现出较强的阶段性特征，而这种阶段性特征与合作金融业发展的阶段性是分不开的，但就其研究内容而言主要有以下四个方面。

一是合作金融产生和发展的原因。麦金农和爱德华·肖（1973）认为发展中国家广泛存在着“金融抑制”，走向“金融深化”和“金融自由化”的过程中，为合作金融的发展提供了广泛的机遇和发展空间。Valneuzela（2001）对一些发展中国家的50多个信贷机构数据进行分析时，认为只有存在大量低收入群体，小额信贷业务才能有盈利空间，合作社作为低收入农户的组织载体存在开展信用合作的天然优势。Hakenes（2009）以德国为研究对象，发现合作金融组织以贷款投放的方式，促进贫困地区经济增长，贫困程度越深拉动作用越明显。

二是合作金融是合作经济的一部分。把对合作金融的研究纳入合作经济研究的范畴，这些大多是市场经济发育较早的欧美国家的合作经济学者的早期观点，他们认为合作金融组织是一个通过社员的共同经营管理来促进和资助社员各自的经济活动的，其性质属司法范畴内的合伙组织和服务性企业，并且其成员也是不固定的。德国在1989年修订后的《合作社法》中关于合作社的定义是：合作社的社员数量不受限制，其目的在于借助合作社这个企业平台，对社员的收益或经济给予促进。根据这些理论，合作金融组织特征体现在：合作金融组织是建立在合作制基础之上的从事金融业务的银行类金融机构，它是由社员共同维持和经营的一个合作社企业；其最高目标是直接向其社员提供信用服务和其他服务，对社员的经济（生产或消费）给予促进。

三是合作金融是农村金融的组成部分之一。Atieno、Rosemary（2001）把合作金融置于农村金融，甚至是整个农村经济体系之中，以日本和韩国为代表，合作金融体系融于农村合作经济组织体系之中，是农协系统中的一个组成部分。在一些以农业经济为主的发展中国家，合作金融组织的产生和起源均是农业乃至整个农村经济发展的滞后性，对这些国家农村合作金融的研究也表现如此。

四是从组织的业务特征和运行机理角度来界定合作金融。就合作金融组织所具有的特征来看,其最重要的和根本的特征是一个金融组织,因此,其核心业务就是吸收存款(股份)和发放贷款(Doanl MCkillop and John O. S. Wilson,2011),由于学者们所处的时代和合作金融组织所开展的业务内容不同对其的界定而有所不同。N. Baron(1956)认为合作金融组织是小生产者或工人自发组织的团体,这个团体对社员没有人数限制、社员共同拥有资产、管理民主化等。Sonnich Sen(1980)认为合作金融是为了排除银行业金融机构的营利目的而由多数人自愿进行互助合作的,其盈余则对借款人或存款人进行平均分配。思拉恩·埃格特森(1990)从产权经济学理论角度分析了合作金融的产权制度,合作金融是一种赋予其客户的并且可以重新赎回剩余索取权的资金互助组织。Jackson(2006)通过比较银行与信用社之间各类产品的价格后,认为合作金融组织通过调整存贷款产品利率以维持平均贷款利率和存款利率间恒定的裕度。

目前,合作金融较为发达的依然是德国、法国、日本、美国等这些发达国家,信用合作组织的触角已经延伸至这些国家的每个领域,并且成为这些国家金融体系的重要组成部分。随着社会经济环境的发展变化以及金融业的高度发展,世界各国的合作金融组织纷纷发生变革,合作金融的理论和实践不断深入和拓展,合作制原则逐渐淡化,商业化和营利性成为合作金融组织变革的一个方向。

1.3.2 国内研究现状

2006 年 12 月,中国银行业监督管理委员会发布了《关于调整放宽农村地区金融机构准入政策,更好支持社会主义新农村建设的若干意见》(以下简称《意见》)(银监发〔2006〕90 号),在中西部、东北和海南省的县(市)及县(市)以下地区,以及其他省(区、市)的国定贫困县和省定贫困县(统称为农村地区),按照商业可持续原则,适度调整和放宽农村地区银行业金融结构准入政策。《意见》将"农村地区的农民和农村小企业按照自愿原则,发起设立为入股社员服务、实行社员民主管理的社区性信用合作组织"纳入新设立的银行业法人机构范畴,为农村资金互助的正规化铺垫了道路。《意见》选择四川、青海、甘肃、内蒙古、吉林、湖北 6 省(区)的农村地区作为调整放宽农村地区银行业金融机构准入的试点开展工作。

为进一步推进试点工作,规范新型合作金融组织的发展,2007 年 1 月银监会又出台了《农村资金互助社管理暂行规定》(银监发〔2007〕7 号),将农村资金互助社定义为:"银行业监督管理机构批准的,由乡(镇)、行政村农民和农村小企业自愿入股组成,为社员提供存款、贷款、结算等业务的社区互助性银行业金融机构。"并于 2007 年 2 月印发了《农村资金互助社组建示范章程》(银监发〔2007〕51 号),指导资金互助社的组建。同年

3月,按照银监会的监管规则和制度框架,青海乐都县雨润镇兴乐农村资金互助社、吉林梨树县闫家村百信农村资金互助社等首批农村资金互助社获批成立和开业。

新型农村合作金融组织的发展已15个年头有余,致力于合作金融发展的学者从自己擅长的角度对合作金融进行了多方位的研究,主要集中于新型合作金融组织生产和发展的原因、新型合作金融组织的运行成效、新型合作金融组织运行存在问题及发展前景。

1.3.2.1 产生和发展的问题指向

何广文等认为,新型合作金融组织的产生表明:第一,现有的农村金融体制无法适应农村经济发展的需要,农村金融供给严重不足,不能满足农民对资金的需求;第二,以实证的方式表明,合作金融在中国农村是有土壤的,是对合作金融的重构。第一个问题的指向是农村金融体系存在严重的结构性缺陷,农户融资渠道狭窄。国有商业银行网点撤离农村阵地,农业发展银行不直接对农户提供信贷服务,农村信用社因产权不清改革难以到位,合作金融缺位,致使农村金融供给严重不足。国务院发展研究中心农村部的调查显示,大约只有20%农户能从正规金融机构取得贷款,25%左右的农户能够从农村信用社获得贷款且均为小额短期贷款。第二个问题则多以制度变迁视角阐释了在政府不直接介入干预的原则下,以立法和政策扶持为手段营造良好外部环境,农户和农村小企业根据自身实际开展的资金合作是合作金融得以产生和发展的制度环境(何广文,2007;彭克强、陈池波,2007;董晓林等,2013;蓝虹等,2017;杨龙等,2018;王杨,2019)。小农户的大量、长期存在决定了合作金融的长期存在(戴相龙,2020)。陈立辉、刘西川(2016)认为资金互助社体现了弱势群体"自救自助"的理念,在存贷利差、产权激励、运营管理等方面具有天然的制度优势。朱泓宇等(2018)认为,实现乡村振兴,首要的就是振兴社区,而社区合作是最能激发村庄活力和形成经济发展良性循环的组织载体。

薛艳丽(2009)、王苇航(2008)、李昌平(2019)、邹一南(2020)等认为,农村合作金融对加快农业农村现代化、促进农民增收、扎实推进乡村振兴具有重要价值。现实中,农户和农村小企业不仅难以取得资金支持,更为严重的是大量的农村资金被农村信用社、邮政储蓄等农村金融机构吸收并抽走,使得农村金融机构变成"抽水机",而不是给农村"输血"。农村资金互助社可以确保农村资金不外流,将资金稳定在农村市场。同时,亦可依托农村资金互助社,促使资金回流农村,并以资金流带动信息流、人才流、物流,从而实现各种要素的有机整合,促进农村经济发展,保障农民增收。

由此可见,农村资金互助社的发展,一方面主要是为了缓解长期以来我国突出存在的农村金融供需矛盾,培育真正"服务于农民、农业和农村经济发展"的农村金融机构,积极寻求农村金融"增量"改革的突破口,重建农村合作金融,并将合作金融改革与发展置于整个农村金融体制改革与发展框架内，以此形成多元、互补和竞争的农村金融组织体系，更好地改进和加强农村金融服务。另一方面，农村资金互助社探索的是一种新型的组织关系和生产关系，这种以互助合作制为原则组建的组织载体，促进资金和产业的融合，以合作经济组织为载体组织农户产业化和规模化经营，以资金互助组织为载体实现国家财政支农和货币政策的实施，从而实现农村生产关系的调整，并以此为抓手来促进农村金融的改革和“三农”问题的破解。

1.3.2.2 运行成效

(1)以合作制为原则重构农村合作金融体系。从农村信用社发展历程看，一直强调的是农村合作金融的存量改革，而真正的合作金融事业发展并未有重大突破。政府主导下的农村金融体制使得农村信用社实质上是国有银行在基层的延伸，虽然农村信用社几经改革欲恢复合作性质，但最终走上商业化改革道路，“合作”之名已不复存在。而与农村信用社商业化改革几乎同步的农村资金互助社作为金融创新的自发产物内生于民间，与已经消亡了的农村合作基金会一样是以合作制为原则组建，显示了农村资金需求者为维护自身权益寻求合作的不懈努力(何广文，2007；王苇航，2008；段飞，2009；兰永海等，2018；李海峰等，2018)。

(2)促进农民合作经济组织的发展。日本的合作金融与生产合作、销售合作是结合在一起的，日本农协的成功为以小农为基础的农业社会提供了农业社会综合性信贷合作组织的成功案例。目前，很多新型合作金融组织是从社区经济合作组织基础上派生出来的，资金互助与产业合作共生，形成综合性合作经济的雏形(姜柏林，2010)。针对目前我国农民专业合作经济组织在发展中普遍遇到的资金问题，这些新型合作金融组织的设立可实现社员内部资金余缺调剂，可对合作社的发展提供有力支持(郝玉斌，2009；夏英、宋彦峰等，2010；熊海斌等，2017)。尽管在新一轮的农村合作金融试点推进中，并没有将贫困村互助资金纳入试点范围，但是这些互助资金组织往往与农民合作社进行合作，实现了两者的互利共赢(牛浩，2020)。

(3)促进农村资金的截留和回流。农村新型合作金融组织通过吸纳社员各种股金，可发挥资金蓄水池的功能将农村金融资本留在农村，以此缓和农村金融市场资金供给不足的问题。商业银行面对的是分散的小农户，经营成本和经营风险较高，而农村资金互助社建立在农村的熟人社区内，小范围内的信任系统十分发达，能有效利用信息对称优势降低经营成本和经营风险，商业银行和农村资金互助社的结合可促进农村资金的回流(王江、神田健策，2008)。吴杰(2010)提供的浙江省九山农村资金互助社案例显示，截至2010年2月末，互助社共发展45个村的521户社员，募集总股金由最初的54万元增加到827.45万元，并且浙江民泰商业银行以专业合作社的名义给互助社批贷资金400万元，玉环农村合作银行也承诺给予300万元贷款。陈清华等(2017)通过对宁夏农户的调研发现，合作金融的发展显著地增加了贫困户获得信贷的机会，参与互助资金能够明显增加农户对农业生产的投资。

(4)引导民间金融的有序发展。据央行调查统计司2007年对民间融资的调查推算，农村中有1.2亿农民有贷款需求，民间融资规模已经超过了1万亿元，占GDP的7%还多。民间借贷活跃，表明了处于垄断地位中的正规的农村金融制度安排不能满足农村金融需求，而农村非正规金融自身固有的不可克服的内在缺陷难以胜任金融市场进一步发展的需要，让民间金融浮出水面，使其"阳光化"是能够促进农村金融发展的，这些新型合作金融组织的出现为民间资金的正规化走上金融业提供了一条途径(黄文胜、陶建平，2009)。王江、神田健策(2008)认为推广和普及农村互助合作金融制度，亦是一场社会风尚和道德文化创新运动，可促进整个农村社会诚信程度的提高等。

1.3.2.3　发展中面临的问题

(1)外部环境支持不完善。合作金融的发展离不开政府的支持，这也是被世界各国合作金融发展的实践所证实的，也是目前处于起步阶段的我国农村新型合作金融组织发展所需要的。为保障合作金融组织的可持续发展，给予其一个独立的法人地位，诸多的学者建议尽早出台《合作金融法》，并实施配套支持政策，保证合作金融组织在统一完备的法律框架内运行，研究编制合作性金融发展规划，防止重蹈农村合作基金会的覆辙，防止像农村信用合作社一样再度"异化"(何广文，2007；王苇航，2008；薛桂霞、孙玮琳，2013；王冠群、张瑾，2016；马斌、韩守富，2017；何广文，2017；周昌发，2020)。

在《农村资金互助社管理暂行规定》出台以前，由于没有与合作金融相关的法律法规，农村合作金融组织的发展一直处于无监管状态，因此，《农村资金互助社管理暂行规定》的出台也是及时和必要的。但是，郝玉斌(2009)等人认为，监管部门为控制风险，按照现代商业银行的运作标准对农村资金互助社的设立实施严格、繁杂的审批程序，使得农村资金互助社市场准入标准过高，在一定程度上加大了农村资金互助社的组建成本和运营成本，不利于农村资金互助社的快速发展。因此，降低准入门槛，对于诸多游离于监管框架外的没有取得金融许可证的农村资金互助社来说相当重要。对于合作社内部信用合作来说，按照《农民专业合作社法》的规定，合作社可以仅设立理事长一名，不设立理事会和监事会，无法实现分权的制衡，合作社内部资金互助也易出现这种情况(王俊凤、庞博、杨德光，2017)。

(2)资金来源问题。自农村新型合作金融组织运作以来，资金问题一直是制约其发展的瓶颈。王曙光(2008)、姜柏林(2008)、蔡旺(2010)在对农村资金互助社考察时均发现,资金短缺是资金互助社面临的最大现实问题。由于农村资金互助社制度安排只能吸收社员内部存款,并且如何实现商业银行与农村资金互助社的融资对接也没有明确规定,资金互助社现有的资金存量满足不了社员融资的贷款需求。为解决互助社资金困难问题,他们也提出一些建议,如村镇银行或农村信用社对资金互助社提供批发贷款和再贷款,使资金互助社成为贷款零售商,发挥资金互助社优势确保贷款质量和贷款支农效率(孙宗宽,2007)。也有一些学者研究了合作社内部信用合作的模式,指出可以通过供应链融资的方式解决单个农户在正规金融机构融资难的问题,同时解决合作社内部信用合作资金有限的问题(汪小亚、帅旭,2014;李翠华、宋劲松,2016;孟娜娜、蔺鹏,2017)

(3)组织制度不健全。以合作制原则组建的农村资金互助社是农民自己的金融机构,但其后颁布的《农村资金互助社管理暂行规定》并没有充分体现合作金融组织的特点,而是将资金互助社过多地比照商业银行进行监督和管理,与农村合作基金会一样农村资金互助社也面临着退出机制缺位的尴尬情形(钟凌,2007)。这些农村新型合作金融组织内部治理结构不够完善,财务管理制度不够严格,会计核算制度不够健全,贷款发放与回收也不够规范,出现内部人控制现象(王苇航,2008)。特别是在现实中,多数新型合作金融组织或多或少地与合作金融经典模式发生偏离,与国家的政策导向偏离,诸如规章制度执行不力、风险防控体系不健全,违规经营时有发生等,削弱了新型合作金融组织的制度成效(陈东平、周振,2012;王俊凤、闫文;2016))。并且在具体实践中,农村合作金融在地域范围上实现了突破,在服务对象上进一步扩大,也使得新型农村合作金融发生异化(王杨,2018)。

1.3.2.4 未来发展方向

2008 年 9 月,中国共产党十七届三中全会通过了《中共中央关于推进农村改革若干重大问题的决定》,将农村金融作为现代农村经济的核心,鼓励发展适合农村特点和需要的各种微型金融服务。农户资金互助社的出现,是政府推动与农户自发相融合的金融创新,是农村信用社合作性异化以后,在正规金融制度以外出现的真正的合作金融组织,是中国合作金融的希望与未来,促进了农村金融机构和农村金融供给的多样化和多元化(何广文,2007)。但是基于现行政策,在全国范围内的试点中,相对于中国农村经济发展现状来说,现有的农村资金互助社难以满足农户和农村微小企业融资需要。从农村金融市场整体来看,互助资金目前存在资金规模较小、覆盖范围较窄、借款期限较短等问题(汪小亚,2014)。

尽管取得金融许可证的农村资金互助社数量有限,但是金融监管框架外还有其他类型、数量较多的以合作制为原则组建的合作金融组织,如合作社内部资金互助和贫困村村级发展互助资金组织,这些类型的合作金融组织均没有金融许可证。一方面合作社内部资金互助最终结果将是综合性的合作经济组织(何广文,2007;姜柏林,2010);另一方面,完成扶贫使命的贫困村村级发展互助资金组织经过改造和规范,或许可以成为合作金融组织发展的载体。但是,经过脱贫攻坚后互助资金全部退出或正规化改造可能都不符合农村合作金融市场的现实需求,可通过与农民合作社对接发展,真正实现组织的可持续发展(汪三贵,2009;牛浩,2020)。目前正在推进的供销合作社信用、生产、供销"三位一体"综合性合作组织改革及一些地方推进的农民合作社综合社建设,是现阶段合作金融发展的一个方向。尽管,农村信用社"异化",但是合作金融的发展依然是必需和必然的,只是会采取不同的形式和载体,近十多年来,各地涌现出来的新型农村合作金融组织将是我国未来农村合作金融的希望所在(王曙光,2020)。

1.3.3 对现有研究的简要评述

作为一种自发的金融组织形式,我国以合作制原则为基础对金融问题的研究始终未成为农村金融研究的主流,合作金融制度的缺失,使得我国合作金融一开始就处于现行金融体系的从属地位,失去其应有的功能和作用。"存在即合理",合作金融在发达国家经历了100多年的发展,始终长盛不衰,表现出极强的蓬勃生命力和对制度变迁的适应性,也使得目前我国农村新型合作金融组织无论在研究层面还是实践方面,都有待深入和扩展。

首先,国外对合作金融的研究比较成熟和系统,其研究对象和内容是伴随着合作金融组织的变迁和发展的,我国的学者也对国外合作金融的发展给予诸多的介绍。尽管目前国外农村合作金融组织商业化倾向严重,但是这些合作金融组织依然致力于服务其成员,国外政府对于合作金融组织在发展中的保障和支持作用是可以借鉴的。在新中国成立后的合作金融的实践中,合作金融的演进在国家和外部竞争因素的"二重结构"的双重作用下形成了合作金融的悖论:"合作升级"和"银行化"倾向。所以,我们在分析研究合作金融可持续发展的同时,不能照搬商业金融的成功经验,也不能简单套用发达国家的经验模式,要立足我国农村金融改革现状,服务于当前乡村振兴全面推进的战略需要,构建适合我国国情的农村合作金融体制。

其次,随着我国农村新型合作金融组织的发生和发展,对这些微型金融组织的认识和研究日渐增多,对农村新型合作金融组织发展的必要性、重要性也取得了一些共识,其中不乏真知灼见,但是对这种组织产生和发展的原因多数是基于此类组织制度的优越性而言，较少地将这种制度创新置于新时期农业农村发展的现实情况，特别是“三农”工作重心发生历史性改变以后，如何服务于乡村振兴的全面推进需要再讨论和定位。进一步，在论及农村新型合作金融组织如何发展的时候，往往是就某一种具体的组织类型而论，缺乏整体的发展思路；往往是就合作金融的发展而讨论合作金融组织的发展，未将合作金融的发展置于农业农村发展和农村整体改革的发展大局中。

最后，源于政策框架的认可，在多种类型的农村新型合作金融组织中，对农村资金互助社的研究比较规范，但是这种尚处于试行阶段的制度安排少之又少，而对广泛存在的其他类型的新型合作金融组织的研究尚不系统，并且对这些新型合作金融组织未来发展取向的讨论也不充分，为进一步实现这些新型合作金融组织的发展壮大，避免走以往合作金融的老路，也需要对未来合作金融的发展路径进行探讨。

因此，不难发现，将新型农村合作金融组织置于新时期农村金融改革和农业农村发展框架下，在研究其发生和发展路径、未来发展总体趋势以及新的形势下合作金融组织创新和经营方向的调整等方面，还有进一步拓展空间。

1.4 研究思路及研究方法

1.4.1 研究思路

本书主要围绕我国农村新型合作金融组织制度进行研究，并以正规和准正规农村新型合作金融组织为研究对象，对于农村新型合作金融组织的发展实践给予一个比较系统的制度解说，并致力于农村新型合作金融组织永续发展机制的探索。

因此，本书把新制度经济学作为主要分析工具，以现阶段我国农业和农村发展的现实及农村金融发展的实际作为分析的逻辑出发点，结合对现阶段我国农村金融政策的解读，以陕西省农村新型合作金融组织为主要例证对象，在梳理国内外相关文献的基础上，理清合作金融组织的本质和制度特征，并延伸界定我国农村新型合作金融组织的制度边界，进而探索我国农村新型合作金融组织得以发展的路径和制度环境，运用制度变迁理论、产权理论等分别就不同模式的农村新型合作金融组织的制度特征、组织功能等进行研究，最终凝练结论、提出简要的政策建议以及合作金融在我国的未来发展趋势。

本书认为：①合作金融组织与一般商品、服务类等合作经济组织一样，奉行合作社基本原则，具有合作社核心组织特征。②在既定制度框架下以农户和农村小微企业为主体的合作金融组织创新,是有效缓解我国农村金融供需矛盾的主要途径,而且目前这种组织创新受多种因素影响已被具体地表现为多模式同时存在和发展的态势。③现阶段我国农村新型合作金融组织的发展不仅取决于该组织自身的制度特征,并在很大程度上受外部环境(如区域发展差异、地方政府的支持等)的影响。

1.4.2 研究方法

(1)实证分析与规范分析相结合的方法。一方面,本书主要运用制度变迁理论、产权理论、合作经济理论等有关理论的成果,分析农村新型合作金融组织的发展和制度特征;另一方面,在规范分析的基础上,尽量以一些权威部门发布的统计数据,反映我国农村新型合作金融组织的发展现状和特点,力求在已有理论的基础上,对现存的和观察到的事实进行解释和说明。

(2)实地调查法。“没有调查就没有发言权”,笔者十多年来一直在关注农村新型合作金融的发展和走向,走访和调研了一些农村新型合作金融组织,这些不同地区和不同类型的合作金融组织提升了笔者的理性认识,也为笔者撰写本书提供了丰富的原始素材。本文的调研区域涉及陕西、山东、河南、浙江等地。

(3)案例分析法。单个的案例研究似乎难以具有代表性,但是既然将案例分析作为一个方法应用到本研究中,那么,本文在选择案例时尽量倾向于以典型个案代表一般大众,以此抽象提取出能够代表众多研究对象中普适性的特征。

(4)定性分析与定量分析相结合的方法。为了全面深入了解农村新型合作金融组织的特性,本文首先运用定性的分析方法对现有的农村新型合作金融组织进行分析和归类。此后,运用调研数据,对不同类型的新型合作金融组织的发展状况进行概括。

第2章 我国农村金融市场的发展现状及存在问题

我国一直高度重视金融在农业农村发展中的重要作用,始终坚持以金融的手段促进农村的全面进步、农业的全面升级、农民的全面发展,以此为导向推动农村金融改革不断地探索和深化。特别是改革开放以后,农业农村生产发展逐渐恢复,农业生产要素投入不足成为影响农业农村发展的主要矛盾,发展资金尤为匮乏。为适应农村领域改革的需要,国家一方面恢复和重建了原有的农村金融体系,另一方面在存量改革的基础上推行增量改革,逐步引入新的制度安排,丰富和完善原有的金融体系,农村金融的活力不断得到释放,农村金融服务体系实现了突破性进展,服务"三农"成效明显。党的十八大以来,农村金融积极适应经济高质量发展的内在要求,积极推动农村金融供给侧结构性改革,农村金融业不断发展壮大,与农业农村发展的协调性不断增强。而且,农村金融积极响应国家战略,助力脱贫攻坚和乡村振兴,全面落实和探索金融在这些领域的可行性,并以创新的方式不断丰富和完善农村金融体系的建设。尽管农村金融的改革和发展成效巨大,但是农村金融的改革还需要进一步深化,一些深层次的问题没有得到根本性的解决,与城市金融相比,农村金融的发展远远滞后,农村金融抑制依然存在,适应农业农村现代化建设和全面推进乡村振兴的农村金融体制需要进一步健全和完善。

2.1 我国农村金融市场总体情况

2.1.1 农村金融机构发展情况

我国农村金融市场体系的形成和发展与国家层面的制度安排、经济社会改革发展阶段息息相关。农村金融体系经历多个阶段的变革，从宏观制度设计到微观主体变革，从单一供给主体到多元体系构建，从外生的推动到内生的自发，从国家功能到农村功能等多方面的转型和发展，最终形成了现阶段的政策性金融、商业性金融和合作性金融共同发展，正规金融与非正规金融并存的农村金融供给体系。特别是自 2003 年农村金融市场体系实施增量改革以来，农村资金需求主体有了更多的融资选择，农村金融需求主体融资难、融资贵的情况得到了一定程度的缓解，多元化、多层次、分工明晰的农村金融体系日趋完善，基本形成了以农业发展银行为主体的农业政策性金融机构，以农业银行、农村商业银行、邮储银行为主体的农村商业性金融机构，以农村信用合作社为主体的农村合作性金融机构，以及多种类型存在的非正规金融机构的农村金融供给体系（如表 2-1），有力地促进了农业农村经济的发展，这些金融供给主体几乎是我国农村信贷供给的全部。

表 2-1　我国农村金融组织架构

<table>
<tr><td rowspan="9">农村金融体系</td><td rowspan="8">正规金融机构</td><td rowspan="6">银行类金融机构</td><td>政策性金融机构</td><td>中国农业发展银行</td></tr>
<tr><td rowspan="3">商业性金融机构</td><td>中国农业银行</td></tr>
<tr><td>农村商业银行</td></tr>
<tr><td>邮政储蓄银行</td></tr>
<tr><td rowspan="2">合作性金融机构</td><td>农村信用合作社</td></tr>
<tr><td>农村合作银行</td></tr>
<tr><td>新型金融机构</td><td colspan="2">村镇银行、小额贷款公司、农村资金互助社</td></tr>
<tr><td>非银行类金融机构</td><td colspan="2">农业保险公司、保险公司、证券、期货等机构</td></tr>
<tr><td>非正规金融机构</td><td colspan="3">民间借贷、合会、基金会等</td></tr>
</table>

此外，随着金融科技和普惠金融的发展，我国也探索和建立了民营银行和互联网银行。特别是互联网银行，运用金融科技探索提供普惠金融服务实体经济和大众的新模式新方法，如微众银行、网商银行、新网银行、众邦银行、苏宁银行、亿联银行、华通银行等。它们以区块链、大数据、云计算等技术为依托，为资金需求主体提供低成本和便捷的金融服务，也包括农村地区。微众银行 2020 年度报告显示，微众银行借助“微粒贷”“微车贷”等业务，践行普惠金融、加大金融扶贫资源的投入，重点支持建档立卡贫困户。截至 2020 年末，微众银行为 100 多万建档立卡贫困户发放信用贷款超过 600 亿元，为实现脱贫攻坚目标提供有力金融支持。

我国现有的农村金融组织体系为农村资金需求主体提供了多元化的选择途径和空间，当正规金融机构由于经营成本、信息收集成本及信贷政策，无法满足农村小微企业或农户资金需求时,后者可以向非正规金融机构寻求资金支持,同时由于互联网金融的发展及手机等智能终端的普及,农村地区的资金需求主体也可以通过互联网金融取得融资。

植根于农村地区的金融机构主要是农信社体系(包括农村信用合作社、农村商业银行、农村合作银行),以及村镇银行、农村资金互助社等组成,2010年到2020年,其机构数量变化情况如表2-2。农村信用合作社是我国农村金融的主力军,在支持农业农村发展、脱贫攻坚和乡村振兴中发挥了巨大作用,自身也在不断发展壮大。但是由于农村信用合作社在发展中存在一些问题,国家也在深入推进农村金融体制改革,将农信社体制改革作为重点内容,将"回归本源"作为农信社改革发展的根本方向,鼓励农村合作银行和农村信用社改制农商行,农村信用社和农村合作银行机构大量减少,农村商业银行数量不断增加。此外,村镇银行的发展得益于差异化竞争的实施、普惠金融的推进及各银行业金融机构服务于县域经济的发展等,各主办行主要面向县域和中西部地区牵头组建了大量的村镇银行。然而,由于国家管控严格、服务能力有限等,农村资金互助社作为新型农村金融机构,并未像村镇银行一样呈现快速增长的态势,机构的数量反而在减少,支农的作用没有充分发挥。

表2-2　我国农村金融机构数量

	农村信用社	农村商业银行	农村合作银行	村镇银行	农村资金互助社
2010年	1976	300	216	148	37
2012年	1927	337	147	765	49
2013年	1803	468	122	930	49
2014年	1596	665	89	1106	49
2015年	1373	859	71	1311	48
2016年	1125	1114	40	1443	48
2017年	965	1262	33	1601	48
2018年	812	1397	30	1621	46
2019年	722	1478	28	1637	45
2020年	641	1539	27	1649	41

资料来源:2012—2019年数据根据历年《中国金融年鉴》整理,2010年和2020年数据根据2010年和2020年《中国农村金融服务报告》整理。

我国农村金融的改革,旨在强化市场机制在农村金融市场中的主体地位,以及农村金融对农村地区的支持作用,切实做到不脱农、多惠农,鼓励农村金融机构强化产品和创新服务，推动农村金融机构更好地服务于农业农村的发展。在金融监管部门的大力推动下，农村信用社的改制加快，支农能力也大大增强，一些地方农信社、农商行在农村地区建立村级金融服务站、投放自助设备等多种形式的便民服务网络，填补农村金融服务空白，打通农村金融服务“最后一公里”，但是农村信用社原有的合作金融性质消失殆尽。国有商业银行和股份制银行持续完善普惠金融事业部、“三农”金融事业部、乡村振兴事业部等运行机制，下沉于服务中心，在县域设立机构网点和小微企业专营机构，缩短信贷审批链条，加大对农业产业化龙头企业、重大涉农项目和重大基础设施建设项目的支持力度。农业发展银行持续发挥其在政策性金融支农的主要作用，特别是2014年总体改革方案实施以后，农业发展银行进入了建设现代农业政策性银行的新阶段，服务领域进一步拓展到国家粮食安全、脱贫攻坚、农业农村现代化、城乡一体化等领域中，呈现出全方面支农的大格局。邮储银行发挥其在农村网点的优势，联通城乡，自2007年中国邮政储蓄银行正式挂牌成立后，定位于服务“三农”、城乡居民和中小企业，发力普惠金融，服务能力不断提升。以村镇银行为代表的新型农村金融机构在丰富农村金融体系、缓解农村金融服务不足和竞争不充分等方面发挥了一定的作用。

近年来，随着农村金融改革的持续深化，主要涉农金融机构的经营业绩和状况持续改善，农村信用社公司治理逐步完善。但是，受经济增速下行、经济结构转型等因素影响，企业和个体经营出现困难，金融机构不良贷款率有上升趋势。特别是服务于农村地区的农村商业银行不良贷款率增长较为明显，如表2-3所示，截至2019年末银行业金融机构不良贷款率为2.0%，而农村商业银行则高达3.9%，几乎是银行业金融机构平均水平的两倍。一方面农信社改制后的历史包袱依然未能完全除去，涉农信贷质量还存在一定的问题，另一方面农村地区的整体信贷质量还需要进一步提升。

表2-3　历年银行业金融机构不良贷款率(单位:%)

	银行业金融机构	商业银行合计	大型商业银行	股份制商业银行	城市商业银行	农村商业银行
2013	1.5	1.0	1.0	0.9	0.9	1.7
2014	1.6	1.25	1.23	1.12	1.16	1.87
2015	1.9	1.7	1.7	1.5	1.4	2.5
2016	1.9	1.7	1.7	1.7	1.5	2.5
2017	1.9	1.7	1.5	1.7	1.5	3.2
2018	2.0	1.8	1.4	1.7	1.8	4.0
2019	2.0	1.9	1.4	1.6	2.3	3.9

资料来源：根据历年《中国金融年鉴》整理。

2.1.2 农村金融供给情况

从农村信贷规模整体情况来看，银行业金融机构向农村地区的贷款投放总量一直保持增加的状态。2010年涉农贷款为11.77万亿元，到2019年已经达到35.19万亿元，是2010年的近3倍，但是涉农贷款占各项贷款比重自2014年后却呈现下降趋势。如图2-1所示，农村贷款总量呈现增长趋势，尽管投向农村地区的贷款比重有一定程度的下降，但是涉农贷款的大部分依然投向农村地区，农村贷款占涉农贷款比重保持在80%以上的水平，有力地支持了农村地区的建设。2010年农户贷款余额为2.6万亿元，2019年增长到10.34万亿元，增长将近4倍，其中农户贷款占各项贷款的比重也在稳步提升。近年来，农户贷款规模的不断增长，也说明国家对缓释农户信贷约束做出了大量探索，同时得益于精准扶贫和乡村振兴战略的推进，很多以前无法获取信贷支持的农户甚至是贫困户也得到了信贷支持。涉农贷款按照用途来看，农业贷款（包括农林牧渔业）远远低于农村基础设施建设、农用物质和农副产品流动类贷款，农业贷款在信贷规模总量增加的基础上，其占各项贷款的比重有一定的下降趋势。

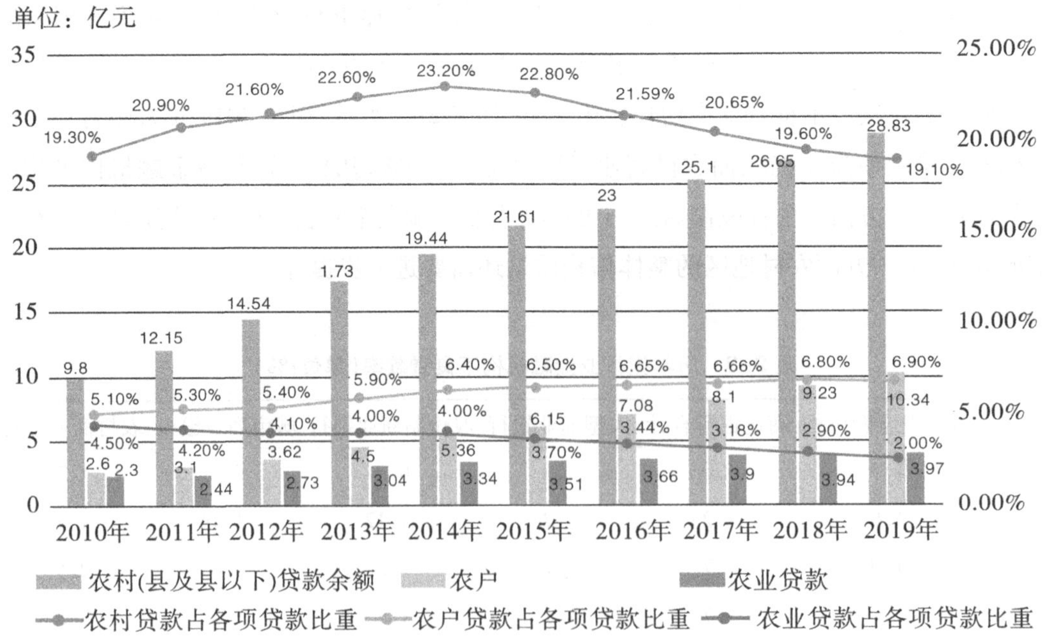

图2-1 2010—2019年我国涉农贷款规模及其占各项贷款比重

资料来源：根据历年《中国金融年鉴》整理。

从涉农贷款的供给机构来看，正规农村金融呈现出多元化的供给体系，其中农村商业银行及农村信用社是农村金融的供给主体。如表2-4所示,以2019年全部涉农贷款为例,在支持农林牧渔业和农户贷款方面,以农村商业银行为代表的小型银行占据了信贷规模的半壁江山,同时农村信用合作社在支持农林牧渔业和农户贷款方面同样贡献较大,鉴于现有的农村商业银行是由农村信用社改制后组建的,农村商业银行、农村合作银行及农村信用社组成的农信体系是农户和农业贷款的主要供给主体。而在农村贷款和涉农贷款中,以农业银行为代表的大型商业银行在支持涉农大项目、大产业等方面也发挥了重要作用,在农村贷款和涉农贷款中占三分之一还要多。农业发展银行作为政策性银行,在支持农田水利建设、农村基础设施建设等方面也发挥了重要作用,因此,在涉农贷款中也占据了一定的比例。

表2-4　2019年分机构涉农贷款情况(单位:亿元、%)

	农林牧渔业贷款		农村(县及县以下)贷款		农户贷款		涉农贷款	
	余额	占比	余额	占比	余额	占比	余额	占比
全金融机构	39 695		288 371		103 446		351 850	
中资全国性大型银行	7227	18.21	107 261	37.20	36 381	35.17	126 229	35.88
中国农业银行	3239	8.16	32 006	11.10	16 152	15.61	37 547	10.67
中资中型银行	2926	7.37	52 342	18.15	2259	2.18	82 623	23.48
中国农业发展银行	978	2.46	26 601	9.22			52 864	15.02
中资小型银行	22 476	56.62	110 958	38.48	53 793	52.00	122 961	34.95
小型城商行	1925	4.85	25 196	8.74	4287	4.14	27 378	7.78
农村商业银行	17 699	44.59	74 740	25.92	43 320	41.88	83 429	23.71
农村合作银行	458	1.15	935	0.32	571	0.55	1118	0.32
村镇银行	2178	5.49	6984	2.42	5271	5.10	7706	2.19
农村信用合作社	6926	17.45	16 377	5.68	10 746	10.39	18 296	5.20

资料来源:根据2020年《中国金融年鉴》整理。

2.1.3　农村金融的需求情况

农村金融的改革是否到位,农村金融的产品和服务供给是否符合农业农村发展的实际,关键在于农村金融的存在是否符合农村金融的需求。因此,在对农村金融市场进行分析时,亦需要梳理农村地区的金融需求主体,以明晰农村金融需求特征和内在要求,这对于完善农村金融供给与改革具有重要的意义。农村地区资金需求从主体划分来说,主要包括政府、农村经济组织(包含涉农企业、新型农业经营主体等)及农户等。不同的农村资金需求主体对信贷需求的特点是不一样的,与之对应的农村金融供给体系也呈现出多层次的特征。

2.1.3.1 农户的资金需求分析

农户是农村地区资金需求最广泛、最活跃的群体,他们也是农村经济活动最基础的因素,农户的资金需求对农业农村的发展具有重要的意义。特别是近年来,农村社会发生了较大的变化,农户呈现出较明显的异质性,而且不同层次的农户对金融需求的特征具有明显的差异性。根据农户收入层次的高低,可将农户分为贫困型、发展型和小康型。由于农户的类型不同,其对资金需求的目的和特点也有较大的差异。

贫困型农户对于资金的需求是全方位的,既有看病、教育等生活性资金需求,也有实现发展的生产性资金需求。但是他们几乎没有资产,也缺乏相应的抵押物,在农村信用体系不健全的情况下,这些群体是正规金融机构的排斥对象,他们一般会通过民间借贷的方式获得,或通过国家政策扶持、财政支持等方式获得。例如,在 2006 年,国务院扶贫开发领导小组办公室、财政部开展的“贫困村村级发展互助资金”项目,以资金互助合作方式解决贫困户发展中资金需求问题。特别是党的十八大以来,在国家脱贫攻坚战略推进的背景下,人民银行、银保监会等金融监管机构不断完善金融扶贫政策体系,创新金融扶贫模式和金融产品,引导金融机构将更多资源投向贫困地区,更好地助力贫困户脱贫致富。2014 年 12 月,国家出台了支持贫困户发展的扶贫小额信贷政策。扶贫小额信贷政策,就是针对贫困户无抵押,无法从正规金融机构获取融资而创新的金融产品,核心内容是“对符合贷款条件的建档立卡贫困户提供 5 万元以下、期限 3 年以内的信用贷款”“免抵押、免担保”“对符合条件贷款户给予贴息支持”,简称“两免一贴”,用于支持贫困户发展产业。政策的含金量很高,由于各方面原因却一直未落地。为破解这种难题,2017 年 2 月,河南省卢氏县借助创建金融扶贫实验区的契机,形成了金融扶贫的“卢氏模式”,有效破解了小额扶贫信贷政策落地难题。截至 2020 年底,全国累计发放扶贫小额信贷 7200 亿元,惠及贫困户 1500 多万,很好地解决了贫困人口发展生产资金短缺的问题,为助力脱贫攻坚发挥了巨大作用。

发展型农户已经脱离了贫困,有一定的资产或积蓄,但是也有进一步发展的诉求。与贫困户发展产业的基本金融诉求不同,这些农户需要的额度比较大,尽管这些农户可以从正规金融机构取得信贷支持,但是信贷支持的额度往往不能满足发展型农户的需求,也需要以民间借贷的方式来满足。

小康型农户较其他类型的农户有更多的资金积累,但他们生产经营行为更加活跃,也更容易从正规金融机构获得资金支持。但是他们的资金需求额度更大,基于个人信贷的产品和服务对小康型农户的支持相对有限,他们也往往会转向非正规金融机构,依靠担保等方式获得更大的信贷资金支持,同时也增加了他们的融资成本。

以下对农户资金需求的结构和特点进一步分析。表2-5给出了2006—2015年十年间农户借贷资金的来源及用途,数据来源于《全国农村固定观测点调查数据汇编(2000—2009)、(2010—2015)》。从农户借入资金的变化趋势来看,农户年内累计借入资金总额从2005年的1716.5元增加到2015年的3286.47元,年均增长6.7%,整体上呈现较为明显的增长趋势。其中,2007—2010年呈现出一个比较明显的增长过程,这期间也拉开农村金融"增量"改革的序幕,农村金融环境相对宽松,融资渠道更加丰富和多元化,农户融资整体增长较多。农户从正规金融机构和民间借贷两种途径融资额度的变化趋势保持相对一致性,但是农户从正规金融机构融资的增长速度稍高于民间借贷途径,2005—2015年农户从正规金融机构和民间借贷融资的年均增长率为7.4%和6.5%。但是民间借贷依然是农户融资的最重要渠道,以2015年为例,农户从民间融资的额度为1983.94元,占当年融资累计额度的60.4%,这说明农村正规金融机构在支持小农户发展方面依然存在一些问题,还没有充分满足农户的资金需求。农户从其他渠道融资额度较少,并且相对变化不是很大。

表2-5　2006—2015年全国农户借贷资金来源及用途

年份	借贷资金来源				借贷资金用途		
	年内累计借款金额	正规金融机构贷款	民间借贷	其他	生活性借款	生产性借款	
							农林牧渔
2005	1716.5	614.2	1060.2	42.1	866	848	283
2006	1784.40	670.7	1057.8	55.90	1000.10	782.80	242.00
2007	1669.30	643.8	970.7	54.80	999.2	819.60	261.14
2008	2125.24	905.7	1151.92	67.62	1174.56	1084.85	241.14
2009	2384.32	884.37	1470.66	29.28	1467.51	916.81	297.17
2010	2628.81	1003.97	1588.15	36.69	1579.88	1048.93	404.19
2011	2744.7	1048.56	1657.75	38.38	1649.8	1094.9	422.32
2012	2876.04	1098.87	1736.9	40.27	1729.2	1146.84	443.04
2013	3021.38	1154.56	1824.47	42.34	1816.83	1204.54	465.71
2014	3155.35	1206.04	1905.02	44.28	1897.68	1257.67	486.69
2015	3286.47	1256.36	1983.94	46.14	1976.5	1309.97	506.87

资料来源:根据《全国农村固定观察点调查数据汇编》整理。(单位:元/户)

注:正规金融机构贷款包括银行贷款与信用社贷款。

从农户借贷资金用途的变化趋势看，生活性借款和生产性借款大致上保持了增长态势，见图2-2。2005—2010年，农户融资用于生活性消费的额度明显大于生产性消费的额度，生活性借款是农户日常融资中的重要内容，并且生活性借款的增长速度更快。在对融资的渠道和融资的用途进行对比分析时，会发现生活性借款的额度与民间借贷的额度具有较高的一致性，生产性借贷的额度和从正规金融机构贷款的额度具有较高的一致性，正规金融机构仅支持农业生产，而农户在建房、婚丧嫁娶、上学、看病就医等方面的支出需要从民间渠道获得资金支持。此外，农户的生产性借款，用于农林牧渔等农业经营的比重也不高，更多的是用于经商等方面。

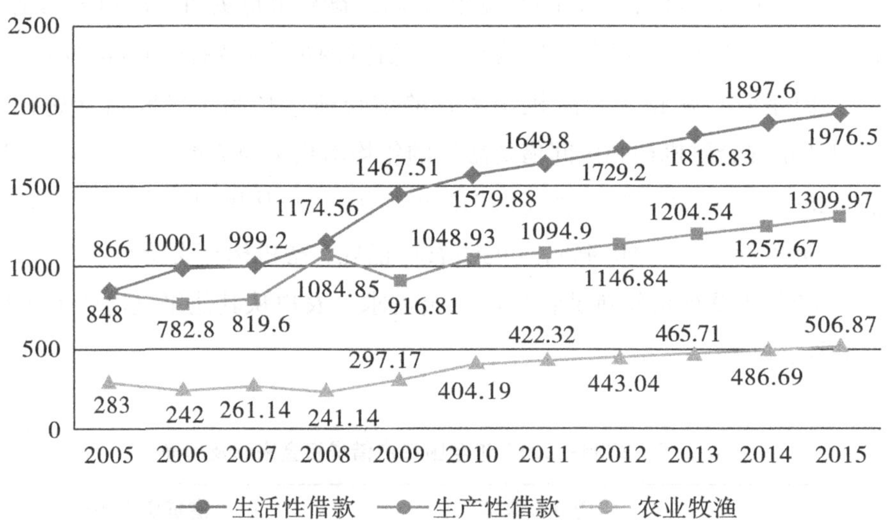

图2-2 2005—2010年农户借贷资金用途的年度变化趋势

资料来源：根据《全国农村固定观察点调查数据汇编》整理。

从全国农村固定观察点获取的数据信息可知，无论是生产性借贷还是生活性借贷，农户的资金需求都呈现明显的增长趋势，但是生活性消费是农户融资的主要用途，在生产性借贷中，用于农林牧渔经营性的借贷比重较少。农民的融资渠道依然是民间借贷，其次才是正规金融机构，说明正规金融渠道在满足农户资金需求方面还有一定的路要走。

2.1.3.2 农村经济组织的资金需求分析

农村经济组织主要包括涉农企业、新型农业经营主体及非企业组织等。这些组织在推动农业农村发展、农业现代化、带动农民致富等方面发挥了重要作用，它们也是农村金融的重要资金需求主体。同时，各类农村经济组织作为农业生产或经营的组织者也承担了农业生产或经营中的各种风险。

农村涉农企业是繁荣农村经济、调整农业产业结构、带动农民收入增加、推动农业现代化建设的重要载体，也是农村金融需求重要主体。一些规模较大、实力雄厚的农业产业化龙头企业，它们在农业生产中处于主导地位、处于产业链的核心地位，对资金的需求规模较大是农村地区各类金融机构信贷投放的优先考虑对象。但是由于农业生产具有较大风险的特征，并且我国农业产业化龙头企业整体质量不高，这类资金需求主体也存在一定的风险隐患。

作为数量众多的农村小微企业，自有资金比较有限，扩大再生产受资金因素的制约比较大。并且由于这些组织在管理中普遍存在财务管理制度、组织运行架构不完善等问题，不能满足正规金融机构信贷管理体制要求，尤其在河南更难获得商业性金融机构的信贷支持，融资难融资贵体现得更为明显。但是，近年来，随着国家推行普惠金融战略，以及推进确保小微企业贷款增速不低于各项贷款平均水平、增量不低于上年同期水平的“两个不低于”目标，各地在风险总体可控的前提下，在继续实施稳健的货币政策、合理保持全年货币信贷总量的前提下，优化信贷结构，腾挪信贷资源，在盘活存量中扩大小微企业融资增量，在新增信贷中增加小微企业贷款份额，小微企业的信贷约束出现一定的缓解。

农村非企业组织包括一些政府基层组织，以及专业协会、农民合作社、家庭农场等，这些直接从事农业生产或服务于农业生产的农业经营组织。政府基层组织如村党组织、村自治组织等，这些组织的资金需求一般是通过正规金融机构或上级拨款。而农民合作社、家庭农场等这些新型农业经营主体是国家鼓励发展的对象，近年来，其在数量和质量方面实现了较大的发展，并且在发展过程中也呈现出分化的情况，由于生产投入不同、生产方式不同，导致他们对融资需求各不相同。一些发展情况较好、规模较大的新型农业经营组织已经走上了规模化、产业化的发展道路，他们需要引进良种、购买现代化的机械设备及初加工和深加工设备等，在这一过程中需要更多的流动资金支持。他们对金融服务的需求既有短期小额的，也有长期大额的，资金需求也呈现出多层次的特点。

自2007年开始农村金融增量改革后，我国多层次的农村金融机构初步形成，农村金融的供给能力持续增强，多种新型农村金融组织的出现既缓解了农户资金约束，也对农村各类经济组织形成了一定的资金支持。表2-6是2010—2018年农村企业及各类组织贷款情况。从表中可以看出，农村企业贷款余额从2010年的65 581.2亿元增加到2018年的169 355亿元，增长了1.57倍，年均增长率12.59%。尽管农村企业贷款余额总量一直在增加，但是农村企业贷款余额占各项贷款的比重总体上呈现下降趋势，2013年、2014年农村企业贷款余额所占比重达到15.9%后开始下降，2018年农村企业所占比重较最高值下降了3.4个百分点。而农村各类组织的贷款余额及其占各项贷款的比重均呈现较严重的下降趋势，农村各类组织贷款余额最高为2015年的8008亿元，最低为2018年的4691亿元，缩水将近60%；农村各类组织贷款余额占比由2010年最高的1.3%，下降到2018年最低的0.3%，表明尽管国家比较重视农民合作社等非企业组织的发展，但是由于农民合作社发展质量不高等原因，其从正规金融机构获得信贷支持并没有进一步增强，反而是收缩和弱化了。

表2-6 2010—2018年农村企业及各类组织贷款情况(单位:亿元、%)

	农村企业贷款余额	占各项贷款比重	农村各类组织贷款余额	占各项贷款比重
2010年	65 581.2	12.90	6415.6	1.30
2011年	85 093	14.60	5352.6	0.90
2012年	103 623	15.40	5650.8	0.80
2013年	121 951	15.90	6027	0.80
2014年	133 735.3	15.90	7061.1	0.80
2015年	146 560	15.50	8008	0.80
2016年	152 659.3	14.32	6586.7	0.62
2017年	164 917.6	13.55	5425.09	0.45
2018年	169 355	12.50	4691	0.30

资料来源：根据历年《中国金融年鉴》整理。

注：农村企业及各类组织贷款是发放给注册地位于农村区域的企业及各类组织的所有贷款。农村是指县及县以下。

2.1.3.3 政府资金需求分析

政府对资金的需求主要是政府为完善农村地区基础设施建设、公共服务等这些公共物品或准公共物品的投入而产生的。一般来说，这些资金的需求量大、投资期限长，但是几乎没有盈利空间，资金的主要来源途径是财政拨款、政策性金融机构融资、社会资本投入等。如粮棉油收购、农业基础建设、农业科技投入等，特别是对于贫困地区来说，需要更多的资金投入来弥补长久以来的农业农村基础设施和公共服务等。在地方财政有限的情况下，政策性金融对农业农村发展的支持就成为满足农村地区公共物品和准公共物品资金需求的选择。

表 2-7 2010—2018 年农村地区贷款按用途分类情况(单位:亿元、%)

	农村基础设施建设贷款	占各项贷款比重	农田基本建设贷款	占各项贷款比重	农业科技贷款	占各项贷款比重
2010 年	15 617.9	3.1	1535.5	0.3	339.9	0.1
2011 年	19 286	3.3	1710	0.3	319	0.1
2012 年	22 111	3.3	2051	0.3	398	0.1
2013 年	24 257	3.2	2482	0.3	449	0.1
2014 年	27 591.7	3.3	2825.1	0.3	464.1	0.1
2015 年	32 519	3.4	3345	0.4	458	0
2016 年	40 177.39	3.77	2557.24	0.24	367.97	0.03
2017 年	51 267.97	4.21	2506.04	0.21	384.43	0.03
2018 年	56 913	4.2	2247	0.2	361	0

资料来源:根据历年《中国金融年鉴》整理。表格中 0 是由于数值太小忽略不计。

表 2-7 是农村地区的贷款按用途分类的情况,主要选取农村基础设施建设贷款、农田基本建设贷款、农业科技贷款等用途进行分析,这些用途也是农村地区公共物品和准公共物品资金的主要投向。农业基础设施建设贷款是涉农贷款中的重要组成部分,以 2018 年为例,农业基础设施建设贷款占涉农贷款总额的 17.4%,居涉农贷款的第二位。从表 2-7 中可知农村基础设施建设贷款呈现较快的增长速度,特别是 2014 年到 2017 年,并且农村基础设施建设贷款占各项贷款的比重也呈现出逐年递增的趋势。这种变化说明农村基础设施建设资金缺口也比较大,同时得益于国家脱贫攻坚和乡村振兴战略的实施,农村地区在交通、水电、生态保护等方面得到了极大的改善,农村中的一些短板逐步得到完善。

2.1.4 农业保险发展情况

自 2007 年中央财政对农业保险实施补贴以来,我国农业保险的规模不断扩大,服务水平持续提升、产品服务创新不断丰富、机制体制建设逐步完善,农业保险在助力脱贫攻坚、乡村振兴及农业农村现代化建设、保障粮食安全等重大战略或项目中起到了巨大作用。以 2012 年底颁布的《农业保险条例》为主体的农业保险法律法规体系逐渐形成,以财政部、农业农村部、银保监会、林草局等四部委于 2019 年印发的《关于加快农业保险高质量发展的指导意见》为标志,我国农业保险高质量发展进入新的阶段。农业保险在产品创新、保险标的、承保方式、保障程度、运作模式等方面都取得了显著进展,初步形成了符合我国国情及农业生产特征的发展道路。

我国的农业保险业务在规模上实现了持续增长。2007 年我国农业保险的保费收入为 53.3 亿元,2020 年增长到 814.93 亿元,13 年时间增长了 14.3 倍,年均增长率为 23.34%,如图 2-3 所示。随着农业保险市场的迅速成长,农业保险保费收入占财产保险保费收入的比重也在不断提升,2020 年达到 6.83%,成为产险市场增量的重要贡献者。目前我国农业保险规模已经跃居世界第一,成为全球最大的农险市场。农业保险在保障农民增收、支持农业发展和农村稳定等发面发挥了重要作用,截至 2020 年底,农业保险金额达到 4.13 万亿元,有 1.89 亿户次农户参加农业保险。特别在保障一些关系国计民生的农业生产方面发挥了重要作用,如在防控非洲猪瘟及重大自然灾害方面,既保障了小农户的利益,也为农业产业的可持续发展做出了积极贡献。农业保险成为防范化解农业生产经营风险的重要工具,在防灾减灾、恢复生产和保障粮食安全等方面发挥着重要作用,已经成为农业农村发展的"稳定器"和"助推器"。

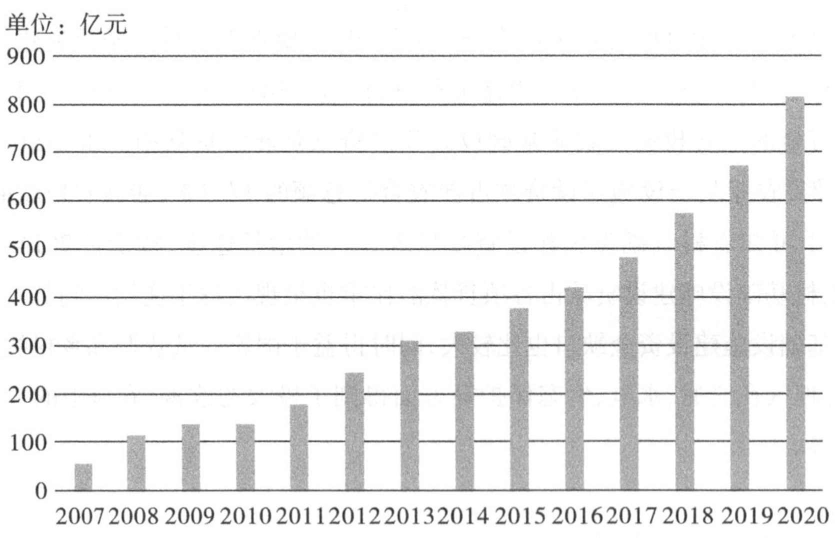

图 2-3 2007—2020 年我国农业保险保费总收入情况

资料来源:根据中国银行保险监督管理委员会网站整理。

农业保险服务的体制机制也在逐步完善。农业保险的服务体系逐步健全,服务能力不断提升。截至 2020 年底,农业保险基层保险服务网点的数量已经达到 52 万多个,基本上覆盖了所有的县级行政区、95%以上的乡镇以及 79%以上的村域。农业保险业务行业标准也在不断完善,制定了一批农业保险业务规范,推动数据标准化和规范化管理,守住市场行为底线。明确了市场主体准入标准,农业保险市场总体秩序得以不断优化。如2020年银保监会发布的《关于进一步明确农业保险业务经营条件的通知》中,明确了农业保险业务经营条件,进一步提高了农业保险业务经营标准,建立完善退出机制,促进了农业保险持续健康发展。

多年来,银保监会引导保险业金融机构强化农业保险产品和服务创新,推动农业保险"提标扩面增品",服务于现代农业的发展和地方特色农业的发展。农业保险在各地形成多点开花的局面,特色化、定制化和创新化成为农业保险服务区域农业发展的显著特征。如天津在前期试点开展地方特色葡萄、冬枣种植保险等基础上,制定了《关于开展特色农产品保险试点的通知》,并将特色险种由6个扩大为包含小站稻、稻田蟹、沙窝萝卜等48个,农业保险的覆盖面逐步扩大。

同时,也要看到,尽管我国农业保险在保费规模上已经超越了美国,成为全球第一,但是我国也仅仅是农业保险大国,农业保险的深度、密度远远低于美国、加拿大、日本等发达国家,而且农业保险市场的业务结构、市场环境还不够完善,从农业保险大国走向强国之路还有一段距离。保险产品供给、保险机构体系的建设与农业现代化和乡村振兴推进的需求相比,还有很大的发展空间。

2.1.5 农村金融创新情况

为了缓解我国农村金融市场存在的信贷约束,无论是政府部门还是金融机构,都在围绕解决农村金融市场需求主体的需求而努力。农村金融的创新不仅局限于服务农业农村发展的产品和服务方面,还包括农村金融体制机制及管理模式的创新。政府部门致力于创新农村金融市场的体制机制,并从政策和监管层面引导金融机构进行创新;各类金融机构立足自身特点及其所服务的客户群体开展了金融服务模式、金融产品、体制机制建设等方面的创新,以解决农业农村发展中的融资难、融资贵问题。

涉农银行业金融机构在农业农村优先发展战略的指引下,不断回归本源,以服务实体经济为出发点,不断对自身的组织建设和体制进行改革创新。首先是农村信用社的改革和体制创新,主动应对农业农村发展中的新特点,不断深化产权改革和创新公司治理模式,将农信社管理体制和以法人为单位的产权制度作为改革的主攻方向,改革的最终目的在于更好地服务当地经济的发展。其次,农业银行自2008年起,积极探索和创新"三农"事业部改革,探索建立长效服务"三农"的体制和机制,强化农业银行支农职责。再次,将普惠金融发展战略融入银行业金融机构的发展框架内。2017年《政府工作报告》提出,鼓励大中型商业银行设立普惠金融事业部,为小微企业、农民等在内的特殊群体提供适当、有效的金融服务，强化普惠金融事业部对“三农”、小微企业、扶贫等领域的信贷支持。同年5月，11部门联合出台了《关于印发大中型商业银行设立普惠金融事业部实施方案的通知》，对大中型商业银行设立普惠金融事业部提出了具体的要求和时间表。随后，5家大型国有商业银行及其他股份制商业银行完成了普惠金融事业部或其他专司普惠金融业务的部门或中心。最后，随着乡村振兴战略的全面推进，一些银行业金融机构纷纷成立乡村振兴金融业务部门，将服务乡村振兴提升到全新高度。与此同时，正规金融体系以外的、主要内生于农村农民金融需求的其他农村金融组织以创新的形式出现、发展和深化，特别是合作金融组织，如农民合作社内部信用互助、供销合作社开展的“三位一体”信用合作形式等，这些合作金融组织在曲折中发展和前进，在一定程度上补充和完善了农村金融市场体系。

在涉农金融产品和服务创新发展方面，各涉农金融机构积极落实和服务国家关于“三农”发展和改革的部署，精准发力，加大对农业农村重点领域和薄弱环节的支持力度，农村金融产品的创新呈现出点多面广的局面。在支持稳妥有序推进农村承包土地经营权和农民住房财产权抵押贷款试点方面，金融机构不断拓宽抵押物范围，释放农村存量资产资源的担保抵押权能，满足农业经营主体的信贷需求。如河南省积极稳妥开展农村承包土地的经营权、农民住房财产权抵押贷款试点工作，2018年全省农民住房财产权抵押贷款试点县累计发放农民住房财产权抵押贷款6.69亿元，余额同比增长27.99%；农村承包土地的经营权抵押贷款试点县（市）累计发放农村承包土地的经营权抵押贷款17.5亿元，贷款余额10.63亿元，同比增长27.85%。鼓励协同创新，加强信贷与保险、担保、期货等的合作，开展了“保险+期货”试点。“保险+期货”是期货、保险行业贯彻落实中央“三农”工作方针，利用市场化机制开展农业风险管理的重要模式创新，是跨部门跨市场金融服务实体经济的重要探索。“保险+期货”是近年来期货市场与保险行业在农产品市场风险管理上的模式创新，2016年以来中央一号文件连续提出“稳步扩大‘保险+期货’试点”。在该模式中，农险公司向农户销售农产品价格保险产品，同时向农户销售管理子公司购买相应的场外期权，而后再通过场内期货、期权市场完成价格风险对冲分散工作，实现农户“人不进场、风险进场”的效果。近几年，在中央的号召下，在期货交易所的支持下，各期货公司、保险公司、地方政府等共同推进，试点稳步开展，成效显著。自2016年开始，依托各大期货交易所的平台支持，各期货公司联合农险公司在全国各地开展了多个农产品、数以百计的“保险+期货”试点项目，取得了积极成效。如2018年，大地期货在云南省普洱市孟连县开展了天然橡胶“保险+期货”项目，在陕西省渭南市白水县开展了苹果的“保险+期货”项目；2019年在山东省巨野县、河南省鲁山县、新疆一师阿拉尔市、甘肃省静宁县以及云南省连孟县、景谷县开展了玉米、猪饲料、红枣、苹果、橡胶以及白糖等“保险+期货”项目，全年项目承包农作物种植面积超过14.6万亩，承包货值规模超过4.5亿，项目保费超过1500万，在稳定农业生产、转移农产品风险、促进农民提效增收、助推产业扶贫等方面发挥了重要作用，得到了社会各界的认可。

2.1.6　农村基础服务覆盖情况

随着农村基础设施建设的逐步完善及普惠金融战略的推进，我国农村金融的基础服务覆盖广度实现了很大的提升。

一方面，得益于农村金融体系的不断完善，正规金融体系和非正规金融体系均实现了较大的发展，两者在竞争和合作中共同推动了农村金融基础服务覆盖面的扩大。为了更好地支持农业农村的发展，金融监管部门积极引导正规金融机构建立支农、惠农、便农的绿色通道，农村地区银行网点覆盖率不断提升，多层次、广覆盖的农村金融体系持续完善。截至2020年末，全国乡镇银行业金融机构覆盖率为97.13%，全国行政村基础金融服务覆盖率为99.97%，金融机构空白乡镇从2009年的2945个减少至892个。银行账户开户数量总体保持稳步提升，Ⅱ类、Ⅲ类账户实现迅速增加。截至2018年底，农村地区各类个人银行结算账户43.05亿户（Ⅰ类账户41.22亿户），同比增长8.55%，人均4.44户。农村地区银行卡发行量32.08亿张，人均持卡3.31张。同时，为缓解偏远地区金融服务缺位，金融服务机构少或基本金融设施缺乏的问题，中国人民银行会同涉农金融机构开展银行卡助农取款服务，解决农村居民需要长距离奔波往返支取现金不便的问题，减少农村居民支取现金的时间和交通成本。人民银行在试点的基础上加大推进助农取款服务力度，助农取款服务行政村全覆盖继续保持稳定，业务量不断提升。截至2020年末，农村地区助农取款服务点达到89.33万个，覆盖村级行政区51.93万个。助农取款业务极大地改善了农村金融基础设施状况，也是推动银行卡业务在农村地区发展的一项重要制度安排。

另一方面，随着近年来互联网及移动终端突飞猛进式的发展，网上银行、手机银行等移动支付业务也在快速发展。特别是在第三方支付机构的推动下，各种电子化、创新性的支付方式在推动支付体系更加完善的同时，也为农村居民提供了各种便利。移动支付业务在农村地区高速发展，并成为网络支付的绝对主导方式，移动支付也已成为农村地区的主流支付方式。2018年，非银行支付机构为农村地区提供网络支付业务达到了2898.02亿笔，比2017年的1417.82亿笔增长了1倍，增长率为104.4%；支付金额达到76.99万亿元，比2017年的45万亿增长了0.71倍，增长率为71.11%，无论是增长数量还是增长速度都异常迅猛①。网络支付的发展,也使得 ATM 数量、POS 机数量及交易数量出现一定的下降,尽管农村地区电脑和手机的数量在不断增长,但是由于新型支付方式的崛起,网上银行及电话银行出现增长停滞甚至交易下滑的趋势。

在农村信用体系建设方面,农村信用体系是整个社会信用体系的重要组成部分,对推进农业农村现代化建设具有重要意义,建设农村信用体系也有助于解决农村资金需求主体融资难的问题。在人民银行等金融监管部门的大力推动下,农村地区的征信体系建设得到了快速的发展和完善。在普惠金融战略和金融精准扶贫政策的推动下,农村地区和贫困地区的信用体系建设,无论是信息的采集模式、采集机制还是采集手段上,均实现了较大的突破。以金融精准扶贫政策的推广为契机,对贫困地区的农户信息进行采集。以河南省为例,把推广小额信贷的卢氏模式作为全省金融扶贫工作的重中之重,推动各地加强工作力量调配,进一步完善金融服务体系,对县乡村三级金融扶贫工作机构细化完善工作标准和考评办法,严格落实责任;依托现有体系扩大信用评级覆盖面,开展中小微企业、新型农业经营主体、个体工商户等评级授信工作。截至 2019 年 6 月末,卢氏模式已基本复制推广到全省,总体上形成了覆盖全省农村地区的县乡村三级金融服务网络。采集贫困户信息 177.6 万户,占全省建档立卡贫困户的 99.7%;采集农户信息 1544.7 万户,采集中小微企业、新型农业经营主体、个体工商户信息合计 8.6 万户。以发展普惠金融为契机,大力推动数字普惠金融的发展,以提高金融服务的可得性、使用性。截至 2018 年底,共为 261 万户小微企业、1.8 亿户农户建立信用档案②。农村地区信用体系的建设和完善,一方面,从源头降低了涉农金融机构在开展信贷业务过程中信息采集的成本及所开展业务产生的风险;另一方面,信用体系的建设也能够促使农户自觉地提高和维护自身信用意识,对农户的日常行为和信用行为进行激励和约束,实现农户社会道德水平的提高。

2.2 农村金融发展中存在的问题

改革开放以来,我国农村金融改革成绩斐然,农村金融在推动农村社会转型和支持农村经济发展中起到了巨大支持作用。但是,农村金融的改革依然没有到位,一些困扰农村金融发展和农村金融体系完善的基础性问题还没有解决,农村金融的供给不足和需

① 中国人民银行:2018、2017、2016 年农村地区支付业务发展总体情况。

② 资料来源:2018 年中国农村金融服务报告。

求得不到满足的情况依然存在,农村金融在资源配置和调节中的作用发挥不够。表面上看,农村地区的金融约束依然存在,特别是农户在融资方面,从农业农村部固定观察点数据可知,农户通过民间借款的满足程度高于正规金融机构,正规金融机构在满足农村地区依然有局限性。当前,农村金融的发展依然面临着多重困难:第一,农村金融体制改革的问题,这也是农村金融抑制存在的根源,历次的改革解决了一些问题,但是改革没有触及根本矛盾,深层次的掣肘依然存在;第二,随着国家对农业农村工作的更加重视,以及农村经营体制改革中出现的一些新型主体、新的变化等,农村金融需求呈现出更多样化的态势,但是由于金融机构的供给创新不够以及农业农村的弱质性问题,金融需求主体融资难的问题依然存在;第三,随着国家金融支持三农力度的不断增加,包括社会资本在内的金融资源流向农村地区,农村金融市场的承载量也在增加,但是农村地区的金融市场环境、信用体系建设、金融基础设施的发展较为滞后,支持农村金融进一步发展和改革的基础需要进一步夯实。从目前来看,金融服务三农供需矛盾依然突出,结构失衡,影响了农业农村现代化发展目标的实现,制约了农业农村优先发展的推进。在农业农村进入新的历史发展阶段以后,农村金融对全面推进乡村振兴战略的支持是否更有效,从农村金融发展的现状来看,需要进一步的深化和发展。

当前,我国农村金融市场中存在的问题既是农村金融在改革发展中需要面对的,也是农村经济发展中的必然过程。农村金融所存在问题还是需要通过改革来解决,农村金融改革的根本方式是要依照我国农村发展的自有规律,以市场化的方式不断推进。从长期来看,农村金融未来的发展依然要靠市场化的方式去解决,满足农村地区多样化金融主体的需求,最终建立多层次的金融市场服务体系。

2.2.1　农村金融市场机制不健全

农村金融发展中存在的诸多问题,从根本上说是农村金融体制的问题,无论是农村金融的存量改革还是增量改革,在一定程度上都是对某个方面的问题提出解决方案,甚至对单个问题的解决也并不彻底,农村金融发展中需要着力解决的矛盾并未触及。尽管将农村金融发展的视角置于全球的角度,农村金融抑制性的问题一直存在,但是究其原因,主要是农村金融市场所固有的缺陷,即由于信息的不对称而产生的各种风险,以及由于这种风险而带来的高成本和低收益之间所扭曲的市场机制,仅仅依靠一些国家财政补贴或超常规手段的干预是没有办法建成一个有序的农村金融市场的。从风险的角度考量,无论是农业所面临的自然风险还是市场风险,这些都会对农业生产和经营产生一定的影响,农村地区的信用信息建设不完善也会导致道德风险的产生及逆向选择问题的产生。自然风险、市场风险等可以通过农业保险、政策性保险、期货工具等进行缓释或对冲，但是我国农业保险市场的发展深度还不够，与信贷体系的协同性也不够，农村金融衍生品市场发展也不充分。

农村金融政策体系有待改进。尽管国家对农村金融给予了多方面的支持，但是就农村地区发展的现状来看，国家对金融机构支持农业发展的扶持政策力度还不够，在机构准入、信贷管理、风险补偿、绩效评价等方面的政策性支持机制不完善。就针对信贷人员的激励和奖惩机制来说，农村地区的信贷风险和违约率较高，但是目前各家金融机构针对信贷人员的放贷行为有严格的终身责任追究制度，针对“三农”的贷款受制于多种因素会出现难以收回的现象，由于尽职免责机制不完善，信贷人员的绩效考核会受一定影响，导致了信贷人员出现“惧贷”和“恐贷”心理。这种现象已经直接或间接地影响了信贷资源支持县域经济和“三农”的发展。

从当前农村金融的环境来看，农业经营的高风险低收益特征，以及对金融机构监管趋严的情况下，金融机构服务农业农村的发展会更加审慎，即便是在国家农业农村优先发展政策及企业社会责任的驱使下，在实际中依然会将资金投向回报率更高、风险更低的行业和优质客户，如金融机构在推行普惠金融业务时会表现出“挤出效应”和“掐尖效应”，服务的依然是优质客户，一些惠农助农政策在执行中出现偏差，违背了政策出台的初衷。这也是农村金融抑制的原因所在。解决金融抑制可从两个路径入手：一是继续推行农村金融体制改革，以市场化的手段，发挥市场在价格机制调节中的作用，形成更具效率的市场结构，更加多元化的金融供给主体；二是充分发挥非正规金融对农村金融市场的补充作用，将农村金融存在的信息不对称及成本过高的问题在农村社区内部进行消除。

就第一个路径来说，国家也一直在探索和尝试解决风险和收益之间的矛盾。一方面，国家通过农村地区信用体系的建立和完善，降低金融机构开展业务过程中的风险和成本，减少因信息不对称出现的道德风险问题；另一方面，国家也通过增量改革的方式，主要以增加农村地区新型金融机构的方式，如村镇银行、农村资金互助社等，改善农村信贷约束。这些新型农村机构植根于农村地区，依托地缘、血缘、亲缘等关系，将信息不对称的成本进行内化，降低金融机构业务开展过程中产生的风险。就第二个路径而言，引导非正规金融机构的发展，如开展农民合作社内部信用合作等，同样以村社地缘的方式将信息不对称和运行成本进行内部消除。这两种改革的路径，在我国均有体现，并且在一段时间、一些地区均得到了不同程度的重视，但是在实际的执行过程中，依然出现了各种各样的问题，由于我国农村金融市场的基础薄弱，这些问题的出现有一定的必然性，并且随着改革的推进还会出现更多新的挑战。

2.2.2　农村金融市场供需不匹配

农村地区以信贷为主的金融活动中,如何满足各类金融需求主体的融资愿望是金融活动的核心问题,农村各类资金需求主体融资难的问题是供需矛盾的主要体现。特别是,随着我国全面建成小康社会,新型城镇化建设、工业化进程的推进,农村社会的经济结构和社会结构发生了较大的变化。一方面,随着农业经营体制改革的不断深入和完善,新的农业经营主体、经营方式和模式不断出现,农村地区的金融需求类型和需求结构也发生相应改变;另一方面,由于我国区域间资源禀赋不同、经济发展程度不同,农业现代化建设的进展也是不同的,农民收入区域间和区域内差距明显。2019 年,农村居民人均可支配收入最高为上海市 33 195 元,最低为甘肃省 9629 元,区域差距高达 3.45∶1。河南作为传统农业大省,2019 年,高收入组的农民家庭人均总收入为 37 022 元,低收入组的农民家庭人均总收入为 8698 元,差距高达 4.26 倍,不平衡问题突出。对于东部发达地区来说,农业农村发展中的金融需求更多地体现在加速推进农业农村现代化和城镇化中的各种金融服务,而对于广大中西部来说,传统的小农经营依然会长期存在,小农经营为主的生产性融资和消费性需求也将长期存在。对于当下的农村金融市场来说,需要结合各个地区发展的特点做出调整。

农村地区的金融供给主体依然不足。经过国家多次对农村金融的支持,农村地区已经形成政策性金融、商业性金融和合作金融在内的比较完整的金融体系,但是,这样的金融体系结构性偏差较大。目前,涉农金融机构主要是农村信用社(农商行)、农业银行、邮储银行、农业发展银行等,但是这些金融机构主要分布在县城,在乡镇有网点布局的除了农村信用社之外,其他少之又少,远远不能满足农村金融服务的需求。而真正为农村地区服务的新型农业金融机构发展缓慢,在数量供给方面远不能满足金融服务乡镇的要求。以河南省为例,河南省第三次全国农业普查数据显示,河南省共有 1822 个乡镇,48 697 个村,截至 2019 年底,河南省境内仅有 559 家村镇银行机构,3 家农村资金互助社,210 家小额贷款公司,全省境内一多半的乡镇没有新型农村金融组织的覆盖,更不用提行政村和自然村了。尤其是近些年农村信用社改制农商行,服务"三农"功能也有所弱化。

金融产品供给不能满足农村建设多层次需求。随着乡村振兴战略的深入推进,金融机构也意识到其金融产品不能很好地满足农村地区多元化的金融服务需求,与农业供给侧结构性改革相适应也开展了多种形式的金融产品和服务创新,但是其创新力度与农业供给侧结构性改革的纵深发展还不匹配。主要在于农业产业的高风险低收益与金融机构所追求的营利性目标并不一致,金融产品与农业发展的契合度、适应性不强,导致金融机构针对农业产业发展的创新积极性不高。受银行信贷抵押担保条件及金融机构创新权限的限制,银行拓展农村金融业务的范围并没有因"三农"问题的深入有更多的改善。如农民合作社和家庭农场等新型农业经营主体囿于缺乏有效的抵押担保资源,要么无法从银行获得贷款,要么需要担保公司提供担保而增加了融资成本。

农村地区资金外流情况依然严重。长期以来,在城乡二元结构的背景下,农村地区资金大量流向城市地区,在城镇化和工业化进程中发挥了巨大作用,但是农村地区却存在严重的资金投入不足的情况。进入乡村振兴时期,农业农村发展的短板日益突出,弥补这些短板需要更多的资金投入,由此国家也在努力破解城乡二元结构,加快走城乡融合的发展道路。目前城乡要素之间流通的壁垒依然存在,资金单向从农村流向城市的情况还比较严重。以中国农业银行在县域的存贷款情况为例(见表2-8),农业银行投放于县域的贷款逐年增加,但是从县域抽取了更多的存款,从存款和贷款的差额看,存贷差额不仅没有缩小反而呈现逐步扩大化的情况。

表2-8 历年中国农业银行县域存款和贷款情况(单位:亿元)

	公司存款余额	公司贷款余额	个人存款余额	个人贷款余额	存款余额	贷款余额	存贷差额
2010年	11 700.28	10 379.56	23 601.43	4375.6	35 301.71	14 755.16	20 546.55
2014年	15 015	17 371	36 445	8820	51 460	26 191	25 269
2015年	16 158	18 296	40 248	9633	56 406	27 929	28 477
2016年	18 604.49	18 733.15	44 307.52	11 991.28	62 912.01	30 724.43	32 187.58
2017年	20 591	21 292	47 226	14 058	67 817	35 350	32 467
2018年	20 981.53	22 786	50 497	16 403	71 478.53	39 189	32 289.53
2019年	21 404.52	24 864.27	55 878.15	19 267.98	77 282.67	44 132.25	33 150.42
2020年6月	23 646.89	27 634.63	62 113.19	21 343.12	85 760.08	48 977.75	36 782.33

资料来源:中国农业银行历年年报。

注:2010年统计口径为"三农金融业务",其余年份统计口径为"县域金融业务";历年公司类贷款不含票据贴现业务。

随着城镇化进程的加快,农村地区消费性金融需求更加明显。在传统的农村金融供给中,主要以生产性金融供给为主,由于农民的收入及可抵押资产少,正规金融机构对农村消费性金融的要求更加严格,消费性资金需求主要源自民间借贷。随着农民进城速度的加快及消费水平的提升,农村居民在购房、购车、教育、医疗等方面的资金需求增加,这些城镇化进程中的农民是消费性金融的潜在群体,并会随着城镇化的建设呈现快速膨胀的态势。

更进一步，由于一些富余的农户有了一定甚至较多的财富积累，他们的金融服务需求是对财富的管理，单一的储蓄增值业务已不再满足这些群体的金融需求，实现财务的增值、投向更多的增值渠道，享受与城市居民同样的金融服务和财务管理服务，亦是未来农村金融需要关注的领域。

2.2.3　农村金融市场功能不健全

农村金融市场功能不健全，主要在于当前我国农村金融市场的基础设施建设比较滞后。例如，农村信用体制机制不健全、农村担保体系不完善、农业保险的风险分担功能还不够，这些都是农村金融市场的短板，在一定程度上影响了农村金融的配置效率。

在农村信用体系建设方面，我国农村信用体系建设取得长足进展，但并不代表农村地区信用体制机制的健全。《2020 年中国农村金融服务报告》显示，我国已有 1.9 亿农户建立信用档案，1.33 亿户农户开展信用评定，信用信息体系建设取得了巨大进步。但是，信用信息的建设与农村地区的金融市场发展并不协调。一方面，信用信息的建设大多是政府发动和主导，农户更多的是被动的广泛参与。不少农户的信用意识依然不够，对农村信用体系建设的意义和内容不了解，特别是未发生过信贷业务的或不能从金融机构融资的农户对农村信用体系的认识甚至为“空白”，没有参与农村信用体系建设的动力和意愿。另一方面，政府主导语境下的信用体系建设，与金融机构的信用管理还不能实现完全对接，金融机构与信用评价结果挂钩的信贷产品创新不足，金融机构在信用评级过程中，仍需要按照自有的信用评级办法对信用信息进行收集整理，存在资源浪费和重复工作的现象。此外，信用平台建设也不完备，存在信用信息更新不及时，各部门之间涉农信息数据共享不充分等情况。

现阶段农村金融市场的信贷业务主要采用抵押贷款和信用贷款的方式。信用体制不健全，农户信用贷款主要采取联保的方式，规模较小。而抵押贷款的方式比较难以推进，主要是农户或农村小微企业缺乏有效的抵押品。现阶段，农村地区主要的流通资产是土地的使用权及经营权，但是这些权益都是围绕产权制度及其配套制度都不完善的土地开展的。尽管国家在不断推进农用地、农村集体经营性建设用地和宅基地改革，以及开展农村承包土地的经营权和农民住房财产权抵押贷款，但是“两权”抵押依然在试点阶段，相关的产权改革配置制度也不完善，如关于“两权”的价值评估和变现的统一标准难以确定，产权流通的流动性差，存在有抵押无法衡量价值的情况。

金融服务“三农”领域风控难度加大。农业的高风险性造成涉农贷款劣变压力大，同时受宏观经济及产业周期影响,实体经济形势不好,企业资金链断裂风险加剧,企业不良形势严峻,银行在“三农”领域的风险防控难度加大。农村地区的风险分散和转移机制主要为抵押担保,目前“互保圈”“联保圈”的不良贷款呈现上升趋势,“互保”“联保”业务模式难以开展,直接影响农业经营主体的融资行为。并且随着金融支持农业供给侧改革的深入,对农村地区资金需求的持续投放,存量贷款规模在持续攀升,也会造成金融机构风控压力的不断加大。此外农村信用体系建设滞后,银行机构难以准确获知借款风险信息。部分农户信用意识淡薄,涉农贷款不良率较高,逃废债现象仍然存在。

除了以上几个方面之外,农村金融的资本市场发展滞后、风险管理体系不健全等也是农村金融发展中存在的问题。解决这些问题需要以改革的方式推进,并且要全部解决这些问题,需要综合的配套政策统筹推进。但就弥补信用体系不完善、风险管理体系不健全及金融机构供给体系不健全等方面的因素考虑,深入推进农村地区新型金融组织的发展是一个重要路径,既能弥补商业性和政策性金融机构在农村金融市场的供给缺失,也能将信息不对称的成本进行内化,主要满足农村地区广大农户和农业经营主体的资金需求,最终实现促进农村经济的稳定发展。

2.3 农村金融发展困境的原因探析

我国农村金融的发展中,金融资源的配置问题最为关键。站在资源配置的角度进行分析,资源的配置有两种,一种是计划配置,一种是市场配置。依靠市场的手段,有较高的效率和活力实现资源的资金有效配置。然而市场也不是万能的,在对稀有或对有限资源进行配置时,市场作用的机制便会出现问题,需要政府的干预来协助解决市场机制调控的不足。但是政府的不当干预也会导致另外一种非常市场失灵状况的发生,即政府失灵。我国农业农村的发展即是如此,在过去很长一段时间内,我国的工业和城市实现了较大的发展,包括金融资源在内的其他要素更多地向这些领域聚集,导致我国呈现出显著的城乡二元经济结构特征。在此背景下,城乡金融也存在显著的差异。如今,农村地区金融发展中存在的问题便是我国金融体制改革以及经济发展过程中形成和积累的,也是由于当时我国经济社会发展的现实情况造成的。

2.3.1 政府对农村金融的不当干预

新中国成立以来,包括农村金融在内的经济体制改革都是建立在政府主导的基础上。改革开放之前,我国计划经济体制下对政治经济秩序的管控对农村金融体制改革影响也比较大,政府在金融资源的配置上发挥着绝对性和主导性的作用。改革开放之后,我国逐步由计划经济体制过渡到市场经济体系,但是长期以来形成的二元经济体制并没有得到很快的解决,农业农村改革进展缓慢,农村金融的改革尽管也在推进,但是力度和效果并不尽如人意,农村金融市场的发展远远滞后于城市地区。

一是农村金融市场的供给主体,长期以来一直是国有金融机构在农村市场中处于垄断地位,垄断现象的存在使得农村地区的金融体制及相关金融机构没有较强的动力去推进制度变迁。农村地区金融市场整体改革或局部改革的推进是依靠政府的自上而下的推进,也就是说长期以来农村金融的改革是依靠政府的行政命令推动的,并衍生出新的金融制度或金融组织。长期以来,农村金融机构是由政府主导的共有产权在形式上的变化,从某种意义上说是行政垄断的一种表现形式。如在1998年,人民银行推动国有商业银行的分支机构改革,发布了《关于国有独资商业银行分支机构改革方案有关问题的通知》,四大国有商业银行开始了有史以来规模最大的一次撤并网点的活动,然而在撤并的网点中数量最多的是服务于农村地区的农业银行,农村地区的金融机构网点数量急剧减少。由于商业性金融机构网点的迅速减少,加之政策性金融的业务不足、本身竞争力不足等问题,使得农村信用社成为农村金融市场的主力军,并处于垄断地位。但是这种垄断地位和主力军的作用并没有发挥金融支农和助农的真正作用,农村金融市场的效率低下。

二是我国政府部门历来比较重视金融风险的防范,鉴于审慎经营和发展的理念,政府部门基本上采取了比较保守的改革,通过渐进式或局部改革的方式以减少改革中的摩擦成本,以保障金融体系的安全运营及达到全面防范金融风险的目标。国家出于自身的需求,会制定出适宜的金融改革模式,从而更好地达成改革方案和实现改革目标。农业银行的变迁历史便是很好的例证,政府对农业银行的变革是立足于服务经济总体发展目标而设定的,表现在机构网点的变迁上就是,需要扩大农村金融资源时,农业银行在农村地区的机构网点随之扩大,一旦出现运营成本过高和效率低下的问题,便着手削减机构数量。政府对农村金融的改革,主要是强制性制度变迁的结果,是建立在国家效用最大化的基础之上的,金融支持农业农村发展的作用没有体现出来,使得改革成为一种自上而下的制度变迁活动,政府制度以外的创新道路不畅通。强制性制度变迁的改革使得农村金融市场长期处于垄断的状态,最终的表现是农村金融市场的供给严重不足。

2.3.2 农村金融市场的改革目标不明晰

我国农村金融改革的推进出于稳定金融风险和服务经济发展的总体目标,在改革路径方面沿着循序渐进的基调推进，但是在改革的过程中，并没有针对农村金融抑制的根本原因进行深入的探讨，在改革的定位和目标的设定上存在一定的模糊性和僵化性。

一是农村金融改革的目标具有模糊性。从我国农村金融改革的进程来看，特别是宏观层面上，改革的目标往往具有不明确性，改革的方案和政策只是设定一个大的方向，定性的描述多，定量的目标设定缺少，往往也缺少必要的实施方案。若是从改革的角度来讲，定性式的改革相对来说更有效率，容错和纠错的空间也比较大，给改革留有较大的空间。但是，由于我国行政体制的特点，使得政策在自上而下的传导过程中，会出现一定的偏差、失真以及约束性政策的加码，中央层面的政策决策和地方层面的实施细则存在一定的偏差。在城乡二元结构的形成过程中，城市的发展和工业的发展是重点，农业农村的发展没有得到足够重视，加之农村金融发展带来的收益与风险不匹配，农村金融改革的实际效果会打一定的折扣，改革的推进难以取得实质性的进展。具体到改革内容本身，农村金融的改革指向与最终落脚点也不一致，改革的最终行动往往具体到金融机构的变动方面，甚至是机构网点数量的增加或减少，改革的目标定位在金融供给底层也出现一定的偏差。

二是农村金融改革目标的僵化性。与城市的发展相比，农业农村具有天然的弱质性，农村金融的改革和发展需要各方政策的支持以建立健全的农村金融市场体系，并通过完善的金融市场机制作为调节手段，实现农村经济的发展和农民收入水平的提高。但是，从目前农业金融改革的整体态势上看，改革的目标依然是沿着以往的改革路径推进，对农业农村新的发展战略，新的发展态势和模式应变不足，调整农村金融发展方向的应对不及时。一直以来，农村金融改革的主要取向是解决农村金融的抑制问题，围绕农村资金需求主体融资难融资贵的问题展开。农村金融改革在适应脱贫攻坚、乡村振兴等方面已经有一定的调整，但是在前瞻性上还不够，随着全面小康社会的建成，当前农村地区对金融的需求不仅仅是农业生产领域，呈现出更多层次和更多元化的特征，依然将农村金融改革的主要取向置于解决农村地区信贷约束方面是片面的，需要将农村金融的改革放置于全面推进乡村振兴战略、农业农村的高质量发展、农业农村的绿色发展中，甚至要助力农业的发展参与国际的竞争。

2.3.3 农村金融的改革路径出现偏差

与国外农村金融以合作金融为主的体系不同，我国农村金融是以政府为主导的发展模式，农村金融的发展更多是自上而下的改革，不是自下而上内生于农业农村的需求，与当前我国农村整体经济体制的改革自下而上的路径也不一致。农村金融的发展与农业农村的发展有一定的偏差，这种偏差的结果导致了内生于当前农业农村新出现的多样化金融需求与外生于农村金融发展的单一金融供给之间出现严重的不协调性，体现在表面就是金融供给总量、供给主体不足，以及结构性供给矛盾突出。

一是将农村金融改革过程中市场化与商业化等同。我国金融体制在改革过程中经历了单一化到专业化再到商业化的过程，农村金融体制的改革具有相似的路径，经历了一体化—专业化—商业化的转变。截止到目前，农村金融商业化的趋势和现状已经越来越明显。特别是随着农村信用合作社改制的推进，农信社具有的合作制性质已经消失改制成为农村商业银行等金融机构，各类涉农金融机构在农村金融市场的功能和作用趋向雷同，走向了商业化的道路。从农村信用社商业化的发展过程来看，农信社在农村地区的经营效率不高、活力不够，尽管这与其自身经营管理体制存在一定的关系，但是农信社作为合作社原则组建的金融机构并没有体现出真正的合作制原则，与内生于农业农村发展的各项金融需求不符。商业化是市场化的一个方面，但是不是市场化的全部，在农村金融的增量改革中，依然存在这样的问题。现阶段体现合作制原则的农村金融机构是农村资金互助社，但是农村资金互助社在组建过程中，按照国家的相关政策依然是以商业化管理模式来安排的，机构的合作制运行与商业化的国家监管模式存在一定的不协调性。对于以市场经济为主要调节手段的农村金融市场来说，市场化依然是未来农村金融改革的主要方向，而金融市场主体的活力和能动性的发挥才是农村金融市场健康发展的动力。

二是将合作金融等同于民间金融。合作金融的组建原则是合作制，是按照合作制的制度安排形成的一种金融组织模式。源于农民内生性的合作金融在我国一直存在和发展，但是整体上看，起始于农村地区的合作金融基本上没有被纳入正规金融体系，并且往往在尝试—发展—高潮—低潮或消亡的过程循环重复。即便是如此，起始于民间金融的合作金融亦表现出顽强的生命力，往往在历史和现实允许的情况下，迅速地萌生、成长和壮大。合作金融与民间金融一样内生于农村地区，在信息成本和监督成本方面有着天然优势，是商业性金融和政策性金融的有益补充。合作金融与民间金融不一致的地方在于，合作金融的组建是以合作制为逻辑起点的，是农村金融发展的一种组织形式。我国最初的农村信用社也是按照合作社原则运行的，但是在经营过程中合作制的功能发生了偏移，最终出现商业化。在我国合作金融的发展历史上，由于众多的合作金融组织，在经营中出现偏差，并且政府在其发展中也没有进行及时的引导和监督，与民间金融一样出现了诸多的风险状况。对于出现的风险事件，政府部门与处理民间金融一样，往往是取消或取缔。在这种情况下，合作金融几乎等同于民间金融的存在，在其发展中很难有良好的成长土壤，其在农村金融体系的作用也没有完全发挥出来。

第3章 合作金融的演变及我国农村合作金融的创新发展

我国农村合作金融的发展反复而曲折，典型的组织载体如农村信用社、农村合作基金会的发展始终伴随着诸多的是是非非，在二者的发展或者改革过程中由于政策导向的偏差和实践中的偏离，及其在发展过程中没有坚持贯彻合作制的基本原则，使得这两类金融组织与合作制原则渐行渐远。

因此，对于我国农村合作金融的新发展，首要的问题是我们需要对其进行重新认识和定位。一方面，对合作金融本质的考察是为了界定和明晰这些新型金融组织的属性及其本源；另一方面，对国内外合作金融的演变的考察有利于准确定位现阶段我国农村新型合作金融组织的发展和这种组织制度需要和应该发挥的功能。

3.1 合作金融的本质

合作金融以合作制为理论基础，并与合作社制度相伴存续，亦是合作社制度在服务方式和组织模式上的衍生。合作社则在其历史存续中随着市场经济环境变化和组织成员的行为选择偏好而演变，反作用于合作制，形成制度变迁。从合作运动的历史轨迹看，合作社是在其制度变迁的进程中成长与发展壮大的，合作社运行原则是实现合作制核心价值的指导思想，也是制度变迁的主要标志。实践表明，作为指导合作运动主流的经典合作制原则发生着由传统向现代的转变。

3.1.1 合作经济的基本特征

合作经济与公有经济、私有经济相并列，作为一种制度资源也被称为合作制。在合作经济的绵延发展历程中，随着市场经济环境的变化和组织成员的行为选择偏好，其组织特征也有所演变，进而促进合作经济的制度创新。制度经济学理论认为，合作经济组织是一种介于完全外包市场组织与内化组织之间的组织形态。就是说，合作经济可改变市场主体之间的外部市场交易关系，使其具有某种程度内部化的非市场关系；在产权关系上，社员有独立的私有资产所有权，对社内资产的共有程度则建立在共同约定的基础上，因素有着很大差别。因此，合作经济所体现的是生产要素的组合与配置方式或某一种经营方式，并非特定的所有制形式，在经济属性上居于公有经济和私有经济之间的中间位置。合作社作为工具性组织，既适应于资本主义市场经济环境，更适合于社会主义市场经济体制。

在实践中，合作经济是经济社会发展到一定的阶段，人们以民主自愿为原则，为最大限度地避免和降低风险、最大限度地创造或提高收益而建立起来的，一种合作成员共同所有、民主管理的组织形式。合作社是合作经济的基本组织单元，服务于弱势生产经营者，采取集体行动的一种介于市场与企业之间的制度安排。合作社起源于西方国家，从被公认为最早的1844年获得成功的罗虚戴尔公平先锋社算起，至今已有170多年的历史。对于中国来说，发展农民合作社的历史并不长，成功办合作社的经历更不多，新中国成立后至改革开放前我国农民合作的发展从最初的初级社，最终走向“一大二公”的集体，很重要的一个原因是对合作社的认识不足，那时向苏联学习来的并不是合作社，而是吃大锅饭的集体经济；农村改革开放以来，新型合作经济开始发端，从专业技术协会到农民专业合作社，逐步形成大发展之势，直至成为我国农业经营体系中的重要组成部分。因此，认清反映合作经济基本价值观、特有文化、稳定而持有的核心制度，即合作组织的组织特征，是迈向合作经济组织的第一步，也是规范发展合作经济组织所必需的。

合作社原则是一种基于理念的认识上的共识，不具有法律意义上的约束。对合作社组织特征的认定除了从基于原则所揭示的合作理念与制度规定外，世界上合作社历史悠久、发展成熟的国家，一般都对本国合作社有了上升至法律形式的规范。

透过各国合作社法，可以看到合作社立法的基本共同点，即鉴于合作社具有区别于其他市场经济组织载体的功能、作用，在世界范围内有相通的价值理念、通用的一套基本运行原则与组织特征，因此，其一，给合作社以区别于其他经济组织的、独立的法人地位；其二，大多数国家的合作社法都给予合作社以政策扶持，扶持合作社成为各国政府义不容辞的责任。

此外，还可观察到，发达国家有关合作社的法律制度已经比较完备，能够形成与本国司法体系相适应的合作社立法条款；不同国家合作社立法内容综合反映出各国政府考虑本国实际，并遵循经典合作的基本原则后对本国合作社的认定、发展规范与政策保护措施。这其中既有创新,也有继承,说明现代合作社发展是可以在保持基本的经典原则基础上,实现规范发展与壮大的协调统一。

以我国《农民专业合作社法》为例,2007 年颁布施行,新的修订版于 2018 年生效,修订后共 10 章 74 条,其中既有对经典合作制基本原则的继承与体现,也有体现中国特色的方面。继承体现在自愿原则、民主管理原则、盈余返还原则、共同利益原则,这四项原则是对经典合作制"同一原则""民主管理"原则的传承;在创新方面,《农民专业合作社法》确立了农民为主体的原则,并在此前提下规定涉农企业等法人成员可以加入合作社,这一变通原则从理论上说,与"同一原则"并不一定产生冲突,但在运行中是否会影响到农民专业合作社主体——农民成员的自治、自立与自主的行为效果,需要有相应的运行机制对农民主体利益加以保护。这的确是在《农民专业合作社法》实施中需要重视的问题,也是规范和壮大我国农民专业社发展所要面对的现实问题。

3.1.2 合作金融的基本特征

合作金融是合作经济的重要组成部分,是合作制原则的一种特殊表现形式,一般认为,合作金融是以国际合作制原则为标准,以社员的股金为资本,以社员为基本服务对象,以既定的金融业务为经营内容的经济组织,因此,合作金融组织在组建过程中须遵循合作制的基本准则。世界上第一个信用合作社发源于德国,经过 100 多年的发展,农村合作金融组织已遍及全世界,无论是以美国、德国等为代表的专业性信贷合作社为组织单元的欧美合作金融发展模式,还是以日本和韩国为代表的综合性信贷合作社为组织单元的东亚合作金融组织模式,信用合作运动都有了长足的发展,这些国家的合作金融组织在农村金融体系和农业领域中均发挥了重要作用。

金融业具有典型的规模效用,商业银行拥有充足的资本和广泛的服务网络,使得其在规模化和商业化的竞争中优势明显,然而社区性质明显的合作金融组织在全世界的蓬勃发展也无可辩驳地证明了它的强大生命力。那么为什么合作金融组织在竞争激烈、风险极高的金融领域能够生存和发展?关键并不在于资金需求者的融资动机,而在于合作金融组织特有的制度优势,其本质在于融资主体在正规金融市场受到"极差待遇",而以个体利他(互助)换取利己(融资)的现实可能性,使一部分在经济活动中处于弱势地位的主体采用合作组织形式实现金融融通,其根源在于交易意识和交易成本降低的动机。对于广大的农村地区来说,地缘优势使合作金融组织在与农村中分散的农户和农村小企业交易时具有更小的成本和更高的效率,能够适应资金需求者分散的、多样化的融资需求,特别是低廉的管理监督费用和微不足道的信息费用,使其在面对贷款额度小、利差极低的情况下依然能够灵活稳步经营。因此,合作金融是植根于农村基本需求,源于农业、农村和农民的弱质性的固有的制度衍生方式。合作金融作为合作经济的一种组织方式,有其自身的特点。

一是合作金融的资金融通具有互助性。小农户在参与市场竞争时处于弱势地位,抵抗市场经济的风险能力较弱。当有资金需求时,由于其自身资产的有限性,与那些规模较大、资产雄厚的企业相比,依然处于弱势地位。商业性金融机构出于资产安全方面的考虑,小农户能够从商业性金融机构获得的资金数量是有限的。对于小农户而言,他们获得资金融通的出路在于互相帮助和互相支持,相互之间团结起来以合作制的原则组建合作金融组织,将每个人可利用的资金聚集起来,形成资金合力,通过群体的合力解决个人的融资问题。以此种方式实现资金的调节使用,也使得合作金融相对自成体系。合作金融组织实现了弱质之间的资金融通和互助,也促进了经济社会的发展进步。因此,合作金融最基本的特征依然是合作经济组织的互助合作性。

二是合作金融的资金来源具有区域性。合作金融组织的资金来源于社员交纳的股金,社员之间通过自愿、平等与风险共担的方式组成合作金融组织。合作金融组织作为农村金融市场的重要部分,其服务对象是所在地的乡村农户、小微企业。合作金融主要是立足村、社,面向村或社区的资金需求主体,合作金融服务资金需求者的优势在于合作金融的区域性,主要是利用村社信息优势即对社员的知根知底,否则服务半径过大,合作金融服务的成本也会随之提高。资金来源区域性的特点,决定了资金使用区域性的特点。合作金融资金使用范围主要是服务内部社员和支持区域经济的发展。

三是合作金融的经营目标具有双重性。合作金融经营的双重目标是指,合作金融组织在经营过程中,既要服务社员又要实现组织的营利性。合作金融组织作为一种合作制原则组建的金融组织,其最高宗旨就是为社员提供金融服务,实现弱质之间的互助合作。但是,合作金融组织作为一种金融组织,其经营过程是要营利的。若是合作金融没有营利,合作金融组织的可持续发展将面临着难题,也不能持续地为社员提供更多、更好的金融服务。合作金融组织的服务性和营利性是不矛盾和不冲突的,二者统一于合作金融组织的金融特征和合作制特征,社员加入合作金融组织就是为了获得金融服务,而合作金融组织的营利也是为了实现合作金融组织的可持续发展,更好地服务于社员。

四是合作金融的管理方式具有人合性。合作金融组织是以合作制原则组建的,在合作金融的内部管理中,亦体现的是民主管理的原则,在管理话语权上体现的是"一人一票",也就是每位社员都享有平等的话语权。在股东大会或重要事项的决议中,是按照社员的数量,而不是按照入股资金的多少进行投票表决,体现的是民主管理的原则。虽然,合作制随着经济社会的发展,其"一人一票"的基本原则已经发生了重要的变化,如实行加权制的投票方式，但是为了防止票数的集中或出现个别成员内部控制的情况，一般对加权的票数也有一定的限制。

3.2 国内外合作金融的演变

3.2.1 国外合作金融的发展趋势

国际合作金融发展的总体趋势是向着现代商业银行转变（张贵乐、于左，2001）。这是因为在合作金融产权制度内在缺陷和外部环境的共同作用下，合作金融为增加自身在市场中适应性和竞争力而不断做出的调整，因此，合作金融制度也是一个发展运动和动态的过程。考察世界各国合作金融发展过程可知，合作金融在合作制原则、组织结构、特征和功能等方面均有所演变。纵观国际合作金融发展趋势：由非营利合作向着营利性合作发展、由单一的劳动联合转向资本的联合，由服务社员向着商业性质发展。

一是合作金融的经营目标发生了变化。合作金融最初的存在形式是信用合作社，加入信用合作社的成员大多是小生产者和农民，他们加入信用合作社的目的在于抵御大资本的压迫和剥削，从维护自身利益出发，在融资领域实现互助合作。这个时候，信用合作社信奉的是合作社的基本原则，为社员提供金融服务和帮助。但是，随着经济环境的变化，特别是市场经济的进一步深化发展，各市场经营主体为了在市场经济中生存和发展，追求利润的增长是其不二法宝。伴随着信用合作社的发展壮大，其在保证满足社员服务的同时，也会产生趋利行为。因此，现在绝大多数发达国家的合作金融组织均是以追求利润为经营目标的。截至2020年底，德国中央合作银行资产总额达到6278.47亿美元，实现营业收入391.438亿美元，是德国国内的第二大银行集团，在2020年世界500强企业中位居第321名。美国金融杂志《环球金融》（*Global Finance*）2020年公布的全球最安全50家商业银行和50家银行排行榜中，德国中央合作银行位居第三和第十三。

二是合作金融的组织结构发生了变化。合作金融组织在发展初期是小规模的互助合作组织，"船小好调头"是组织结构的显著特点。随着合作金融事业的壮大，合作金融在规模上、经营业务上、组织体系上出现了一系列变化。就规模来说，现在的合作金融组织已不再是当年十几个人就可以自发组建的信用合作社，而是具有相当巨大的资产规模，也有着庞大的分支机构，有些业已成为国际性的大银行，如脱胎于基层地方信用社的法国农业信贷银行在发展与兼并的道路上越走越扎实，自1995年全资收购了当时在法国国内排名第 12 位的法国东方汇理银行后，截至目前，其分支机构已经遍及 60 个国家或地区。截至 2020 年，其旗下资产总值达到了 1984 亿美元，下设巴黎、伦敦、米兰、香港、新加坡及东京等 6 个地区管理中心，除了提供基本的商业银行业务外，还通过其子公司提供广泛的金融服务和保险产品。就经营性质来看，现代合作金融机构的互助合作性质逐渐弱化，相当一部分的合作金融组织商业化和股份化趋势明显。

三是经营管理方式发生了变化。与传统的合作金融组织“民主管理”相比，现代合作金融组织已经建立起完善的内部管理制度和自上而下的管理体系。“一人一票”的管理方式适合合作金融发展初期规模较小阶段，管理成本也较小，随着合作金融组织规模的扩张，这种民主管理方式难以调动和激发大股东的积极性，西方发达国家的合作金融组织为适应组织经营管理的需要逐步引入现代股份制的先进做法，使得“民主管理”已经发生变化。

3.2.2　国内合作金融的发展历史

我们不能割断历史来看今天的农村合作金融的发展，因为没有过去农村合作金融发展的历史沉淀，便没有今天创新的现实基础。因此，对历史的回顾是必要的，也是我们审视现在的源头。

我国合作金融发展的历史并不是很久，具有现代意义的农村信用合作社可以追溯到 20 世纪初，由北京一个华洋义赈会于 1922 年 11 月发起，联合其他团体组成的“中国华洋义赈救灾总会”，总部设在北京①。1923 年 6 月华洋义赈总会仿效德国做法，制定《农村信用合作社章程》，推行雷发巽式的信用合作运动，在河北省香河县创办第一个农村信用合作社。早期的信用合作(合作银行)制度，几乎都是由曾经在海外留学的知识分子发起和倡导的，这些知识分子以德国留学和日本留学的为主。这些知识分子致力于将欧洲和日本的合作制运行模式移植到中国，尝试以合作制的方式实现国家经济社会的重构和发展。第一个农村信用社的成立对于信用合作社的发展起到了很好的推动作用，经过宣传示范，河北省的合作社迅速发展，据统计，到 1933 年 10 年间，河北省的 69 个县共成立了 902 个信用合作社②。并且，此信用合作社有着较完整的制度设计，为以后信用合作社的发展起到了示范作用。

从香河县第一个信用社的成立到现在，我国农村信用社已将近百年的历程。但是我

① 尹志超，信用合作组织理论与实践，成都：西南财经大学出版社，2007 年。

② 尹志超，信用合作组织理论与实践，成都：西南财经大学出版社，2007 年。

国现有的农村信用合作社是在20世纪50年代农业合作化运动中，在政府的大力扶持下建立和发展起来的。然而，60多年的信用合作发展并不平坦，农村信用社管理体制和隶属关系几经变革，其信用合作社的定位也几经周折，其间数次改革均未能改变信用社体制的硬伤。特别是改革开放以来，农村信用社以自我否定的方式前进，一直徘徊于回归到“经典主义”的合作制原则，还是与时俱进地改革前进到“修正主义”的商业化道路上来。回归古典主义是对合作制的理想追求，但是改革波及的成本太大，甚至不可行；沿着商业化的目标改革，尽管在服务农业农村发展上依然存在诸多问题，但却是农村信用社继续往前发展的次优选择①。1984年、1996年和2003年先后三次启动大幅度的改革，尽管目的在于恢复农村信用社合作金融的本质，改善其经营管理，然而每每涉及诸如治理结构、内部控制等深层次的矛盾时，这些问题并未得到解决。从我国农村信用社的发展历史和改革实践可以看出，农村信用社从组建、经营到改革，政府是信用社发展改革的主导因素，政府主导下的多次产权改革，形式大于内容，重点放在了领导管理权的转移上。无论是先前归属于地方政府或农业银行管理还是目前处于银监会的监管下，合作金融发展都始终未能成为农户自己的合作金融组织。

其间，也曾有过农民自己的合作金融组织，如农村合作基金会。从20世纪80年代中期到1999年，农村合作基金会经历了一个发展—扩张—清理—关闭的昙花一现的短暂过程。农村合作基金会作为合作金融的一种形式，是在农村改革不断推进中正规的金融机构难以满足农业和农村发展的背景下产生的，它在一定程度上弥补了正规金融的不足，为农村商品经济的发展做出了贡献。然而，在其发展过程中逐渐偏离了合作金融的基本原则，出现了业务金融化和贷款非农化等特征，不规范问题严重，风险趋大，异化现象明显，严重干扰了我国农村正常的金融秩序，最终导致政府对其进行清理整顿。

为完善我国农村金融体系，解决农村资金需求者融资难的问题，国家从政策层面加大对农村金融改革和完善的支持力度。2006年12月20日，银监会发出《关于调整放宽农村地区银行业金融机构准入政策更好支持社会主义新农村建设的若干意见》（银监发〔2006〕90号），引导民间资本在农村地区新设社区性信用合作组织。为推动和规范此类组织的健康发展，2007年1月22日进一步出台了《农村资金互助社管理暂行规定》，将这类组织定义为：乡（镇）、行政村农民和农村小企业自愿入股，经银行业监督管理机构批准，可以成立的为社员提供存款、贷款、结算等业务的社区互助性银行业金融机构，在文件中明确了此类机构组建的程序和原则等。2007年12月银监会又出台了《关于农村资金互助社监督管理的意见》（银监发〔2007〕90号），从监管原则和目标、监管方式、监管措

① 王曙光，中国合作金融的发展变迁[J]．中国金融，2020(2)：97-99.

施和协调机制建立等四个方面加强对农村资金互助社的监督管理,防范金融风险。

与此同时,在总结社区基金扶贫运作模式的基础上,国务院扶贫开发领导小组办公室、财政部下发《关于开展建立"贫困村村级发展互助资金"试点工作的通知》(国开办发〔2006〕35 号),以 14 个省区为实验区展开更大规模的互助资金试点工作,以资金互助合作方式开展金融扶贫。

2007 年全国人大常委会通过了《农民专业合作社法》,确立了农民专业合作社的法律地位,以此促进和规范农民专业合作社的发展。但是这部法律却因将信用合作排除在外而被外界所诟病。鉴于此,行政主管部门顾忌的是 20 世纪 90 年代农村合作基金会的教训,使得对农村金融领域的态度慎之又慎。随着我国农民专业合作社的迅速发展,农民专业合作社在理论与实践方面均取得了新突破、新进展,提出农民专业合作社发展是对农村基本经营制度的创新和完善,在满足生产合作、流通合作等方面的同时,有着更高一级的金融合作的需求。2008 年 10 月,党的十七届三中全会审议通过的《中共中央关于推进农村改革发展若干重大问题的决定》首次明确提出:"允许有条件的农民专业合作社开展信用合作。"2009 年中央一号文件中再次提出:"抓紧出台……农民专业合作社开展信用合作试点的具体办法。"这实际上从政策文件角度承认农民信用合作社的合法性,尽管对于"有条件"这个定语含糊不明,但是这算是给农民专业合作社开展资金互助开了个口子。国家政策导向使得农户和农村小企业以合作社为母体开展信用合作,用互助合作的方式满足信贷需求成为一种很好的选择。近年来的中央一号文件对发展信用合作多次涉及,在实践方面也实现了较大的发展。特别是在 2015 年,山东省成为国务院批准开展的新型农村合作金融改革的唯一试点省份,试点内容主要是在农民专业合作社内部开展信用互助业务。同时在安徽金寨县、河北玉田县、湖南沅陵县等三个农村改革试验区实施新型农村合作金融组织实验,即在"一省三县"开展新型农村合作金融试点工作。山东以农民专业合作社信用互助业务的方式,在全省开展新型农村合作金融试点工作,目标是力争在三年内建成与农业农村发展相适应的新型农村合作金融架构,发展至今效果良好。作为合作金融赖以发展组织制度根源,在我国已经生根发芽且蓬勃发展的合作社内部成员之间实施资金互助无疑有更大的优势,这也将为我国合作金融未来更快速地成长奠定良好的基础。

如上所述,就我国合作金融的发展来说,政府过多的行政性干预使得合作金融未能真正归属于民。原属合作金融性质的农村信用社在市场化改革主导下,管理体制几经变革,使得合作金融性质损失殆尽,农村信用社在结构、特性和功能上已经发展异化,从这点上看农村信用社的合作意味已不复存在,20 世纪 90 年代兴盛一时的农村基金会也在昙花一现之后迅速消亡,这里面有诸多的影响因素,但是政府的过分干预以及行政权力主导下的合作金融制度的变更是二者异化或消亡的重要原因。然而,这并不能说我国没有合作金融生长和发育的土壤,现阶段我国多种类型的农村新型合作金融组织的诞生和发展就说明了这一点。我国农村合作金融发展的关键问题是要立足合作金融服务于农村弱小群体的本质,认清我国农业农村发展所处的阶段,以及农村金融改革和合作金融发展的着力点。国际上关于合作金融这些组织特征的演变是在发达国家城镇化和工业化高度发达之后,农业对国民经济的贡献越来越小的情况下发生的,它是适应时代发展的需求,我们可以借鉴,但是不能急于求成。

因此,就目前我国农村新型合作金融的发展来说:一是不管合作金融如何演变,最重要的是合作金融在发展初期的服务对象——经济上的弱势群体一直都存在。当前和今后很长一个时期,小农户家庭经营依然是我国农业的主要经营方式和基本单元,合作金融组织的培育是为了解决这些资金需求者的信贷困境,立足于农户间的互助合作。二是尽管国家在推动农业农村发展方面取得了较大进步,但是农村金融的发展依然滞后,农村金融的改革依然需要向纵深化推进,农村金融市场发育不完善,农村地区的金融基础依然薄弱,农村新型合作金融组织的发展需要多方的扶持,更需要政府的支持和引导,但不是政府过分的行政性干预,即要立足于民赋权于民。

3.3 我国农村合作金融组织的创新发展

置身于历史发展长河,对特定的事物进行考察和描述时,对现状的考察是研究的重要组成部分,因此,首先应该描述事物发展的现状。下面将按照本研究对我国农村新型合作金融组织的分类界定进行介绍。

3.3.1 正规农村新型合作金融

所谓正规新型合作金融组织,就是在我国银行业监督管理委员会制定的关于农村资金互助社规则框架下,产生和运作的农村资金互助社,属于社区互助性银行业金融机构①。从发起成员上看,这些正规农村资金互助社主要有以下三种。

一是在银监会框架下,以法人(主要是企业或其他法人主体)和自然人(主要是农户)联合共同发起,这些金融组织在工商行政管理部门注册,银监会颁发金融业务经营许

① 其社区性主要体现在资金互助社业务的地域范围有限,比如主要以村或镇为业务经营区域。

可证,以吸收社员存款、接受社会捐赠资金和向其他银行业金融机构融入资金作为资金来源,经营范围是乡镇或村。如,2007 年 3 月开业的青海省乐都县雨润镇兴乐农村资金互助社,注册资本 36 万元,由雨润镇深沟村周边的 10 名农民和农村小企业主(其中从事金融工作的员工 1 人、农村小企业主 3 人、普通农民 2 人、种植大户 3 人、蔬菜经纪人 1 人)自愿入股组建,这是我国第一家乡镇级农村资金互助社;广西田东县竹海农村资金互助社是由思林镇竹子产业农民专业合作社 19 名社员和田东县金荣纸业有限公司出资设立;岷县岷鑫农村资金互助社是由岷县泰当归保健副食品加工企业和 18 个农户发起的①。

二是在银监会框架下,在原有农民专业合作经济组织基础上或者由农民专业合作社联合共同组建的农村资金互助社,获得金融业务的经营许可证。如,在 2008 年 3 月成立的山东省沂水县姚店子镇聚福源农村资金互助社也是在原农民专业合作经济组织基础上组建的。2010 年 3 月开业的浙江省湖州市德清县乾元镇的德农农村资金互助社是由浙江东源养猪专业合作社、德清县乾元镇乾溪渔业专业合作社、德清县乾元镇溪畔蔬菜专业合作社、德清县乾元镇天醇葡萄专业合作社等四家农民专业合作社的社员自愿入股组成,共有社员 202 名,注册资金 500 万元。这些农村资金互助社大都成立于《农村资金互助社管理暂行规定》颁布以后,即 2007 年以后。

三是在《农村资金互助社管理暂行规定》颁布以前由纯农户自发组建的合作金融组织基础上改制而组建的农村资金互助社,或者在《农村资金互助社管理暂行规定》颁布以后由纯农户自发组建的农村资金互助社。这些组织在银监会的监管下运营,获得金融业务经营许可。如,2007 年 3 月开业的梨树县闫家村百信农村资金互助社,该资金互助社由吉林梨树县闫家村 32 位农民发起成立,注册资本为 10.18 万元,其前身是闫家村农户自发组建的农民资金互助社。

3.3.2 准正规农村新型合作金融

准正规农村新型合作金融组织,也是按合作制原则组建的,在我国银行业监督管理委员会框架之外产生和运作,这些新型合作金融组织主要由中央除银监会以外的其他政府部门或地方政府推动,银监会是否参与该组织的监管主要看这些组织的推动者与银监会之间的协商。这类合作金融组织没有获得金融许可证,或在民政部门注册,或在工商管理部门注册,或由于种种限制没有在任何部门注册,但是接受政府部门的指导或监管。

① 岷县岷鑫农村资金互助社已退出。

这类合作金融组织情况比较复杂。有独立存在的，也有与专业合作经济组织共生的（在原有专业合作经济组织的基础上再建资金互助组织）；有的不吸收储蓄，有的变相吸收储蓄，但均没有取得银监会的金融业务许可证；一般其业务范围在村内，也有跨村经营，或业务范围更大，但是大多数情况下由政府部门指导或者监管。与银行保险业监督管理委员会吝惜新型合作金融组织金融许可证形成鲜明对比的是，这些准正规农村新型合作金融机构蓬勃发展，呈现“燎原之势”。准正规农村新型合作金融组织主要有两种形态：一种是地方政府推动的在农民专业合作社基础上或者内部组建的合作金融组织，以及类似农民专业合作社制度安排的合作金融组织；另一种是各级扶贫办扶持的具有扶贫意志的合作金融组织。

一是地方政府监管下的合作社开展的内部信用合作或以合作社为组织载体组建的。主要是地区政府为缓解农户和农村小企业贷款难而推动农户、合作经济组织和农村微小企业自愿入股建立起来的合作金融组织。这些新型的合作金融组织既有农户自发产生的，也有地方政府推动的，也有农户自发产生和地方政府共同作用下组建的。

一些地方的农业主管部门根据国家政策推进的合作社内部资金互助。如北京市通州区农委和经管站于2010年4月颁布的《北京市通州区农民专业合作社资金互助管理办法（试行）》，这种组织形式是由农民专业合作社全体大会决议，由农民专业合作社内部全体或者部分社员自愿出资组成的合作金融组织。天津市宝坻区民盛养鸡专业合作社资金互助会是在当地政府的指导下成立的，以合作社内部成员为主体，非合作社成员不得入股与借款，主要在专业合作社成员间调剂资金余缺，缓解合作社成员从事肉鸡养殖资金紧张的问题，这一运转方式采用“会员集资再服务会员”的办法，为合作社内部社员生产资金的需求提供帮助。北京市延庆县绿菜园蔬菜专业合作社资金互助会亦是如此。在中央和地方的支持下，合作社开展信用合作在政府的推动下实现了快速发展，各地在实践探索发展中，也形成了多种以合作社为基础的资金互助模式，资金互助的形式呈现多元化的态势，成为新型农村合作金融组织的中坚力量。

中央也高度重视农民合作社开展信用合作。2013年在中共第十八届中央委员会第三次会议上通过的《中共中央关于全面深化改革若干重大问题的决定》中，明确提出“允许合作社开展信用合作”。此后，2014年、2015年、2016年、2017年和2021年中央一号文件，都对稳妥开展农民合作社内部互助试点、信用合作和落实地方政府监管责任等提出了明确要求。其中，北京、山东、安徽、辽宁等省市的农民合作社地方性发挥中，明确地将合作社开展信用合作作为农民合作社的一项重要业务。《中国农村合作经济统计年报（2019年）》统计显示，2019年有45 091个农民合作社开展内部信用合作，其中参加信用合作的成员数为577 904个，入股的互助资金总额有862 070.3万元，成员使用互助资金总额为 545 198.4 万元,显示了农户很强的信用合作需求。在试点工作推进方面,2015年,山东省成为新型农村合作金融改革试点省份,主要内容就是围绕农民专业合作社内部开展信用互助业务,合作社内部信用互助在山东省市实现了广泛发展,推动了农村金融的深化改革。山东省自开展农民专业合作社信用互助业务试点以来,运行平稳,截至2020年年底,共有210家农民专业合作社开展信用合作业务,试点以来,全省累计发生信用互助业务10 000余笔,互助金额3.86亿,有效地缓解了合作社社员资金需求紧张问题。

还有一些地方农业部门推行的其他类型的资金互助组织。如江苏省南京市于2009年8月颁布《农民资金专业合作社示范章程》,规定农民资金专业合作社是由农经部门批准、市农经办备案同意,农民自愿入股组成,为本社社员提供资金互助服务的专业合作组织。

然而受制于笔者能力,加之这些类型的新型合作金融组织尚没有纳入有关部门的统计范畴,笔者很难获取有关这些组织数量上的具体数据。

二是中央政府有关部门推动的扶贫背景下的资金互助组织。为探索财政扶贫资金使用新模式和新机制,缓解贫困地区农户发展资金短缺问题,提高贫困村和贫困户的自我发展及持续发展的能力,2006年5月,国务院扶贫办、财政部联合发出《关于开展建立“贫困村村级发展互助资金”试点工作的通知》,选择了包括河北、山西、内蒙古、黑龙江、安徽、江西、河南、湖南、四川、贵州、陕西、甘肃、宁夏、新疆等省(自治区、直辖市)在内的14个省区试点。每个省(区、市)在国家确定的1~2个重点县中,选择10个贫困村,作为试点村。“互助资金”由两部分组成:一是专项财政扶贫资金,平均每个试点村给予15万元的额度;二是鼓励贫困村村内农户以自有资金入股或者其他方式,补充扩大“互助资金”的规模,对于没有资金入股的贫困农户可采取赠股的办法。互助资金采用“民用、民管、民借、民还,周转使用、滚动发展”的原则,建立利益共管机制。

互助资金一经推行,便呈现出了巨大的制度优势和实际效果(如表3-1)。自2006年实施到2009年底,在国务院扶贫办的指导下,全国28个省(区、市)、940个县、9003个村开展了互助资金试点工作,资金总规模累计17亿元,其中:中央扶贫资金4.6亿元,省级扶贫资金7.8亿元,农户交纳互助金3.6亿元,其他资金1亿元。有74万多农户加入了互助组织,其中贫困户有37万,占总成员户数的50%。

表 3-1 2006—2009 年互助资金发展数量(村数)

年份	中央村数	地方村数	小计
2006	169	185	354
2007	301	891	1192
2008	707	1931	2638
2009	1661	3158	4819
小计	2838	6165	9003

资料来源:杨炼,《贫困村互助资金指导意见》,2010 年 10 月。

注:贫困村村级互助资金组织的统计是以成立这种组织的村为统计标准的。

由于多种因素,2017 年 6 月,国务院扶贫办关闭贫困村互助资金自动化监管系统,贫困村互助资金的推动主体下放至地方政府。互助资金作为扶贫项目的一种形式,其覆盖面、发展速度在扶贫史上是少有的。互助资金成为贫困地区支持农业农村发展的一个重要金融力量,在助力一些贫困面广的中部和西部地区打赢脱贫攻坚战中发挥了重要作用。特别是在中西部的一些地区,几乎实现了行政村的全覆盖。如截至 2016 年年底,甘肃省共有 14 890 个行政村安排了互助资金项目,占全省行政村比重的 92.3%(全省共 16 133 个行政村)。其中包含 6220 个建档立卡的贫困村和 8670 个有贫困人口的非贫困村,资金规模近 42 亿元。甘肃的一些地区甚至实现了全覆盖,如甘肃省的甘南藏族自治州,在全州的 669 个行政村均建立了互助资金协会,资金总规模达到了 1.6 亿多元。

随着我国精准扶贫、精准脱贫方略的深入推进和扶贫小额信贷的全面实施,互助资金帮助贫困户方面的作用有所弱化,为适应精准扶贫新形势的要求,进一步提高扶贫资金使用的精准度,一些地区的贫困村互助资金项目开始有序退出,如 2017 年甘肃省发布的《甘肃省贫困村互助资金试点退出管理办法》、2018 年宁夏自治区发布的《关于停止贫困村互助资金项目的通知》等,对辖区内贫困村互助资金项目停止运行和退出。但是,互助资金项目在解决贫困户发展资金困难,提高贫困户内生发展能力,推动产业发展和提升农村地区信用建设方面发挥了重要作用,并在实际运行中产生了一些良好的运行模式,如在宁夏盐池县、河南叶县、甘肃定西及陕西省等地运行良好,这些地区的资金互助组织依然继续保留,陕西省亦将建立规范运行的互助资金组织作为全省所有贫困村退出的条件。因此,贫困村互助资金组织也并没有因为脱贫攻坚任务的完成而退出,在一些地区仍然以合作金融的方式存续和发展,发挥着助力欠发达地区经济发展的作用。

3.3.3 非正规农村合作金融

所谓非正规农村新型合作金融组织，是在中央政府统一运作规范和管理、监督办法框架之外产生和运作的，而非在地方政府部门推动或监管下组建或发展。非正规资金互助社是非正规农村合作金融组织的主要形式，它是农村民间自发创新的产物，是由农户或其他资金需求主体自发组建的合作金融组织，是在农村正规金融机构不能满足农户和农村小微企业资金需求的情况下，由农户和当地小微企业自愿出资入股组建的合作金融组织，一般是我国传统的合作金融组织的原型。我国自古以来的民间合作金融组织，如合会、合作基金会等都属于非正规农村合作金融组织。

3.4 农村新型合作金融组织发展历程与阶段性特征

3.4.1 农村新型合作金融的发展历程

在很多发展中国家，正规金融部门发展滞后，居民缺乏低成本和高效率的储蓄渠道，以资金互助形式存在的非正规金融组织能够在一定程度上弥补正规金融部门的不足。此外，从世界范围看，农村金融的主体是合作金融。无论是发达的美国、法国、德国和日本，还是发展中的印度等国家，其农业现代化进程无不得益于农村合作金融组织的发展和壮大。西方合作金融的发展历史悠久，直到现在仍然被证明具有良好的制度成效，说明合作金融制度本身具有极强的包容性和对不同经济发展水平的适应性。而在我国以农村信用社为代表的农村合作金融组织，既没有体现出合作金融的优势，也没有发挥其应有的制度成效，这就需要一种新的组织形式和组织制度来填补我国合作金融发展的空白。当农村贷款的缺口并没有因农村金融改革的深入而有多大好转，大力发展农民自己的金融服务组织变得越来越重要。在农村资金需求的巨大市场的驱使下，在正规金融供给不足及正式合作金融制度发育不完全的情况下，农户及农村微型小企业开展多种形式的资金互助是必然的。以农村资金互助社、农民专业合作社内部资金互助、社区性合作金融组织等为代表的新型农村合作金融的发展便是基于农村需求的自发金融创新的产物。与正规金融组织相比，他们的地缘优势使其在交易成本、信息等方面具有较大的优势，并具有顽强的生命力。

以2003年新一轮的农村金融改革为起点，以2006年增量改革为关键点，农村新型合作金融组织的发展将近20年的时间，时间虽短，亦浓缩了我国农业农村发展和农村金融改革背景下合作金融发展的困境及合作金融发展的顽强生命力。新型农村合作金融组织在这短短将近20年的发展中，关于合作金融的实践和政策都有了非常大的变化，若是以银保监会推动合作金融正规化的发展为视角，将近20年的发展可以分为三个阶段。

第一个阶段，农村新型合作金融组织的探索阶段（2003—2005年）。2003年开始新一轮的农村金融改革，主要针对的是农村信用的改革，期望通过产权制度改革，确定不同类型的信用社组织形式，以期实现农村金融体系的转变。尽管从当时看这一轮改革取得了一些成效，比如2004年，全国农村信用社在整体亏损10年后实现了首次盈利，但是从长远看对农村信用社的改革依然不是很成功，农村信用社最终还是走向商业化道路，合作性质几乎消失殆尽。农村金融依然是金融体系中最薄弱的环节，农村金融供给短缺的问题没有得到解决，正规金融机构服务农业农村的成本高昂，而小规模、非正规的金融机构没有准入机制，农村金融市场的供给渠道依然单一，金融服务能力不够，金融抑制依然严重。由于农村正规金融机构不足，民间融资的活跃，契合农户资金需求的农村合作金融制度再次生长，这期间就产生了诸多的合作金融组织，如2004年成立的吉林闫家村百信资金互助社等。在这一时期，农村金融市场调整实验期，政府在尽力提高农村金融市场的竞争强度，构建符合“三农”发展的农村金融服务体系，因此中央在政策上支持探索多种所有制形式的农村金融组织，期待农村金融市场能够自发形成满足农村金融市场需求的农村金融机构，在中央政策未明确的情况下，农村新型合作金融和其他类型的金融机构一样处于摸索前进发展阶段。

第二个阶段，农村新型合作金融组织的正规化阶段（2006—2012年）。2006年之前，各地已经开始探索农民合作社开展信用合作和资金互助，并且政策层面已经给予了一定支持和引导。自2006年底出台调整放宽农村金融市场准入政策以后，各种类型的农村合作金融组织边发展边规范，以期得到政府的认可。经过多年发展的吉林闫家村百信资金互助社，于2007年3月得到了第一张农村资金互助社的金融许可证，使得各种金融组织看到了其身份转正的可能性。各地、各类新型合作金融组织按照《农村资金互助社管理暂行规定》及相关管理办法开始了正规化的过程，但是，农村资金互助社的计划管制政策，以及新型农村合作金融组织在迅猛发展时出现多次风险事件，使得监管部门对农村资金互助社的发展更趋于谨慎。经过5年的发展和培育，最终只有49家农村资金互助社获得了金融许可证。在这期间以合作社为载体的资金互助在规范发展中有成功转型为农村资金互助社的，而扶贫语境下互助资金组织尽管数量众多，但有其自身的规范发展路径，并没有与银保监会框架下的合作金融发展路径实现有机融合。

第三个阶段，多种类型的农村新型合作金融发展阶段（2012 年至今）。伴随着 2012 年银监会暂缓对农村资金互助社的审批，合作金融正规化的大门暂时关闭，原计划的农村资金互助社发展数量也没有完成。但是，中央和地方各项政策仍在引导合作社在发展中推动以合作社为载体的合作金融。如，在 2008 年党的十七届三中全会决定中提出，“允许有条件的农民专业合作社开展信用合作”，在中央政策多次提及“规范合作社开展信用合作”后，到了 2013 年党的十八届三中全会则对合作社开展信用合作进一步放宽条件，将其简化为“允许合作社开展信用合作”，将“有条件的”和“专业合作”两个限制词删除，更加拓宽了合作社为载体发展信用合作的政策空间。2014 年的中央一号文件则将发展新型农村合作金融组织进行单独阐述，明确农民合作社和供销合作社开展资金互助的原则和范围。值得注意的是，开展资金互助社的载体不再单单是农民合作社，农民合作社和供销合作社同时成为开展资金互助的组织载体，供销合作社开展信用合作也纳入了政策范畴。在政策的推动下，全国各地的资金互助组织多类型、多模式的遍地开花，但是广袤的农村地区是监管的难点，资金互助组织的发展存在浑水摸鱼的情况，发展中的风险隐患一直存在。一些市场主体假借发展合作金融的名义在农村市场非法吸收存款，扰乱了农村地区的金融秩序，给人民财产带来重大损失的同时，也给合作社依法开展信用合作带来了严重的负面影响，对 2014 年一号文件中关于“发展新型农村合作金融组织”的市场生态环境的建设也造成了严重的破坏。如何实现新型农村合作金融组织的规范性发展，成为新型农村合作金融组织再次发展的一个难题，也是政策层面和实践层面需要积极探索的。

3.4.2　农村新型合作金融组织的发展现状

在国家政策、地方政府及行业主管部门的支持下，在新型农业经营主体、农户、小微企业的积极参与下，农村新型合作金融组织取得了迅速的发展。由于组织类型不一，监管部门不一，从数量上对这些组织的发展进行统计和监测难度较大。农村资金互助社可以准确得知其发展数量，贫困村村级互助资金互助也可以实现，但是对于合作社内部资金互助或一些非正规合作金融组织来说，想了解其具体存在数量难度较大。农民合作社内部资金互助由于没有明确的政策支持，或出于风险考量，应对地方统计调查时部分合作社负责人出于各方面的原因会对其业务开展情况进行隐瞒。还有一些地方政府由于合作金融在促进地方经济发展中发挥了较大的作用，或者对合作金融的发展进行尝试探索，会在现有的法律框架内对合作金融组织的发展进行变通，赋予合作金融组织合法的身份和民事主体地位。从发展情况来看，目前农村新型合作金融组织数量较多，但是具体数量尚未得知。截至2021年8月末,通过“天眼查”将“资金互助”作为关键词进行查询共有33 735个结果,在机构类型中属于企业的有2819家,属于社会团体的有30 789家,合作金融组织主要包含在这两种类型的组织形态中,其中社会团体包含的合作金融组织主要是贫困村村级互助资金组织。

以“农村资金互助”为关键词在“天眼查”进行检索时,截至2021年8月末,共有11 610个,存续的有7451个。其中,2602个是企业性质,存续1811个,这些组织类型主要由农村资金互助社、村集体经济合作社、农民专业合作社、农民专业合作社联合社、供销合作社等主体构成;社会团体有8985个,存续5620个,基本上是以扶贫为目的组建的贫困村村级互助资金组织。

这些数量只能反映现阶段合作金融组织的大致情况,数量众多,存在的组织类型多样。现实中还存在大量的非正规合作金融组织,以及大量的农民合作社内部开展信用合作(2019年有45 091个农民合作社开展内部信用合作)等,这些组织类型并没有以民事主体的身份显示出来。

3.4.3 农村新型合作金融发展的阶段性特征

金融是现代经济的核心,农村金融是农村经济的核心。农村金融的发展直接关系到农村经济的发展水平:当金融的发展适应农村经济的需要时,资源配置部门将会为农村经济的发展提供强大的资金支持,大大促进农村经济的发展;而当农村金融的发展滞后于农村经济发展时,将会对农村经济产生极大的制约作用。当前我国农村金融服务体系缺失,严重制约了我国农村经济的发展,其中一个十分突出的问题是资金供求关系严重失衡,现有的农村金融服务体系难以满足农村经济发展对资金的需求。表面上看,我国农村正规金融形成了“三驾马车”,即中国农业银行、农村信用社和中国农业发展银行,但其对农村经济发展的支持功能却名不副实。在商业化目标的推动下,农业银行距离农村和农民越来越远,基本上退出了乡镇以下的农村金融市场;农业发展银行直接面向农户和农村小微企业提供信贷服务严重不足;而作为真正面向农户和农村小微企业开展信贷服务的农村信用社自身面临着一系列的问题,如不良贷款多、资金实力不足等,并且商业化的改造已完成大部分。其结果是农村地区真正来自正规金融机构的金融供给十分有限,即依靠外部资金的注入成本高且难以操作。农村金融机构组织体系的不完整和功能的不健全,表现出明显的制度缺陷,作为诱致性制度变迁的结果,农村自发金融创新将会在一定条件下随之出现。新型合作金融组织的发展尽管历时不长,但是就其各种类型的组织发展而言,也表现出了一些明显特征。

一是正规农村合作金融组织发展停滞。银监会监管下的农村资金互助社，准入门槛高，组建的速度最慢，数量也最少，依法组建获得金融许可证的农村资金互助社顶峰时期为49家。但是由于政策等方面的限制，这些农村资金互助社资金来源渠道单一，主要是农户或农村小企业的入股股金，并且与商业性金融机构开展融资合作的难度也较大，一般规模不大，对农户的信贷服务也有限，规模不大的特征也导致了农村资金互助社的盈利能力不强。在政策决策层面，银保监会自2012年暂缓审批农村资金互助社的经营牌照，导致农村资金互助社的发展停滞不前，农村资金互助社的影响力十分有限，更多的是作为新型农村合作社金融的试点或盆景式的存在。

二是准正规合作金融组织发展迅速，但情况复杂。准正规农村合作金融组织是除了银保监会以外，其他的中央政府部门、地方政府为缓解农村地区融资难融资贵的问题，按照中央相关政策精神推动的各种类型的新型农村合作金融组织。这些新型农村合作金融组织或在民政部门注册登记，或在工商部门注册登记，或没有在任何部门注册登记，但是接受相关政府部门的监督和指导。在各地的实践中取得了较大的发展，数量也较多，但是这些准正规合作金融组织在发展中有存在不按合作制原则组建或发展的现象，甚至也会出现一定的潜在风险。

三是非正规合作金融组织存在较高的潜在风险。这些非正规的合作金融组织一直都存在于农村地区，只是不同时期有不同的名称或组织形式，但是都是农民自主兴办的，具有较强的内生性，也没有在相关部门注册登记，几乎没有接受政府部门的监管，处于自发的状态。成员之间经济上的联系或生产合作的基础很弱。资金来源是吸收成员的股金，或者成员及非成员的存款。由于缺乏必要的监管，在内部管理方面漏洞也较大，类似于民间金融的性质，存在较大的风险隐患，一旦出现问题易诱发区域性风险事件。

3.5　农村新型合作金融组织创新和发展的问题指向

伴随市场经济体制的不断完善与城市化进程的加快，合作金融理应成为中国经济发展中的重要金融力量。遗憾的是，我国合作金融事业并非一帆风顺，许多已成立的合作金融机构在经历了高速的发展之后，却在特殊的条件和历史时期内发生了“异化”，出现了实质上的“消亡”，甚至在改革开放之后相当长的时间里仍然患得患失，没有真正合作金融意义上的发展。[①] 理论界也对此存在着分歧，甚至没有一个明确的定义，合作金融在

① 何广文.农信社制度变异及其动因[J].银行家,2006(02):116-119.

我国短短的几十年间已经经历了从产生到消亡,再到再次重生的曲折过程。今天,我国社会主义经济体制经历了四十余年的风风雨雨,已经基本完成了从计划经济体制向市场经济体制的转换,社会主义市场经济逐步建立,为金融体制机制创新提供了有利环境,特别是在"三农"现实需求动力的驱使下,合作金融面临着角色转换与市场重新定位的新挑战。怎样构建我国农村合作金融的完整框架,确保合作金融载体不会被"异化"或者最后导致"消亡"?如何通过体制转换实现农村合作金融支持、服务于"三农"的重任?这些都是迫切需要解决的重大理论与现实问题,事实上,对于我国刚刚起步中的以农村资金互助社为代表的新型农村合作金融组织的研究可以有以下三种视角。

3.5.1 完善我国农村金融体系

为什么要发展农村合作金融组织?可以从金融制度变迁的角度来研究。爱德华·肖和罗纳德·麦金农在分析发展中国家农村金融状况时认为,金融抑制是发展中国家普遍存在的一种现象。而我国农村金融抑制主要表现为供给型,这表明解决农村金融问题的突破口就是改革现存农村金融体系,使农村一部分非正规金融机构"浮出水面"。目前我国金融体制的最大问题是政府管制,而最有效的解决途径是对农村金融体系的普遍放开,给地下金融以合法地位,让合理的地下金融转化为地上金融(茅于轼,2004),促进农村金融机构多元化和相互竞争,几乎成为解决当前农村金融问题的流行观点(何广平,1999;谢平,2001;马晓河、姜长云,2003)。正规的金融结构具有功能完备的硬件设施平台和信息共享系统,能够提供专业和综合性的金融服务;非正规金融有一定程度的信息优势,可以在小范围内针对固定的客户,其是在血缘、人缘和地缘的关系上运作起来的,但是不能扩大交易范围,否则这一优势将荡然无存。在农村金融领域中正规与非正规金融并存,这对增加农村金融供给,完善农村金融体系,培育竞争性和互补性农村金融市场无疑是一种正确的思路。

在农村新型合作金融发展之初的2009年,我国金融机构空白乡镇仍有2792个,服务空白乡镇有342个。① 尽管现阶段普惠金融的推进、金融科技的发展使得服务乡村的金融手段更多,截至2019年末,全国共设置银行卡助农取款服务点87.35万个,村级行政覆盖率达到99.21%,②但是这些服务手段仅对支付类金融服务更加便利,而对于从根源上

---

① 数据来源:中国银行业监督管理委员会网站,http://www.cbrc.gov.cn/chinese/home/jsp/docView.jsp? docID=201002267491090EF5DF4829FFBBE839F080FF00

② 中国人民银行金融消费权益保护局,中国普惠金融指标分析报告(2019年)。

解决农户融资难问题没有更大的进展。基于目前我国农村金融体系发展现状及信贷约束严重的情况，合理完善的农村金融服务体系，应该由政策性金融、商业性金融、合作性金融和民间借贷融资所构成，这也是国际通行的经验和做法。我国农村商业性金融比较完善，政策性金融逐步发展，合作金融基本上还是空白。农村金融机构功能不全，合作金融缺位，矛盾十分突出。为了推动农村金融体制的改革，建立和完善农村金融服务体系，2005年以来中央出台多个文件，倡导各地积极发展多种所有制、多种形式的小额信贷组织，切实改进农村金融服务。事实上，合作金融组织的形成与发展，是完善现代农业基本经营制度的需要，从世界各国农村金融体系发展的一般规律看，合作金融也是其重要组成部分，尽管我国农村合作金融组织的发展经历了很大的曲折，但其先天的制度优势决定了其发展的可能性和优越性，因此，目前需要我国政府的支持和鼓励。

3.5.2 维护农民的权益

这一视角主要是弥补农业本身弱质性的客观需要。合作金融组织源于弥补农村弱小企业或农户总处于不利地位而在实践中出现的交易联合。一方面，就资金供给方农村商业金融组织而言，中小企业、农户在金融商品交易中，因信息不对称而产生了较高的交易费用，且自身资本有机构成较低，其所获利润常位于平均利润之下。另一方面，就农户及中小企业而言，他们在进行金融交易时往往无法提供必要的担保或抵押品，难以从商业金融机构获得信用贷款，即便是可以获得贷款，中小企业及农户常需提供更多的信息、更长的审核时间，交易成本很高。而合作金融组织是社区个体之间的联合，其得以维系的关键是社员之间的信用，合作金融组织以低于一般市场交易成本的代价面向合作者优先提供服务，单个农户与商业银行的交易行为的外部成本显然高于农户与合作金融组织之间的交易成本。

合作金融以股权为纽带，金融资本与产业资本相结合，融资和投资相兼容，促进了资金互助功能和资本增值功能的有机结合。它不仅能促进社会经济资源的分配和再分配，而且能够引导处于弱势地位的“小生产者”进入“大市场”，增强小规模经济和个体经济在市场竞争中的生存能力。合作金融组织有利于弱小个体自我的发展和壮大，是弱小经济实体在激烈的市场竞争中自我保护的载体，有助于现代社会实现效率与公平的统一。

3.5.3 实现合作金融理论的发展与创新

我国的新型农村合作金融组织作为一种新型的农村生产关系的组织载体，可以通过信用制和合作制将千家万户的小生产联系起来,适应生产方式变革的要求和现代农业经营制度的要求。在这种视角下,新型农村合作金融组织可以看作是一种组织制度的选择,是一种制度的安排。它可以通过财政扶持及银行融资制度的支持,引导资金流向农村,改变目前我国资源分配不公所产生的各种经济和社会问题,实现以工促农、以城带乡;它可以通过资金纽带,带动信息、技术、人才、土地等农村内部生产要素的有机整合,实现土地流转、先进技术的改进等,提高农业产业化和现代化水平;也可以通过农民参与合作组织管理和监督,提高农户的民主意识和理念,推动基层民主改革和发展,改善我国乡村治理结构。

总之,本章内容形成以下三种结论:

第一,我国目前以资金互助形式出现的合作金融组织形式类型繁多,且形成一定数量规模。对于新型合作金融组织形式类型,按照是否纳入银行业监督管理委员会及其他有关行业部门的监管范围可区分为三类:正规合作金融组织、准正规合作金融组织和非正规合作金融组织;正规的合作金融组织是银监会框架下的农村资金互助社;准正规合作金融组织则包括以合作社为基础开展的资金互助和以扶贫为意志的贫困村村级互助资金组织。无论如何这些名目繁多的合作金融组织是以合作制为原则组建的,体现的是合作金融的本质。这里应该说明的一点是,除了银监会监管下的农村资金互助社以外,并没有专门的统计机构对这些农村新型合作金融组织的数量进行统计。因此,笔者很难有详细准确的数据来说明现在到底有多少家新型合作金融组织。

第二,这些新型农村合作金融组织经过将近 15 年的发展,呈现出各自不同的发展趋势和特征。农村资金互助社作为正规合作金融组织,是在国家政策监管下组建和发展的,但是受制于监管部门政策的约束,农村资金互助社的发展在数量上处于停滞阶段,并且由于其服务范围有限,农村资金互助社发展的影响力有限。准正规合作金融组织在中央和地方相关政策的支持和扶持下,实现了大发展,以合作社为载体的信用合作深入人心,在全国“一省三县”的工作进展较为顺利,增加了区域的“三农”资金供给,为全国范围内合作金融的发展提供了宝贵经验;扶贫语境下的互助资金组织,在经历脱贫攻坚后,完成了自己阶段性的历史任务,但是也并没有完全退出和消亡,一些较好的地区或模式,以合作制的发展思路继续存续和发展,为全面推进乡村振兴的发展继续贡献力量;还有一些地方性的合作金融组织也实现了较大的发展。准正规合作金融组织在政府部门的监管和支持下呈现出多样化的发展态势。而非正规合作金融机构的发展依然存在较大的风险隐患。

第三,新型农村合作金融组织的发展要立足我国农业农村发展的历史阶段。尽管合作金融在世界其他国家,特别是西方发达国家出现商业化倾向,但是我国农村合作金融的发展仍立足于我国农业和农村发展比较落后的现实,农村新型合作金融组织的发展处于起步阶段,其服务宗旨是满足农村弱小群体的融资需求。在明确其服务内容和服务对象以后,由此衍生出来的含义便是将这种组织金融配置功能的自主权真正地赋予民,减少政府的行政性干预,保障现阶段合作金融服务于农的本性,以实现新型农村合作金融组织的规范有序发展。

第4章 制度变迁视角下农村新型合作金融组织的产生与发展

我国农村金融体制经过40余年的改革,取得了不少成绩,但是仍然存在不少问题,必须进行制度改革和创新。新制度经济学研究的范畴内制度变迁和制度创新是同一内涵的概念。制度变迁理论所研究和关注的两个主要问题:一是旧的制度如何过渡到新的制度安排;二是制度创新问题,即新的制度安排如何产生。

我国在推进农村地区“增量”改革之时,合作金融的发展又一次站在农村金融改革的关节点上,并经历着因改革而产生的悸痛、因风险而产生的停滞、因发展而产生的喜悦、因创新而产生的亮点。我国农村新型合作金融组织的产生和发展既有着合作金融制度变迁的一般性路径,也蕴含着我国农业和农村发展中的实际情况,以及我国农村金融体系所特有的制度安排。为何在我国出现这些农村新型合作金融组织,以及为何这种新的制度安排表现出多模式和类型?为何这些新型农村合作金融组织的发展难以纳入农村正规金融体系?历史演进展示了合作金融变迁的时间维度,起伏发展展示了合作金融跌宕现象的空间维度。本部分以制度变迁理论作为分析工具,将对农村新型合作金融组织的产生发展研究的时间尺度推移至2006年前后,即从探讨我国农村“增量”改革的原因出发,解释我国农村新型合作金融组织的产生;并将时间的尺度向后延伸,进一步探讨新型合作金融组织的多模式发展原因,最终探寻这种制度创新所发生和发展的内在机理和机制。

4.1 制度变迁的一般理论

制度总处于变迁中,以发展的角度来看制度变迁则从未停止过。制度变迁作为制度的替代、转换和交易的过程,是一种新的更有效率的制度对原有制度的替代,也是一种新的更有效率的产生过程，还可以是制度的交易过程，是“制度创立、变更及随着时间变化而被打破的方式”。

制度变迁源于制度的非均衡性，从非均衡到均衡的制度结构的演变过程即为制度变迁过程。当一种制度处于制度均衡状态时，其自身的优势才能以最大化的方式呈现出来，并在其发展中具有较高的效率和实现稳定的运行，也只有处于这种制度均衡中，各行为主体对于既有的制度安排和制度结构是满意的，在行为上是自愿接受或服从现有的制度安排的①。但是，在现实中，制度均衡并不容易达到，也不容易保持，一旦出现对行为主体来说有获利的机会而产生新的制度需求时，既有的制度供给是不足和缺失的，制度的供给不足是一种常态，使得制度总处于变迁的过程中。新制度经济学认为，制度变迁的必要条件是制度均衡被打破而出现制度非均衡，引起制度非均衡的因子很多，但是，制度均衡被打破的根本诱因在于已有的制度安排下无法获取“外部利润”。“外部利润”主要来自规模经济、外部性的内部化、风险分担、交易费用降低等（戴维斯、诺斯，1973）。

新制度经济学认为，有效率的组织是制度变迁的关键。判断组织是否有效主要是看其是否有创新能力，创新表现为组织是否具有实现最大化目标所需要的技术、知识和学习能力。在组织创新能力形成过程中，企业家的作用尤为关键。

制度变迁总是源于制度需求。然而，由于环境的复杂性使得制度总处于不确定状态之下，其过程相当于信息不对称条件下的社会博弈。制度变迁有强制性制度变迁和诱致性制度变迁两种方式（林毅夫，1989），一般而言，强制性制度变迁和诱致性制度变迁很难划分开，二者相互联系、相互制约，在各方利益主体（如政府、群众、社会组织等）的博弈下共同推动社会的制度变迁。

制度变迁的结果如何，最后的制度安排选择哪一种形式？诺斯在其制度变迁模型中的基本假定是，制度变迁中的主体期望获得最大的潜在利润。即在原有的制度结构中，制度变迁的主体受制于原有制度安排的约束，无法获得潜在利润，若要获得潜在利润，必须打破原有的制度框架，进行制度的创新。当然，也并不是有潜在利润就会发生制度变迁，这取决于每一种制度形式的成本与收益的比较。只有新制度的预期收益大于制度变迁的预期成本时，制度变迁的主体才会推动旧的制度结构向新的制度结构演变。并且，新的制度安排会以多种形式出现，最终哪一种新的制度安排会替代旧制度还需要其他因素的共同作用。

一般而言，单个人的制度安排不需要支付组织成本，也不用支付制度变迁的强制性

① 道格拉斯·C.诺斯.经济史中的结构与变迁[M].陈郁，罗华平，等译.上海：上海人民出版社，1994：66.

成本,但是收入的增长属于个人,制度创新的外部收益不大;而由多个人之间达成的合作性制度安排,参与其中的任何人都有退出的合法权利,因此,它要支付组织成本;政府性的制度安排是没有退出选择权的,因此,它既要支付组织成本,还需要支付强制性成本,但是,由于政府的行政性规定使得制度具有严格强制性,执行中只需要符合相互认可的制度安排即可,不需要有一致的同意,执行主体在支付组织成本时可能要低。至于选择何种制度安排,决策者将会对各种可选形式进行比较,并以其净现值最大的一种形式作为其可选方案。

社会制度变迁有自上而下和自下而上两种传播方式,鉴于我国政府在历次经济社会变革中具有深层次的介入背景,自上而下的改革方案在我国往往具有较小的变迁成本并能够取得较优的效果。即便是发源于民间的改革,制度的创新是由下而上的,但是若要实现全国范围内的推广,也必须得到政府特别是最高层政府的认可。故,中国社会的制度变迁是政府和社会公众的价值取向之间博弈的结果,政府利益和社会公众的价值取向能否在改革中相互融洽就成为改革能否顺利进行以及改革深度推进的关键所在,于是,社会公众价值的转让和归属是二者博弈的关节点。

如图 4-1 所示,△AEF 为社会制度变迁中的社会公众剩余,横轴 Q 为制度变迁的程度,纵轴 C 为制度改革的成本,斜线 D 为社会对制度变迁的需求曲线。

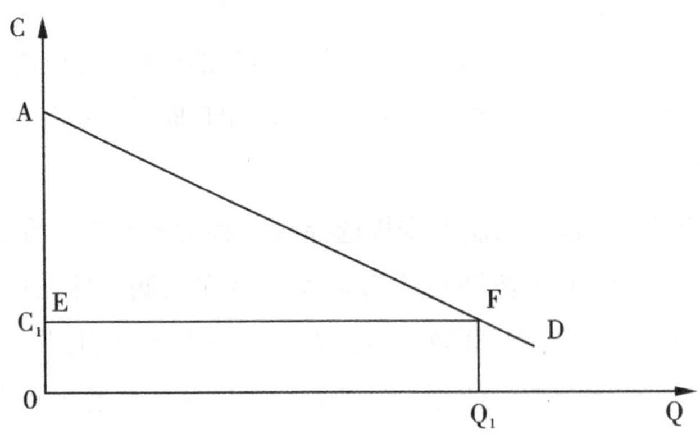

图 4-1 制度变迁中的社会公众剩余

在制度变迁过程中,改革成本提高,由 C_1 提高到 C_2,必然影响改革的深度和推进,就整个社会而言,福利减少 F_1GF,原来社会公众剩余中的 E_1EGF_1 部分变为政府所有,这一转变将导致社会净损失△F_1GF,如图 4-2 所示。

对于造成改革成本提高的原因,可以从新古典经济学中得到解释,由于有限理性的存在,倘若可以通过隐蔽方式来提高经济人自身的收益,而这种收益的获得或提高又是通过扩大外部成本来获得的时候,那么制度变迁的机会成本就会提高。

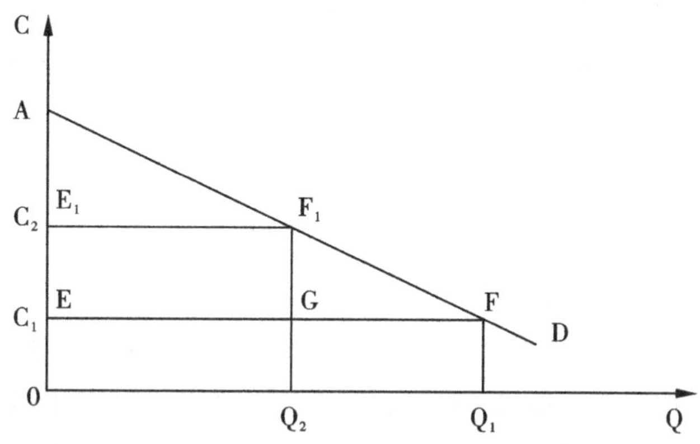

图4-2　制度变迁过程中由于成本提高导致的损失

制度变迁总是由一些政治企业家导演的，即使是在现代民主制度中，他们的作用也是决定性的①。在国际合作社发展的过去几十年历程中，一个明显的趋势是由于外部资本和专业管理的引入，合作社社员异质性程度明显提升，推动了合作社的创新发展。如北美"新一代合作社"要求社员入社必须购买一定数量的股金，在坚持合作社的原则上，对"一人一票"的制度进行创新，将表决权与投资额结合起来，并且为了进一步增强资金实力，合作社还会通过出售优先股来吸引外部资金。特别是对于有几千年集权制延续的中国社会而言，政府的角色尤为重要。政府的行为是否规范与科学将直接影响到改革的成本与收益，规范政府行为，一方面防止各种寻租行为的发生，尽可能降低改革成本，另一方面使得中央政府和地方政府在制度变迁中以自洽的方式实现融通。

当然，制度变迁常常是一个曲折而漫长的过程，认识的局限性与新的制度安排上存在一定的滞后性，这些滞后性包括：①在旧的制度环境中萌发新的组织形式的时间；②将外部利润内部化技术产生所需要时间；③在多种可选择制度安排中挑选一种满足创新者利润最大化的制度安排所需时间；④将最佳制度安排付诸实施经营所需时间。因此，农村新型合作金融组织制度变迁也是一个长期且渐进的过程。

4.2　农村新型合作金融产生和发展的一般条件

早期合作金融组织产生于社区内成员的资金互助，它是在农业农村经济不发达，农

---

① 姚洋．作为制度创新过程的经济改革[M]．上海：上海人民出版社，2008：63．

村金融市场信贷约束严重的背景下自发产生的，它是基于合作社基本原则进行自我管理、自我雇佣的提供金融服务的一种民间组织。农村新型合作金融组织的产生和发展有以下几个条件。

第一，弱势群体资金需求者从既有融资渠道融资困难，对发展合作金融存在制度需求。回顾合作金融发展史，合作金融发迹于生产力不发达，资金短缺，高利贷盛行，广大农户不堪重负的条件下。在高利贷的盘剥下，尽管农户渴望从正规金融机构融资，但是商业银行的趋利行为并不会顾及风险大、效益低和成本高的农业行业。非正规融资途径便会活跃起来，农户之间便会形成一种资金互助的关系，这便是合作金融的雏形，这种金融制度是与当时的经济环境相适应的。以德国为例，在19世纪初期，普鲁士政府采取了一系列改革措施推动了农业资本主义化，解放了工商业发展的束缚，推动了产业革命的到来。诸如，取消了城市行会独占，解放了小手工业者使其成为自由之身，使其有了建立起自己企业的可能性；在农村进行了土地改革，解放了农奴，允许土地的自由买卖等。然而，无论是城市的小手工业者还是农村的自耕农，要么因为技术的困难，要么因为资金的短缺而处于破产的边缘。为了维护自身的利益，出现了主要为农民提供贷款的雷发巽式信用合作社和为城市小工商业者提供贷款的城镇信用合作社，后来分别发展为雷发巽银行和大众银行(1932年，两大合作金融系统合并，组建成新的德国合作银行系统，同时，雷发巽银行和大众银行继续作为合作银行而存在)。

尽管我国农村经济改革与发展取得了巨大的进步，但是在当时“三农”问题依然严重，农村金融体系存在严重弊端，加之商业银行撤出农村地区，坚守农村金融阵地的仅有农村信用社一家，而农村信用社也开始了商业化改革，使得本来狭窄的融资渠道更是雪上加霜。国务院发展研究中心农村部2005年进行的百村农村金融调查数据显示，在1962户有效样本农户中，60.65%(1190户)的农户有资金融入需要，其中462户(占有借贷需要农户的38.82%)农户根本就没有向正规金融机构申请过贷款，而且这其中又有143户农户最希望的信贷渠道是信用社(占有借贷需要农户的12.02%，占有借贷需要而不申请正规贷款农户的30.95%)。正是由于正规金融制度的安排与现阶段我国农村经济发展和农村资金需求者融资诉求不相匹配，给我国合作金融的成长留下发展空间。

第二，控制规模，降低风险成本，合作金融组织提供最基本的金融服务。合作金融组织得以存在和发展的基础在于其制度优势和成本优势，社区内或小规模合作金融组织具有较少监管成本和信息成本的优势，在业务开展中能够实现成本的最优化。同时小规模的组织形式决定了合作金融组织只能提供最基本的金融服务。若合作金融组织是一个规模较大，提供多种金融服务的组织形式，那么在专业性很强的金融业中，合作金融组织便会和商业银行一样进行专业化和商业化的运作，由此将会产生诸多的监管成本，而社员的民主管理积极性也将会被弱化。这方面,我国也有经验教训需要铭记,那就是合作基金会的发展与消亡。

第三,政府在合作金融组织的成长发展中功不可没,我国政府既是合作金融发展的主导者,也是合作金融发展出现多样化的重要因素。合作金融组织是在特定的环境中,正式制度以外的产物,是农户在信贷约束下自发建立起来的。从世界范围来看,合作金融组织的发展,除了能够缓解农户信贷约束外,还能够消除贫困和增加就业、赋予农户平等的权利,以及促进农村地区经济发展和提高农户参与农村社区发展及社会事务管理的积极性。因此,世界各国都在引导、培育和规范合作金融组织的发展,努力为合作金融组织的发展提供肥沃的土壤。

一方面,合作金融组织是弱者的联合,需要外部力量的扶持和支持。纵观世界农村合作金融的发展实践,农村合作金融的产生均是社员自发成立的,是自愿联合。但是这些合作金融组织在发展中首先面临的问题是,合作金融组织的成员能力不强、专业化水平不高,参与市场经济的能力不强,仅仅依靠合作金融组织自身的能力,难以实现可持续发展,并且容易导致发展方向的偏离。政府的有效制度供给,落地政策的支持,能够保障合作金融组织在发展中的主体地位和合作地位,给予合作金融组织众多的保障支持措施,还能对合作金融组织的发展进行监督,防止出现金融风险。美国政府在支持合作经济组织中角色的转变便是最佳例证,从最开始的干预到参与治理,再从参与治理到调控发展。从20世纪30年代开始至今的90多年间美国政府的角色的转变,也是美国农业高度发展的重要推手,并使得美国的农业合作经济组织的发展成为国际农业合作社运动发展的风向标和引领者。政府对合作经济组织的支持方式和政策的变化,既是对自身行为和政策的不断审视和调整,也是适应农业发展趋势乃至市场经济发展态势的表现。因此,政府在合作金融组织的发展中,需要根据合作金融组织的动态发展进行实时监测和调整,并为其发展提供持续的政策和法律保障及推动力。

另一方面,我国农村金融制度变迁路径中政府主导的强制性变迁方式,导致了农村新型合作金融组织发展的不充分及多样化。我国农村金融在发展中的一个重要特征就是政府的行政力量占据主导地位,正式制度在推动农村金融体系的建设中发挥了基础性的作用。但是,合作金融作为一种自下而上的制度变迁形式,政府过多的干预和规制反而会限制这种制度安排的发展。以我国现有的农村信用社来说,这种组织制度最初的定位是合作金融,然而,农村信用社的制度安排更多的是在政府的指导下形成的,即便是摒弃政府的行政低效率和寻租行为,当农村信用社在政府的行政干预下从事经营活动,或者在一定的历史时期承担一定的职能时,农村信用社的合作金融属性或其归属问题就会发生变异,农村信用社不再属于民管、民用,已经演变成政府性的金融工具,甚至是将农村地区资本转移至城市地区的“抽水机”,农村信用社演变为农村商业银行,与合作制的基本原则渐行渐远,农村信用社的所有权也不再属于农民。但是,毕竟合作金融作为一种有益于农业农村发展的制度安排,内生于农村经济发展的土壤环境,在中央政府的支持和鼓励下,地方政府也在积极探索农村合作金融的发展模式和组织载体。在地方的实践中,一旦有组织效率高、外部溢出效应较大的合作金融组织,政府便会将其树立为典型进行宣传推广,如江苏省的农民资金互助合作社,便是在前期探索试点的基础上,逐步展开。有些地方则是以整体改革的方式进行推进,如山东省开展的新型农村合作金融试点工作,是在农民合作社的基础上试行信用互助。这些具有地方特色的多模式实践方式,既体现了现阶段中央政府对农村金融的改革依然有着较强的主导地位,也反映了广大农村地区对合作金融的需求和地方政府在支持合作金融发展中的灵活调控手段和方式。

4.3 农村新型合作金融组织产生的原因分析

制度需求和制度供给是新制度经济学中制度变迁理论的核心内容。制度变迁的发生,有诱致性变迁的路径也有强制性变迁的方式,诱致性制度变迁的内在逻辑强调的是对制度变迁的需求,强制性制度变迁的内在逻辑强调的是对制度变迁的供给。这构成了制度变迁的理论基础。制度变迁的最初动力是制度需求,制度变迁是在制度需求和制度供给的相互作用下实现的,并且在制度变迁过程中制度供给要更好地响应制度需求,这个过程是一个反复博弈以及逐步优化的过程,最终实现新的制度取代旧的制度。

在上述分析合作金融组织生产和发展的一般逻辑时,并不能完全说明我国农村新型合作金融组织萌发的基础和历史背景,我国农村新型合作金融组织的产生有着符合一般逻辑规律的合作金融组织的严谨路径,也有属于我国农业和农村发展阶段的特殊环境,更是迎合新时期我国农村生产经营方式的转变和创新的组织形式。因此,首先需要从制度供需的角度来考察我国农村新型合作金融组织是如何产生的,以及在什么样的政策环境下产生的。

在制度经济学中,“制度变迁”与“制度创新”是同义词。制度变迁的过程也是制度创新产生的过程。但是制度创新是一个复杂并且高昂的过程,对制度创新的分析可以引入新古典经济学的分析框架,即制度创新可以从“需求和供给”这一经典的理论框架进行分析。合作金融组织制度创新的需求是指,农业和农村经济发展过程中的融资主体谋求在现有的农村金融制度安排下得不到的利益而引发的制度变迁需求所导致的制度的重新安排,也就是说农村融资主体力图在既定的约束条件下,寻求预期对自己最为有利的制度安排,或者现有的农村金融制度对于一些资金需求主体来说净收益为零或负,现有的制度安排引起了多数制度行为主体的抵制或反对,新的制度安排出现是必然的。一旦制度的非均衡性产生,对新的制度服务和制度安排就会产生需求以及对这些需求潜在的供给,不管这种供给是否能够演变为现实使得制度需求得以满足。合作金融组织制度的创新是由需求决定的,当原制度不能满足制度行为主体的利益诉求时,会产生新的制度需求。合作金融组织的制度供给,是制度决定者提供的,这里的决定者具有多方面的含义,但是从目前我国农村金融演变的历史来看,政府是我国农村金融制度的主要供给者,无论是过去历史的经验还是对未来走势的判断,政府作为制度供给的重要主体,决定着合作金融组织的发展走向。但是合作金融从本质上讲作为内生于民间的制度安排,也体现着农村资金需求者制度安排的能力和意愿。

4.3.1 农村新型合作金融组织产生的制度需求

制度经济学采用“需求—供给”的分析框架对制度变迁进行阐释,并提出制度需求的产生在于,新的制度安排可以降低交易费用和提供激励机会。制度需求主要是制度服务受众的需求,是建立在制度变革的社会成本和收益比较基础上的。对于农村合作金融的制度变迁来说,一旦合作金融制度变革的收益大于其成本的时候,出现净收益就产生了对制度创新的需求,这种需求是诱发制度变迁的必要条件。制度变迁中,净收益越大,制度需求主体的变革欲望越强烈。影响这一需求的根本因素在于农业农村发展和农户资金需求数量的增加及需求种类的多样化,而内在因素在于这种制度安排所特有的制度优越性。

(1)农业农村进一步发展矛盾凸显,合作制大发展在弥补市场不足的同时又催生了合作金融的强烈需求。从满足农村金融需求的角度来讲,合作金融比商业性金融和政策性金融更有效率。立足于长远的发展,观察国际合作金融的发展历史,这些国家或地区以农业产业链的发展为依托、将生产经营过程中的闲置分散资金聚集而形成的资金互助组织,即经济合作和金融合作融合共生的合作组织,既能够满足农户的资金需求,也能够实现合作金融组织的可持续发展。

农村金融的增量改革起始于2007年,处于“十一五”规划时期。“第十一个五年规划纲要”中提出,坚持把解决好“三农”问题作为重中之重,实行工业反哺农业、城市支持农村,推进社会主义新农村建设,促进城镇化健康发展。与此同时,随着我国市场经济的进一步深入,我国农业发展也面临着一些结构性的矛盾,农产品成本持续提升、价格面临天花板、资源环境约束加剧,农业生产经营方式迫切需要由粗放式向可持续发展方向的转变，特别是向规模化、组织化要效益，向产业融合衍生，这是农业农村发展的新趋势和现实基础。

经济体制的改革给我国国民经济发展带来巨大契机，同时也给农业农村发展带来巨大挑战，农业经济发展中的基本矛盾在城乡二元结构日益突出的框架下日益积累和尖锐，农民利益流失严重。曹利群、张岸元(2001)研究认为农民利益固然受自然、市场以及政策等诸多因素的影响，但是总体而言，自然风险小于市场风险，农民收入已经摆脱自然因素，市场价格的不确定性是导致农民收入波动的主要诱因；山西省社科院有关课题研究表明，农民所生产的农产品中大约有43%左右的利益在加工和流通这两个环节中流失掉了[①]。小农户生产的广泛存在以及各种农村经济组织供给的缺乏，使得农户进入市场难，自己的合法权益难以得到保障，进一步发展增收困难较大。尽管市场经济制度是一种好的制度，但并非完美。经济行为的外部性和不完全竞争的市场结构会造成“市场失灵”，导致出现市场垄断、公地悲剧等问题，从而损失效率和公平。市场失灵为政府干预经济提供了理论解释。换言之，政府出于提高效率和维护公平的目标，必须对市场失灵做出有效的回应。因此，保持合理的市场结构，维护竞争秩序；为社会提供公共物品，维护社会公平；实现经济与社会的可持续发展成为政府的基本职能。合作制作为一种制度资源，是一种介于市场与科层之间、公共部门与私营部门之间的制度安排，在市场配置资源失效或不完全有效的领域，合作制是可以产生积极作用的。

面对自身利益流失、服务缺乏，农户迫切需要新的制度安排解决他们在生产中面临的多种问题。作为诱致性制度变迁的结果，我国农村在20世纪80年代出现了解决农户技术需求的专业协会、90年代出现了提供农产品销售服务为主的各种农民专业合作社，以及目前面临新的形势出现的各种农产品加工和销售等一体化服务的综合性合作经济组织。为进一步推进合作经济组织发展，在“十一五”初期政府便出台了《农民专业合作社法》，以及与之相配套的登记条例、示范章程、财会制度等多项政策，对合作经济组织的发展大力扶持。农民合作社通过增强服务功能，逐步由劳动联合走向劳动与资本的双重联合。

截至2010年年底，全国农民合作社数量已达到37.91万家，农民合作社作为重要的现代农业经营组织基础，在引领农民实现与市场对接和发展增收中效果明显。黄胜忠(2010)对重庆市农民合作社111户社员的调查显示，有16.9%的社员加入合作社后收入增加10%～20%，21.8%的社员加入合作社后收入增加20%～30%，12.7%的社员加入

---

① 缪建平.高度重视农民专业合作组织的作用：关于发展农民专业合作组织的动因、必然性和实现路径的探讨[J].农村合作经济经营管理，1999(03)：7-9，29.

合作社后收入增加30%～40%，5.4%的社员加入合作社后收入增加50%以上。

与此同时，农民合作社所服务内容也在不断拓展，越来越多的专业合作社从简单的技术、信息服务向农资供应、统防统治服务延伸，由产前产中服务向产后的包装、储藏、加工、流通服务拓展，正在逐步成为现代农业发展和现代农业产业体系建设的重要载体。截至2010年底，全国有31 305个合作社拥有注册商标、有16 709个合作社通过农产品质量认证，并且逐步涉足与承担涉农项目。所有这些使得合作社合作理念日益深入人心，合作制观念得到推广。从图4-3中可以看出，自2007年《农民专业合作社法》颁布以来，我国农民合作社的数量呈现迅猛发展趋势，合作社数量由2007年的2.6万家发展到2010年的37.91万家，短短四年时间增加13.6倍，参加合作社的农户数量由2007年的210万户增加到2010年的2720万户。

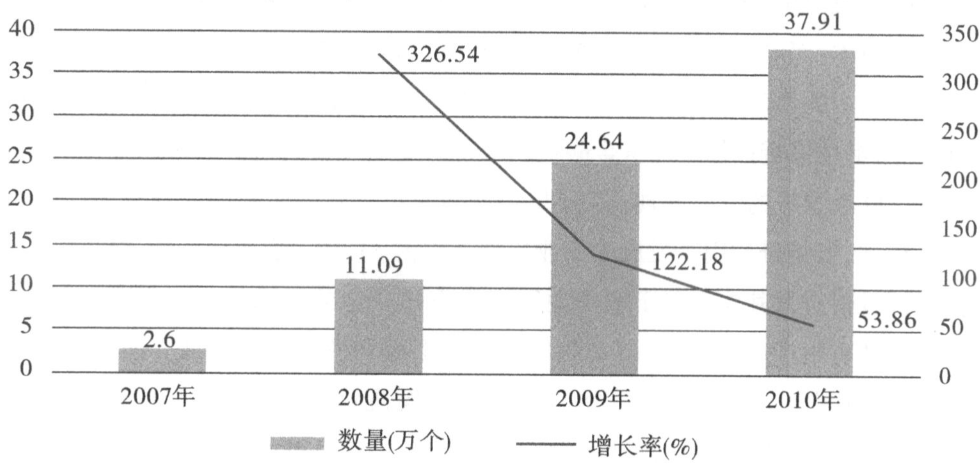

图4-3　“十一五”期间我国农民合作社与合作社社员数量

毫无疑问，这些新型经济合作组织的出现和发展对促进合作金融组织的萌生和发展起到极大的催生和推动作用。农民专业合作经济组织的发展，使得合作制观念已经深入人心，生产的联合为资金的联合奠定基础。在当时我国农村信贷资金供需矛盾突出的现实情况下，社区组织内部成员之间、专业合作组织成员之间的资金互助合作，既是解决成员缺少资金难题的途径之一，也是发展合作金融的必由之路。因此，尽管需要制度创新，但现行农村各类经济组织仍是合作金融组织发展的母体。严格的路径依赖致使我国新的农村合作金融组织不可能凭空产生，必然会在现有的组织制度基础上衍生而来。此外，民间发展金融合作实力弱，无法与正规金融组织抗衡，专业合作社作为新农村建设的一个重要组织载体，也可以成为组织农民担保、贷款的载体，即可以把专业合作社当作一个信用共同体来建设和发展。

(2)社会主义市场经济的不断推进,农户资金需求增加和多样化。农村家庭联产承包责任制的确立使得农民获得了农业生产经营的自主权和收益权,社会主义市场经济的改革深化使得农村和农户获得了更为广阔的发展空间和机会。随着我国农村经济体制改革的不断深入,农村市场经济不断发展,农民的自主经营权得到释放,发展的积极性空前提高,农户的经济行为日益活跃,作为与农户经济行为息息相关的金融活动也相应活跃起来。

随着农户主体地位的确立,农户的农业生产经营行为和非农业生产经营行为日趋多样化和频繁,投资规模不断扩大。尽管从理论上说,农户作为经济人和理性人,在发生借贷行为时要考虑借款后的收益和效用最大化,其借贷需求强度取决于所借资金的预期收益率,高的预期收益率更能激发农户的借贷行为。然而,资金的预期收益取决于资金的用途,很明显,农户生产性借贷通常意味着资金回流和利润的取得,其预期收益率要覆盖资金借贷的成本;而对于生活性借贷来说,尽管其收益率较低甚至没有,但是在弱小农户应对各种生活中的风险时,却往往不得不发生借贷行为,因此生活性借贷也有着极大的需求强度,生活性借贷往往不能从金融机构取得而是通过民间借贷。朱建芳(2009)通过对浙江省 300 个农户的研究发现:有约占 40% 的农户发生了实际的借贷行为,其贷款需求呈现多样化,但是贷款用于发展工商业名列首位占 33.6%,农业生产贷款仅占 15.5%,其余为生活性借贷及其他。对于东部地区来说农户资金的需求已经不再是消费性支出和简单的农业再生产,更多的是向农业生产的中下游和商业领域扩展。熊长城、巩建权等(2008)通过对四川巴中 1341 个农户的调研发现:农户有着很强的贷款需求,约 85.91% 的农户需要贷款,有生产性借款需求的农户约占 70.03%。发展种植养殖业成为农户借款的首要原因,资金需求总额为 4702.75 万元,占借款总额的 64%。户均贷款 5.48 万元。相对于存量的农村金融供给来说,农村金融的发展现状难以适应农户对资金的需求,只要农户融资行为的收益大于成本,就会对制度创新产生需求,这一需求将会诱使制度变迁的实际发生。

在农业经济体制深化改革的背景下,农业生产经营活动已经逐渐呈现出以市场为导向的专业化、规模化和标准化,在农业结构大调整的框架内,农业新技术的广泛应用、农业机械化水平的不断提高以及农业产业链的延伸等均使得农业发展对资金规模的需求越来越大。此外,非农业生产经营活动业已成为农民收入增加的主要渠道。据统计,个别地区农民收入中源自非农的收入已经占 80%,非农业生产的资金需求是当地农户的主要借款目的,这类资金需求往往金额大、周期长、投资回报率较高且有明确的还款来源①。

① 张庆亮.中国农村民营金融发展研究[D].中国农业科学院,2006.

总之，尽管农业在生产经营中面临一定的风险，只要其在投资后能获得足够的回报，农业经营者就有借贷的动力和意愿，但是农户在面向正规金融机构进行借款时却面临着缺乏抵押物等约束条件，使得数量较大的贷款需求往往无法得到满足。

随着我国市场经济发展的不断深入，受“两步走”战略的影响，我国区域发展出现较大的差异性：一方面率先发展起来的东中部发达地区农业农村加快发展，其市场经济发展活跃，农村市场化和商品化程度较高，农村经济已取得一定程度的发展，一部分农户已经发展起来，急需进一步发展的资金支持；另一方面广大的中西部地区仍存在大量的贫困地区，中西部仍是我国贫困地区集中地区，受自然条件、政策等多方面的影响，发展程度不如东部地区，农村商品化和市场化程度较低，对农业生产依赖较大，农村生产和生活急需资金资助。我国区域发展的差异性和异质性因素严重影响着制度变迁过程中的路径选择，使得新制度的产生和发展表现出多样性的特征。

总之，主要以生产性贷款需求和生活性贷款需求为主的农户在我国已表现出很强的多元化、多样化和复杂性等特点。随着中国农村的城镇化、工业化的发展，以及农业现代化、产业化和科技化的转变，必将给农村经济的发展带来深刻的变化，也必将给农村金融的发展趋势带来深刻影响。

(3)本质在于单个农户面对各种商业金融组织产生的大量交易费用被合作金融组织内部化。长期以来，我国金融市场呈现出典型的“二元性”，农村金融市场和城市金融市场存在明显的差异，而作为参与金融主体其行为也呈现出明显差异，因此，农户作为农村金融市场中资金需求的主体不能参照城市信贷管理的方式来进行。

一方面既有的农村生产经营方式决定了农村合作金融有旺盛的需求。我国是以家庭联产承包责任制为核心的农村生产经营方式，以农业为主的小农户经济依然是我国农村经济构成的主体。第二次全国农业普查数据显示，我国有2亿户农业生产经营户；第三次全国农业普查数据显示，我国有2.07亿户农业生产经营户，农业生产经营户处于增长状态，其中小农户数量占农业生产经营户的98%。小农户家庭经营是农业生产中的主要经营方式，小农户的大量、长期存在是基本国情，即便土地流转不断扩大推进，也不会改变我国以小农户为主的经营方式，成为合作金融产生的温床。合作金融的产生和发展也是服务小农户发展的一种制度安排，通过合作金融可以全面加强面向小农户的各项服务和支持政策。

小农户家庭经营和农业产业的特性(以动植物为生产和加工对象)使得农业具有弱质产业的一切特点，如周期长、风险大等。对比资金回报率更高的工商业来说，商业银行出于利润和风险的考虑，对农业生产资金的投放比例不断下降。

另一方面合作金融组织能够提供低于商业性金融机构的融资成本。尽管从规范上看,农村金融市场存在很大的规模,但是单个农户生活性资金需求主要有教育、医疗、住房以及婚丧嫁娶行为,生产性资金需求主要表现为农业生产资金需求和工商业资金需求,这些资金需求表现出“小、急、多”等特点,即单笔资金需求量小(小额信贷)、资金需求急(这与农业生产的季节性有关)、借贷次数多,这些融资特点使得农户难以从商业银行取得贷款,即便是可以提供资金,农户常需提供更多的信息以及更长的审核时间,交易成本很高。对于资金供给方农村商业金融组织而言,农户在与它们的金融商品交易中,因信息不对称而产生较高的交易费用、信息成本和监督成本,且农村商业金融组织自身资本有机构成较低,其所获利润常位于平均利润之下,也不愿与农户建立信贷关系。就农户而言,他们在进行金融交易时往往无法提供必要的担保或抵押品,难以从商业金融机构获得信用贷款,或者以担保等方式获得信贷支持,最终也增加了交易成本。

合作金融组织的制度安排与农村社会的治理方式契合,降低了合作金融组织及农户在融资过程中的交易成本。合作金融组织源于农村小企业或农户总处于不利地位在实践中的交易联合,是社区个体之间的联合,这种联合是建立在生产互助、信息共享的人际关系圈内,不同于金融机构需要额外的信息收集成本和监督成本,合作金融组织交易发展得以维系的纽带是社员之间的信用,通过村社熟人社会的地缘、血缘关系与信用道德约束实现交易成本的降低。在交易过程中,合作金融组织通过日常积累和熟悉的信息,比较容易地实现各类信用评估信息的获取,并且通过社员内部的责任互担方式,充分地实现信用成本的降低和内置化。合作金融组织以低于一般市场交易成本的代价面向合作者优先提供服务,单个农户与商业银行交易行为的外部成本显然高于农户与合作金融组织之间的交易成本,在这个过程中合作金融组织也避免了道德风险和逆向选择问题,实现了低成本和低利润的良性资本循环。

但是,合作金融组织存在规模效应的问题,导致内部交易费用的增加。新型农村合作金融组织在节约外生交易费用与节约内生交易费用之间,及在外界力量的作用下,呈现多样化发展现状。

4.3.2 农村新型合作金融组织产生的制度供给

制度供给一般指的是制度决定者的供给,它是由制度决定者提供和生产的。尽管制度决定者可以有多种理解和多方面的含义,但是从实践来看,农村新型合作金融的产生既包含了当时合作金融制度供给不足的情况,也是在当时政府部门设计的制度安排基本框架下有序推进的。虽然在制度变迁中,制度需求起着更重要的作用,但是更大程度上受制于政府在既定的政治和经济框架内愿意提供的新的关于合作金融的制度安排。这种由政府和制度需求者(组织或者个人)做出的制度安排被称为农村新型合作金融制度产生或创新的供给。

4.3.2.1　存量制度实施机制缺位,传统合作金融制度供给日益式微

合作金融是改善农户融资难、融资贵的重要工具。我国农村合作金融的发展由来已久,这些组织对维系农村经济的发展、农民生活的延续、推动村社合作等方面发挥了积极作用。并且随着西方合作思想的传入,以国际合作制组建的合作金融组织(如农村信用社)被国家认可并推行,成为政府以金融手段实现特定时期经济发展目标的重要工具。我国农村合作金融的发展是诱致性制度变迁与强制性制度变迁的结果,在合作金融组织产生及发展初期诱致性制度变迁具有一定的主导作用,但是发展到一定程度后,合作金融组织往往会沿着强制性制度变迁的路径发展,即政府的作用越来越大,甚至决定合作金融组织的发展走向。

实施机制作为制度的重要内容,是判断一种制度是否有效的主要标志。没有效率的实施机制,制度的存在,特别是正式制度便如同虚设,有法不依的坏处更甚于无法可依。我国农村合作金融的发展史中,阶段性的出现多种合作金融组织(如标会、合会等),但是这些合作金融组织一经发展壮大,建立在亲缘、地缘、血缘上的特殊信任就会被逐渐稀释或瓦解,传统的合作金融组织与活动范围就会超越传统的监督机制边界,制度的合作范围就会超越效率边界,出现效率降低、成本变大以及规模不经济的情况,再加上政府监管的不到位、不及时,最终演变成为区域金融风险的源头。一直以来,我国农村合作金融在发展中持久存在的存量制度安排就是农村信用社,但是农村信用社作为存量制度供给,并没有对我国农村合作金融事业的发展贡献更多的制度引领和创新。农村信用社出现异化的原因比较复杂,有既得利益集团的阻力,也存在行动团体的“搭便车”现象,但是实施机制的缺失是农村信用社的合作制原则在经历历次改革后分崩离析的主要原因。

1996年,国务院作出《进一步深化农村金融体制改革的决定》,涉及合作金融的主要有两个,一个重点是恢复农村信用社的合作性质,农业银行不再领导管理农村信用社,实行“行社脱钩”,农村信用社以合作制的原则进行重新规范。另一个就是清理整顿农村合作基金会。中央对农信社的改革寄予厚望,并将其作为农村金融改革核心。尽管改革并不成功,中央政府为了彻底解决农村金融的问题,在2003年又下发了《深化农村信用社改革试点方案的通知》,又开始新一轮的农村信用社改革,改革的核心就是“明晰产权关系”,并且在这次改革中中央银行给予了试点极大的资金支持以化解农村信用社的历史包袱,这一轮的改革也被称为“花钱买机制”。然而长期以来,农村信用社存在着内部产权混乱现象。主要是由于初始阶段是农民自愿入股,随后政府参与部分投资,然后又吸

收农民入股。农村信用社包括了社员股份和政府出资,在产权隶属关系上,农民社员只是名义上的产权归属关系,而国家或集体却是农村信用社的产权主体导致产权混乱。农村信用社没有真正地实现民办、民管,其管理机制在“官办”和“行管”的交替中不断推进,没有建立起真正的合作金融法人治理架构,实现自主发展,也不可能真正达到民用、民受益的目的。即便是2003年的这一轮改革,国家出资解决了农村信用社的不良资产和历史包袱,但是从改革之后农村信用社发展的情况来看,这一轮的“花钱买机制”依然没有解决农村信用社体制问题、产权问题,也没有实现农村金融体系的良性发展。例如,在这次改革中农村信用社更明显地出现了脱离农村的倾向,农村信用社在城区开设网点的力度明显更大。此外,在这轮改革中,农村信用社为了尽快提高资本充足率,进行了增资扩股,并且效果明显,结果却是股东的数量明显减少,原因在于增资扩股引入的是大股东,而农户则被清理出去,大股东的身份非农,其利益取向也不会投向农村地区,最终的结果是产权改革的不理想,以及农村信用社成为吸收农村地区资金投向城市的“抽水机”。

4.3.2.2 直接诱因是农村金融供给的严重不足,支农资金短缺

既然有农村合作金融组织的创新,就说明现有的农村金融体制存在一定的局限性,旧制度不能服务于现有经济发展的需要,是一种“不好”的制度。与其说讨论新制度供给的成本和收益,倒不如谈论表现在方方面面的现有的农村金融制度供给不足。

(1)金融供给主体缺乏。合理完善的农村金融服务体系,应该由政策性金融、商业性金融、合作性金融和民间借贷融资所构成,这也是国际通行的经验和做法。从中国农村金融改革和发展的实践来看,一个表面的现象是:中国已经具备了基本的农村金融制度框架,即形成了商业金融(中国农业银行)、合作金融(农村信用社)、政策性金融(中国农业发展银行)三位一体合作分工的正规金融制度框架,同时活跃着多种民间自发的、非政府以及国际机构支持的非正规金融部门。

然而,更多的学者对我国农村金融体制提出了质疑,改革开放以来,我国金融体制发生了深刻的变化,农村商业性金融比较完善,政策性金融逐步发展,但是,合作金融改革却成为金融改革中最为薄弱的环节(李树生,2001),甚至对合作金融的一些基本理论在认识上还存在一定的误区。更尖锐的观点是在新中国成立后的合作金融的实践中,我国的农村合作金融一直空白,几乎没有过真正意义上的合作金融。

合作金融作为农村和农民自己的金融机构缺位,使得农村资金供给矛盾十分突出,金融体系不完善。农村金融市场除了农业银行、农村信用社以及邮政储蓄以外,几乎没有股份制商业银行等区域性中小金融机构,也没有金融租赁公司、证券公司等直接融资

机构和相关中介机构。在中国农村金融改革的大背景下，国有银行包括主要支农机构农业银行纷纷撤并了在农村的经营机构和部分县支行①，导致相当一部分地区、县以下只有农村信用社，在金融机构的供给数量上无法保障。“十五”期间，国有商业银行县及县级以下机构和人员分别减少2.62万家和17.9万人。据统计，国家扶贫开发工作重点县基本没有工、中、建等银行，金融机构网点平均每个乡镇不足1个；全国“零金融机构乡镇”还有2825个，80%以上集中在中西部贫困地区；农户贷款覆盖率不足10%，贫困村不足5%。四川旺苍县35个乡镇，有11个乡镇没有金融机构网点，形成大面积金融服务盲区②。

就农村信用社本身而言，在与农行脱钩之后，处于“摇摆不定”的改革之中，“合作制”的改革并未到位，因此，所谓的合作金融、商业金融和政策性金融的农村金融框架体系并没有真正健全。尽管近几年银监会放宽准入门槛，在农村出现诸如村镇银行、农村资金互助社等微型金融机构，但是数量上的有限性，对广大农村资金需求者来说仍然是杯水车薪。

(2)资金供给短缺，资金外流，支农资金匮乏。从我国农村金融的发展历程来看，政府主导下的金融体制改革，使得金融资源一直处于政府的掌控之下，尽管这种体制有力地促进了农村经济的发展，也为工业发展提供了资金支持。但是，随着经济的发展，这种完全以政府为主导的农村金融体制框架使得农村金融供给出现严重纰漏：一是政府垄断导致金融抑制，国有金融难以满足农村农业融资需求，非正规金融生存空间狭小；二是在国家意志和金融企业逐利性本质的驱使下，农村资金大量外流，支农资金严重匮乏。

农村金融机构在农村的资产主要是对农村的贷款。自20世纪90年代以来，农村金融资产的增速减缓，占全国金融机构贷款总额的比重也在不断下降，从1993年的20.7%下降至2005年的不到10%。农业发展银行作为政策性银行没有发挥应有作用，变成收购粮油棉的专业银行，贷款业务急剧下降。而邮政储蓄只吸收存款，不提供贷款服务，其储蓄余额从1998年的320亿元增加到2005年的13 599亿元，其中一半以上来自县及县以下的地区，30%左右来自乡镇及其所辖地区。尽管目前邮政储蓄已经结束只吸收存款不发放贷款的现象，面向农户和小企业主也推出一些“小额信贷”之类的业务，但是多年来邮政储蓄一直是农村资金最大的“抽水机”。县以下金融服务过度依赖农村信用社，截

① 自20世纪90年代以来，农村金融机构一直处于不断收缩状态。以农业银行为代表，1995年为6.7万个，到2004年减少到3.1万个，10年期间减少一半。农村信用社法人机构1995年为5.07万个，到2004年仅有3.3万个，减少幅度达35%。

② 范小建.在全国贫困村互助资金试点工作暨培训会议上的讲话，2009年8月。

至2008年年末，我国金融机构对农户的贷款中，农村信用社占到87.4%，农林牧渔纯农业贷款中农村信用社占80.6%。

广大农户融资难的原因何在？是否是因为我国资金供应紧张所致？显然是否定的。近年来，随着我国宏观经济总量的增长，全国金融机构存贷款之差呈较快增长趋势，如表4-1所示，金融机构存贷款之差从2000年的24 433.3亿元增加到2008年的162 735.6亿元，2008年的存贷款差额是2000年的6.67倍，金融机构的信贷资金比较宽裕。然而，对于农户来说从银行取得资金却倍显艰难，当然这并不排除农业是弱质产业以及农户自身存在的诸多问题。从金融机构的角度来看，对农户资金的投放不仅“慎贷”，而且有“惜贷”行为，金融机构追求资产的盈利性以及安全性是其“惜贷”的理性表现，然而政府宏观金融制度的安排以及金融供给制度的缺失是银行“惜贷”现象的主导因素。

表4-1 2000—2008年金融机构存贷款差额情况

年份	2000	2001	2002	2003	2004	2005	2006	2007	2008
存贷款差额	24 433.3	31 302.5	39 623.5	49 059.4	63 226.5	92 472.6	110 112.6	127 680.3	162 735.6

资料来源：根据《中国金融年鉴(2001—2009年)》整理所得。

(3)农村金融服务滞后，金融创新不足。随着我国农业现代化进程的发展，市场化和信息化程度的不断推进，农户需要的不再仅仅局限于存款和贷款服务，金融机构需要在信贷、结算和委托代理等金融业务方面进行及时跟进。但是目前我国农村金融机构提供的仅仅是单一的和最基本的信贷业务，而保险、证券、信托等机构在农村金融市场几乎空白。农村金融服务难以跟上农村和农业发展的新趋势，难以适应新农村建设中日益多样化的金融需求。

信贷产品缺乏创新。农户和农村小企业作为资金需求主体，面临的首要问题是能否获得贷款。农村贷款的品种除了农户小额信用贷款、小额抵押贷款以及少量的联保贷款之外，其余的就是担保抵押贷款。然而，担保的抵押贷款的约束条件是资金需求主体有可抵押的信用资产，这一约束条件决定了农户融资需求的满足程度。与城市居民相比，农户可抵押的资产主要是宅基地和承包的农地，但是这些均属集体土地性质，农户无法使用它们作为抵押物，农村担保抵押物的稀缺，使得农户的融资需求难以满足。而农户较为频繁的看病、子女教育等消费性信贷更是难以满足。为了解决农户因抵押物品缺乏而难以从金融机构融资的状况，小额信贷和联保贷款制度被推出作为解决农户贷款难的一种金融创新。小额信贷的推出严重忽视了农村信用社的信贷资产规模，是一副为解决农户贷款刚性约束的虚拟药方。以2007年全国2.25亿户农业人口算,按照每户可享受的小额贷款2万~5万元算,全国农户共需要4.5万亿~11.25万亿的资金,即使再刨去不需要融资的1/5[①]农户折算,全国农户也需要3.6万亿~9万亿的资金,而当年农村合作金融机构贷款余额不过才3万亿而已。以凤阳县为例,全县有农户16.1万个,以每户2万~5万元计算,共需32.2亿~80.5亿元,而当地农村信用社2007年年度存款余额仅为12.98亿元,当年实际为农户发放贷款金额仅为1.7亿元。对于联保贷款制度来说,由于联保小组的形成、资金供求双方重复博弈机制的形成、农村信用社对风险的甄别与控制等这些形成联保贷款机制的前提条件在目前农村金融市场中并不能得到满足,因此联保贷款制度在实际运行中效果并不理想(赵岩青、何广文,2007)。

4.3.2.3 政府及时提供政策支持,是这种制度创新的推动者

从目前我国农村金融发展的实践来看,政府几乎主导了历次的农村金融制度变迁,在农村金融发展的他律、互律和自律中扮演着刚性治理的角色,是我国农村金融制度的主要供给者。对于合作金融来说,它的发生和发展有着与商业金融和政策性金融不一致的路径,农户或者弱小群体是这种制度安排的最早提供者,而政府往往扮演着推广和指导的角色。

在我国,新制度的出现和推广往往是强制性制度变迁和诱致性制度变迁有机协调的结果,政府行为对经济社会的发展有着毋庸置疑的影响力,依靠市场自发的力量无法推进制度变迁的时候,强制性变迁在金融制度创新中就显得十分必要了。由于长期以来严格的金融管制,给农村造成了巨大的金融真空,尽管我国合作金融历史上曾经出现过合作基金会这种类型的合作金融组织,但是政府的过分干预是导致其被取缔的一个重要因素,同时也给地方政府财政带来了一系列的麻烦。针对出现的新型合作金融组织,政府也会从“成本—收益”的角度对其进行分析,针对农村和农业发展中的信贷约束问题,政府倾向于鼓励这种新制度的推广和发展,政府既是这种制度的供给者和推广者之一,也是影响这种制度安排的重要因素。

基于前期一些地方在农村新型合作金融组织发展中的实践,中央政府在农村金融的发展路径方面及时调整发展导向,积极引导农村地区合作金融的发展,不仅多次在中央一号文件中对农村新型合作金融组织的发展方向进行引导,而且金融监管部门亦出台多项扶持政策,规范农村新型合作金融组织的发展。如在2007年,银监会以农村资金互助社发展为模板,出台了《农村资金互助社管理暂行规定》,以及农村资金互助社发展相应

① 注:1/5这个数字为笔者实际调研后,利用调研样本计算所得。

的配套政策，实现了农村新型合作金融组织的发展进入国家治理框架，成为正式的制度安排。在此后的发展中，政府对这种制度安排又做出进一步的推广，对未来几年的发展数量进行安排。尽管后期的发展并没有达到理想的效果，但是政府仍然在制度变迁过程中扮演着极为重要的角色。

4.4 农村新型合作金融组织多类型发展的原因分析

2007 年，银监会出台的《农村资金互助社管理暂行规定》标志农村新型合作金融组织的发展成为一种正式的制度安排，得到国家的认可，成为农村金融体系的正式一员。但是，以农村资金互助社为代表的农村新型合作金融组织的发展并没有达到预期的效果，政府在 2009—2012 年计划发展的农村资金互助社 161 家的目标任务也没有完成。特别是在 2012 年，一些非正规合作金融组织接连出现风险事件，银监会对农村资金互助社暂缓审批，农村新型合作金融组织的正规流程暂停，这对农村新型合作金融组织的进一步发展造成了严重影响。但是，这并不影响农村新型合作金融组织的继续生长。目前，我国农村新型合作金融组织的发展呈现出多种模式并行发展的态势，包括正规农村新型合作金融组织、准正规农村新型合作金融组织、非正规农村合作金融组织，这在上文中已经有了描述，在这里需要探讨的是为什么农村新型合作金融组织会出现多模式的发展。

在对我国农村新型合作金融组织的发展历程进行梳理时，可知农村新型合作金融组织在发展中存在政策持续供给不够、配套严重不足的情况，甚至存在一些限制合作金融发展的政策制度，使得合作金融这种来自底层的制度创新发展困难重重，在农村新型合作金融发展的制度变迁过程中存在制度供给不足的情况。根据制度变迁理论中制度供求均衡理论，当制度供给不能满足制度需求时，那么在现有的制度框架下，制度需求者无法获得潜在利益，这时包括制度需求者在内的利益团体就会对制度创新产生强烈需求，倘若这种需求得不到满足，或者因为种种原因没有能够改变现有的制度安排，则说明出现了制度供求的失衡。

简言之，制度供求失衡表现在既有的制度安排效率不高，制度运行的成本也不是最低的。从制度供求的关系来看，制度供求失衡就是制度供给和需求出现了不一致的情况，既有制度安排的社会净效益没有实现最大化，需要有新的制度安排进行替代，而造成制度供求失衡的主要原因往往是制度供给方面的。对于制度供给的权力中心主体来说，新的制度如何发展取决于不同层级权力中心提供新的制度供给的能力或意愿，即对于我国来说，新政策的出台或执行取决于各级政府的创新力、推动力和执行力。

强制性制度变迁是我国农村金融制度变迁的基本形式，农村合作金融的发展也不例外。在以上分析中，在我国农村新型合作金融制度供给中，各级政府一直处于“制度决定者”的位置。无论是中央政府对农村资金互助社合法地位的确立，还是地方政府支持合作社内部资金互助的发展、创新农村资金互助合作社的发展等，都带着政府发展导向的印记，有着政府行政推动和强制性制度变迁的烙印。即便在制度变迁的过程中，制度需求者也在寻求自身利益的最大化，甚至早于政府部门推动制度创新，但是以农民为代表的非政府主体制度需求者基本上左右不了我国农村金融变革的方向，农村金融领域改革的方向和发展方式的主动权往往在政府。这不仅仅是出于维护金融安全的考量，主要体现在政府作为金融改革的主体，需要自上而下地对整个农村金融市场进行规划、组织实施。此外，政府对农村新型合作金融组织发展还体现在对其发展的具体支持，包括机构的设置、业务的种类、风控管理等方面，以及与之配套的保障制度。

中央政府尽管是制度变迁中的绝对主导力量，但是对于地方政府来说，在推动地方农村金融市场的变革中也有自己的话语权和主导能力，出于对地方农村金融改革的推动，这些地方政府会在中央政府制度供给的框架内或者取得允许后，对于合作金融的发展给予鼓励或积极推动创新发展。中央政府和地方政府在政策的制定和执行过程中亦是一个博弈的过程，因此，各个地方的发展和实际运作未必与中央政府的政策理念保持绝对的一致。

基于合作金融在支持农业农村发展方面的良好效果，我国地方政府对于发展新型合作金融组织给予了极大的支持。如2009年10月浙江省出台的《浙江省农村资金互助社登记办法》，推动农村资金互助社的发展；辽宁省农委和银监局于2010年7月联合推动了《辽宁省引导农民专业合作社开展资金互助业务试点方案》；四川省2014年出台《四川省试点农村资金互助合作组织监督管理暂行办法》，主要以农民合作社或联合社作为发起社开展农村资金互助业务；江苏省在2015年出台了《关于加强农民资金互助合作社规范管理的指导意见》及相应配套政策；山东省2015年开始在全省开展新型农村合作金融试点业务；安徽省在推动农业农村和金融业发展中均提出稳妥推动农民合作社内部资金互助的发展等，甚至一些农村民间金融活跃的地区也在以合作金融的方式规范和引导农村非正规金融的发展，如浙江温州市以农村资金互助会和农民合作社信用部的方式发展农村新型合作金融组织。这些地区对农村新型合作金融组织的发展均给予积极的支持，这也是农村新型合作金融的发展呈现多种类型的重要因素。

此外，在现有的中国部门条块分割体制下，各行业主管部门在自己管理职责内分别对于这种新的合作金融制度安排进行定位或者推广创新，农业农村部门定位于“合作”，金融监管部门定位于“互助”，供销合作社则推动“三位一体”合作金融的发展，同时也存在行业主管部门与地方联合推动的情况。无论是地方政府的推动还是行业部门的推动，在正规农村新型合作金融组织无法取得突破的条件下，我国农村新型合作金融组织在探索和实践中都出现了多种类型和发展载体。

目前，我国存在多种模式的农村新型合作金融组织，除了中央政府推行的正规农村合作金融组织外，还有地方政府或业务主管部门推动的各种样式的农村新型合作金融组织。主要原因在于，我国政府在制度变迁过程中有着绝对的话语权，农村新型合作金融制度变迁的过程也是强制性制度变迁的过程，中央政府以政策供给的方式推动农村新型合作金融体制机制的变革，而地方主管部门或行业主管部门为了推动区域农村金融体制改革或提升主管行业的发展质量，也会积极地推动农村新型合作金融组织的发展。因此，现有的农村合作金融组织模式既有中央政府推动的，又有地方政府或行业主管部门推动的，还有政府部门与行业主管部门联合推动的。强制性制度变迁视角下，农村新型合作金融组织多类型的发展路径见图 4-4。

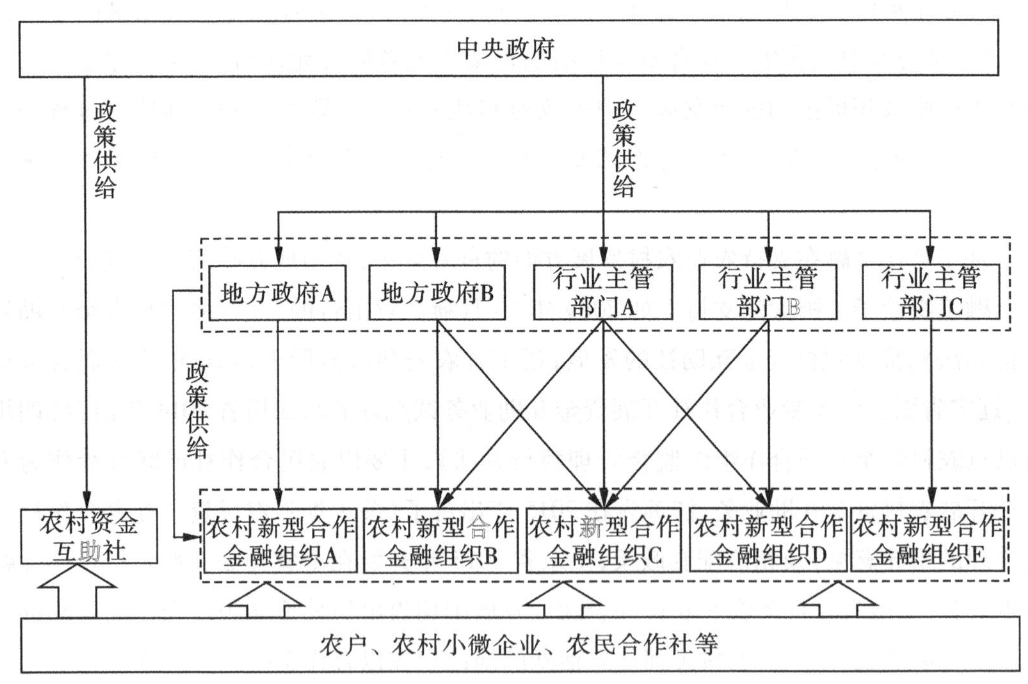

图 4-4 强制性制度变迁视角下多模式农村新型合作金融组织的发展

综上所述，随着我国农村经济发展的进一步深入，信贷约束瓶颈日渐突出，农村合作金融的制度需求日益凸显，而既有的合作金融制度安排日渐式微，制度供给不能满足制度需求，这就需要对现有的农村金融制度安排进行改革和创新。农户作为资金需求主体，对制度变迁有着灵敏的触觉，他们也是合作金融组织制度的第一行动集团，是制度变迁中的需求方；而我国政府作为历次金融变革的主导者，是推进和促进农村新型合作金融组织制度变迁的重要力量，是制度变迁中的供给方，同时也是制度变迁的主导方。在农村新型合作金融产生的过程中，以农民的制度需求作为制度变迁的起始点，经过农户的实践实验，政府积极出台相应的政策措施，引导和规范农村新型合作金融组织的发展。因此，我国农村新型合作金融组织的生产和发展是诱致性制度变迁和强制性制度变迁相互作用的结果。

我国农村新型合作金融组织的发展既有着合作金融制度变迁的一般性路径，也有着现阶段我国农业农村发展的时代烙印，这种组织制度在中华大地的再次萌生和发展显示了这种制度较强的适应性和包容性。农业农村经济改革的进一步深入、合作经济组织在我国的大发展、农村金融市场改革的缺位、农户的弱质性、存量合作金融供给的不足等多方面的共同因素，使得合作金融在我国农村地区的发展成为现实。我国政府的高度集权特征使得其在制度变迁过程中总是处于主导地位，农村金融的改革也不例外，在推动农村新型合作金融组织的发展中，自上而下的强制性制度变迁路径提高了制度变迁的效率，但是也对农村新型合作金融组织的发展进行了一定的约束和限制。合作金融具有良好的发展成效，在缓解农村地区金融约束方面能够起到积极的作用，地方政府和相关行业部门在其分权范围内积极推动农村新型合作金融组织的发展，农村新型合作金融组织或以农民合作社为载体、或以单独组织形态出现，在发展路径上呈现多元化的态势，运作模式呈现多种类型。

在新一轮的农村合作金融组织创新和发展中，以农村资金互助社为样本的农村新型合作金融组织是国家放宽农村金融准入门槛、推动农村金融市场改革的一个有力举措。这对于合作金融的发展来说，则是一个重要的契机，也具有重大的现实意义，国家政策上的宽松为合作金融的发展提供了政策土壤和支持保障，这是合作金融在农村地区再次起航的必要基础。

第5章 农村资金互助社运行的制度分析

农村资金互助社源于农户的互助合作，是发自农户内部的一种金融制度创新，是诱致性制度变迁的产物，是以合作制为基本原则组建和运行的合作金融组织。农村资金互助社的产生提高了农户融资的可获得性，提升了农户的福利水平，其在运行过程中与商业性金融机构相比拥有更低的成本优势，是适合农村地区金融市场体系的组织形态。按照科斯的交易费用理论，信息的获取具有低成本优势，农村资金互助社在发生信贷业务行为时具有更低的交易成本，使得农村资金互助社在为农户提供低成本融资需求的同时，实现组织的存续和可持续发展。“组织存续”是指组织存在并能够持续下去，意味着这种组织在一定时期内处于制度均衡状态，能够存续和生存下去。组织存续的机理在于制度变迁过程中，这种组织产生、发展和演变的条件以及内外约束。

制度视角下农村资金互助社的存续机理可以从内部和外部两个维度进行考察。从内部来说，农村资金互助社作为一种合作金融组织，起始于农户的制度需求，其组建符合合作制的基本原则，在日常运行过程中体现的是互助合作，村社之间较为稳定的网络状态能够保障农村资金互助社实现稳定的发展和存续。从外部来说，农村资金互助社作为农村金融改革的产物，基于我国政府在历次农村金融制度变迁过程中的主导地位，政府既给予了农村资金互助社在市场中的合法地位，同时也对农村资金互助社在组建、运行、外部监管等方面的制度给予设计，并对这种制度安排给予推广。事实上，源于自下而上的合作金融组织制度需求与自上而下的强制性制度供给，在制度安排上有一定的差距和不同，农村资金互助社的存在形态、组织架构更多地体现政府的意愿，农户自主设计的、成熟的系列制度安排或被取代或被消弱，制度供给和制度需求之间依然处于不均衡状态，农村资金互助社的存续潜伏着各种不稳定因素。

纵观农村资金互助社十多年的发展历程，在数量发展上进入停滞阶段，既有的存量组织在存续方面也遇到一些问题，甚至一些获得金融牌照的农村资金互助社已经退出，可以说农村资金互助社这种类型的合作金融组织的发展并不理想。农村资金互助社在制度供给上,一方面政府监管力量有限或监管动力不足(潘功胜,2015),监管跟不上市场的需求(张阳,2020),外部制度环境模糊(朱兴涛、李一凡,2021);另一方面政府监管的越位,在制度设计方面存在较高的准入门槛、运行成本高(王杨、2020)等情况,制度监管缺失与监管过度并存(孙同权,2018),严重制约了农村资金互助社的良性发展。但是农村资金互助社作为正规的合作金融组织,来源于农村合作金融组织的非正式制度安排,是政府为规范和引导农村资金互助社的发展,以这种非正式制度安排为蓝底出台了一系列政策法规,推动农村新型合作金融组织的正规化发展,给予农村资金互助社在市场中合法的地位。无论农村资金互助社的存续状况如何,这种正式的制度安排是我国现存的其他类型农村新型合作金融组织的组建和运营的基础和参照,现阶段农村合作金融组织的组建和运行都需要参考此类组织的制度安排。因此,需要对这种制度安排进行剖析,发现当前农村资金互助社在存续过程中内部治理和外部监管中的优势和存在的问题,以更好地提升农村新型合作金融组织的发展质量和治理水平。

5.1 农村资金互助社的发展状况

5.1.1 农村资金互助社发展历程

农村新型合作金融组织作为农户制度需求的产物,经历了由农村资金需求主体自发组建,再到逐步规范发展的过程。对于农村资金互助社的发展来说,其发展历程在前期与农村新型合作金融组织的整体发展重复交织,而后期则与农村新型合作金融组织的整体发展有所背离。单以农村资金互助社的发展为考量对象,以2003年新一轮的农村金融改革为起点,以2006年农村金融增量改革为关键点,以及2012年农村新型合作金融组织的区域性风险事件为转折点,对农村资金互助社发展的阶段划分,农村资金互助社的发展经历了以下三个阶段。

第一阶段是2003—2006年,为探索起步阶段。

2004年中央一号文件提出,鼓励有条件的地方,在严格监管、有效防范金融风险的前提下,通过吸引社会资本和外资,积极兴办直接为“三农”服务的多种所有制的金融组织。在2004年已经相继出现了一批以合作制为原则组建的合作金融组织,其中具有代表性的就是2004年7月由8户农民自主创立的梨树县闫家村百信农民资金互助合作社,这是农村合作基金会被取缔后合作金融组织再次公开营业。2005年中央一号文件提出“有条件的地方,可以探索建立更加贴近农民和农村需要、由自然人或企业发起的小额信贷组织”。2005 年深化经济体制改革的意见中提出,探索发展新的农村合作金融组织。2006 年中央一号文件《中共中央 国务院关于推进社会主义新农村建设的若干意见》提出,大力培育由自然人、企业法人或社团法人发起的小额贷款组织,有关部门要抓紧制定管理办法,引导农户发展资金互助组织。2006 年颁布《农民专业合作社法》,为合作经济在市场中取得合法地位奠定基础,这是我国合作经济组织发展的一个里程碑事件,农民合作社的发展也使得合作制理念在农村地区进一步推广,为合作金融组织的发展提供良好的制度基础和理念普及。

在此期间,出现这种类型的合作金融组织还有很多,如河南兰考相继在陈寨村、贺村、南马庄、胡寨等地成立资金互助组织,河南濮阳、安徽、山东等地区也纷纷组建农村资金互助组织。在这个阶段,农村新型合作金融组织纷纷出现,呈现星星之火态势。一方面是这种新型合作金融组织的出现是在农村金融供给不足的情况下产生的,符合农户对金融的需求;另一方面在这一时期新型合作金融组织的发展过程中一些具有“实验精神”的人物也起到重要的推动和传播作用。在前期政策推动和实践探索的基础上,2006 年年底,银监会出台《关于调整放宽农村地区银行业金融机构准入政策的意见》,将农村信用合作组织列为新型的农村金融机构,放宽了农村金融市场的准入门槛,这是我国银行业准入政策的重大突破,农村新型合作金融的发展也再次拉开帷幕。

第二阶段是 2007—2011 年,为正规化阶段。

2007 年,中国银监会确立了在四川、青海、甘肃、内蒙、湖北、吉林六省区开展调整放宽农村地区银行业金融机构准入政策试点工作。2007 年 1 月《农村资金互助社管理暂行规定》颁布,明确了农村资金互助社在内部管理和外部监管等一系列的制度安排,为农村资金互助社的发展提供范本和依据,农村新型合作金融组织的市场地位得到法定认可。2007 年 3 月,全部由农民自愿入股组建的农村新型合作金融组织——吉林省梨树县闫家村百信农村资金互助社正式开业。这是中国银监会调整放宽农村地区银行类金融机构准入政策以来,在农村行政村一级批准设立的第一家农村资金互助社。同年 7 月份,新型农村金融机构试点由 6 个省(区)扩大到全国 31 个省(市、区),新型农村金融机构的设立在全国铺开,之后中央和有农村资金互助社设立的地方为进一步规范化农村资金互助社的发展先后出台了一系列规章制度(见表 5-2)。银保监会 2009 年发布了《新型农村金融机构 2009—2011 年总体工作安排》,计划用 3 年的时间在全国 35 个省(自治区、直辖市,西藏除外)、计划单列市设立 161 家农村资金互助社。各个地方的农村新型合作金融组织在规章制度的引导下,纷纷为身份的转正而努力,但是经过五年的努力,也仅仅有 49 家农村资金互助社取得了金融许可证,实现了身份的“合法化”,总体设立的数量还不及计划的三分之一。

中央在放宽农村地区金融准入门槛时推出了村镇银行、贷款公司及农村资金互助社，从这三类新型金融组织的发展情况来看，村镇银行是政府的偏好，也成为商业银行布局农村市场的战略性工具，在数量上村镇银行出现一家独大的局面。农村资金互助社在数量上的发展不尽如人意，其原因在于：一是农村资金互助社在发展中外部监管力量不够，以村社为单位组建的农村资金互助社数量众多，监管机构主要是原银监会系统，机构和人员相对于广大的农村地区严重不足；二是农村资金互助社在发展中没有给予充分的重视，对其在农村金融体系的作用和地位认识不够，仅仅把农村资金互助社作为农村金融市场的补充或农村金融改革的一种尝试。这一时期也是农村资金互助社发展的一个关键时期，既有政策的推动，也有计划的安排，但是实际上却是被蹉跎的几年，不仅其他类型农村合作金融组织难以实现转正，而且农村资金互助社由于监管和制度设计的问题自身发展也困难重重，在新推出的三类新型金融组织中，农村资金互助社被边缘化。

第三阶段是 2012 年至今，为发展停滞阶段。

经过前期的探索，监管部门发现新设立的三类新型农村金融机构的发展并没有实现与“三农”的融合，甚至一些山寨机构的设立反而导致了民间高利贷和金融风险。2012 年银保监会暂停农村资金互助社的牌照发放，资金互助组织正规化大门关闭。但是，国家并没有停止鼓励农村新型合作金融组织的发展，如 2013 年，党的十八届三中全会提出“允许合作社开展信用合作”，建立农村新型合作金融组织。值得注意的是，2014 年中央一号文件中对于发展社区农村资金互助组织的原则进行了专门的界定，划定了四个方面的红线和标准，坚持社员制和封闭性原则，对资金互助组织成员构成、服务对象、服务边界予以界定，作为一种相互制的金融组织，不对外开放；不对外吸储放贷、不支付固定回报，这是对资金互助组织业务范围、收益分配、盈余分配的界定。同年，银监会、农业部、供销合作总社以此为基础印发了《关于引导规范开展农村信用合作的通知》，引导农民合作社、供销合作社有序发展农村新型合作金融，发展的基本原则就沿用了 2014 年中央一号文件中关于开展社区资金互助组织的界定。

监管抑制和制度设计不合理被认为是农村资金互助社发展踏步不前的主要原因。在此期间，农村资金互助社的发展数量不仅没有实现突破，并且截至 2020 年年底还有 8 家农村资金互助社解散退出，剩余的 41 家农村资金互助社分布在 16 个省(市、区)，单单以这 41 家农村资金互助社投放额度对于农村金融市场巨大的需求来说，几乎是可以忽略不计的。

5.1.2 农村资金互助社发展现状

自农村资金互助社开始设立以来，能够获得金融许可证的少之又少。2007 年当年，农村资金互助社获批的数量为 8 家。截至 2009 年末，由银行业监督管理部门批准的农村资金互助社共 16 家；至 2010 年底，共有 38 家获得中国银行业监督管理委员会颁发的金融许可证，2010 年也是农村资金互助社获批数量最多的一年；2012 年达到了 49 家，机构存量达到了峰值。但自 2013 年后，农村资金互助社的发展处于停滞状态。其历年发展情况可见图 5-1。由图 5-1 可以看出，农村资金互助社这种农村新型合作金融组织发展十分缓慢，一个重要因素在于这些新型的农村金融机构是作为试点来推行的，反映到政策层面就是银监会于 2009 年发布的《关于做好〈新型农村金融机构 2009—2011 年总体工作安排〉有关事项的通知》（银监发〔2009〕72 号）中，计划在 2009—2011 年三年时间内，设立三种类型的新型农村金融机构共 1294 家，其中农村资金互助社仅计划设立 161 家。新型农村合作金融的增量改革不仅仅是在制度设计上的限制，并且在实践中因监管机制供给不足和内部治理的不完善，资金互助社的风险问题频频出现，实际运行的不规范，也导致了政府层面对新型农村合作金融发展的顾虑，多种因素的存在，使得农村资金互助社的发展困难重重。

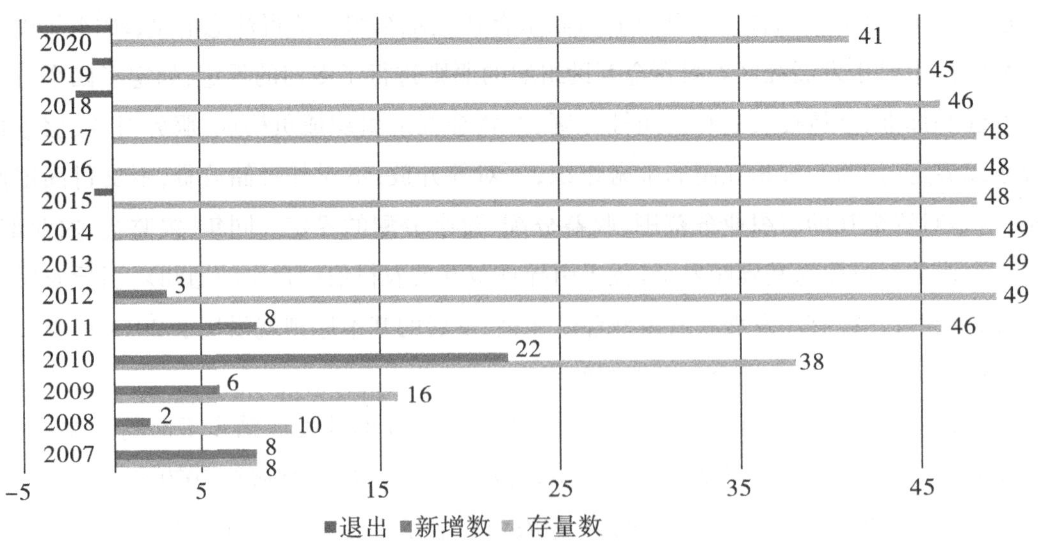

图 5-1 2007—2020 年取得金融许可证的农村资金互助社存量、新增和退出个数

截至 2020 年年底由银监会系统批准、工商登记的农村资金互助社，仅存 41 家，分布在 16 个省。其中浙江、山西分别以 7 家、6 家数量位居前二，安徽、河北、内蒙古、青海、山东、四川、新疆和重庆各有一家，近一半的省（市、自治区）获批数量为零。2015 年慈溪市伏龙农村资金互助社解散，成为第一家退出的农村资金互助社；重庆市黔江区城东诚信农村资金互助社和肇州县二井镇兴隆农村资金互助社分别于 2018 年 9 月 7 日和 2018 年 7 月 11 日退出；2019 年退出 1 家，2020 年又有 4 家退出。截至 2020 年年底，持有金融许可证的 41 家农村资金互助社具体如表 5-1。

表 5-1　截至 2020 年年底持有金融许可证的 41 家农村资金互助社基本情况

	所在省（地区）	机构名称	批准成立日期	状态
1	安徽	太湖县小池镇银燕农村资金互助社	2010-07-12	持有证
2	甘肃	景泰县龙湾村石林农村资金互助社	2007-03-20	持有证
3	甘肃	宕昌县计子川农村资金互助社	2010-09-29	持有证
4	甘肃	庆阳市西峰区彭原镇泰信农村资金互助社	2010-09-25	持有证
5	广西	田东县思林镇竹海农村资金互助社	2009-12-25	持有证
6	广西	田东县祥周镇鸿祥农村资金互助社	2009-03-26	持有证
7	广西	荔浦县修仁镇永铖农村资金互助社	2009-12-30	持有证
8	海南	海口市甲子镇龙谭农村资金互助社	2010-06-29	持有证
9	海南	万宁市和乐镇和港农村资金互助社	2010-06-28	持有证
10	海南	三亚市崖城镇众树农村资金互助社	2010-06-25	持有证
11	河北	晋州市周家庄农村资金互助社	2008-09-16	持有证
12	河南	安阳县柏庄镇四方农村资金互助社	2010-04-21	持有证
13	河南	安阳县黄口村惠民农村资金互助社	2009-12-29	持有证
14	河南	民权县城关镇聚鑫农村资金互助社	2011-09-14	持有证
15	黑龙江	桦南县桦南镇鸿源农村资金互助社	2009-09-14	持有证
16	黑龙江	宁安市宁安镇隆泰农村资金互助社	2010-05-18	持有证
17	黑龙江	讷河市新农合农村资金互助社	2012-05-15	持有证
18	黑龙江	绥棱县四海店镇海鑫农村资金互助社	2010-03-19	持有证
19	吉林	梨树县十家堡镇盛源农村资金互助社	2010-07-29	持有证
20	吉林	梨树县小城子镇利信农村资金互助社	2010-07-29	持有证
21	吉林	梨树县小宽镇普惠农村资金互助社	2010-07-29	持有证
22	吉林	梨树县闫家村百信农村资金互助社	2007-03-02	持有证
23	内蒙古	锡林浩特市白音锡勒农牧场诚信农村资金互助社	2007-05-18	持有证
24	青海	海东市乐都区雨润镇兴乐农村资金互助社	2007-03-02	持有证

续表 5-1

	所在省(地区)	机构名称	批准成立日期	状态
25	山东	诸城市相州镇泰丰农村资金互助社	2010-01-29	持有证
26	山西	浑源县永安镇恒源鑫农村资金互助社	2011-04-07	持有证
27	山西	汾西县勍香镇众鑫农村资金互助社	2010-09-10	持有证
28	山西	兴县蔚汾镇全民农村资金互助社	2011-10-26	持有证
29	山西	五台县东冶镇源通农村资金互助社	2012-03-27	持有证
30	山西	万荣县高村乡惠民农村资金互助社	2010-12-23	持有证
31	山西	稷山县稷峰镇益民农村资金互助社	2012-05-23	持有证
32	四川	苍溪县益民农村资金互助社	2007-07-02	持有证
33	新疆	昌吉市榆树沟镇民心农村资金互助社	2011-03-09	持有证
34	浙江	德清县乾元镇德农农村资金互助社	2010-03-19	持有证
35	浙江	平湖市当湖街道新当湖农村资金互助社	2011-03-25	持有证
36	浙江	缙云县五云镇欣禾农村资金互助社	2010-02-01	持有证
37	浙江	临海市涌泉镇涌泉农村资金互助社	2009-11-13	持有证
38	浙江	温岭市箬横镇玉麟农村资金互助社	2010-02-09	持有证
39	浙江	瑞安市马屿镇汇民农村资金互助社	2011-02-21	持有证
40	浙江	建德市大同镇桑盈农村资金互助社	2010-12-31	持有证
41	重庆	重庆市江津区白沙镇明星农村资金互助社	2010-12-30	持有证

资料来源:根据中国银行保险业监督管理委员会网站整理(截止日期为2020年年底)。

5.2 农村资金互助社运行的制度安排

5.2.1 制度设计的总体思路

农村资金互助社是以合作制为原则组建的金融组织,也是一种社区型的草根金融组织,轻型组建和低成本运作是其生存和发展之道。农村资金互助社作为银保监会认定的正规合作金融组织,既涵盖了金融组织的基本特征,也有合作制的制度安排在里面。政府的制度安排给予农村资金互助社合法的主体地位,同时在制度设计方面却也给农村资金互助社的发展带来了诸多的制约因素。

我国农村金融市场的构建围绕商业化取向和合作制导向一直以来都处于争论状态，这也是历次农村改革争论的一个重要议题。对于农村金融体系改革的方向，大致有三个：一是以合作制为导向，构建以合作金融组织为主的农村金融供给体系；二是商业化取向，认为我国农村地区不适宜发展合作金融，不具备合作金融成长的土壤，实证就是农村信用社从开始的合作制最终走向了商业化道路；三是合作金融和商业金融共生的观点。在理论界对这三种观点讨论较多，但是我国农村金融市场发展的实践中，商业化占据了上风，作为合作制组建的农村信用社即便是在历次的改革中提出走合作金融的道路，但是最终还是改制走向商业化。农村金融体系中除了农业发展银行履行政策性职能以外，其他金融组织基本按照商业金融模式运营，包括银监会放宽农村金融准入门槛后以合作制组建的农村资金互助社，在其制度设计上也体现的是商业金融的组建和运作模式。

银保监会自2006年12月发布《关于调整放宽农村地区银行业金融机构准入政策更好支持社会主义新农村建设的若干意见》后，为引导农村资金互助社的规范发展，国家从监管层面陆续出台了相关管理及规范办法。2007年银监会发布的《农村资金互助社管理暂行规定》刻画了农村资金互助社的整体面貌，监管机构对农村资金互助社的组建是按照银行的模式来设计的，其运作的指导思想是商业性金融组织的发展，而不是合作金融组织的模式，离农民的实际需求尚有一定的距离。这既有违国际通行的农村合作金融发展路径，又与农村金融市场的实际需求严重不符，也解决不了当下农村金融市场供给和需求之间的不均衡。此后又以该管理办法出台一些规章制度，但是对农村资金互助社的整体设计思路没有改变，并且在2010年之后几乎没有再对农村资金互助社相关管理进行修订和补充，政策的供给与农村资金互助社在新形势下的发展不匹配。关于农村资金互助社的政策见表5-2。

表5-2 农村资金互助社相关管理及规范办法

出台时间	文件名称
2007年1月22日	《关于印发〈农村资金互助社管理暂行规定〉的通知》(银监发〔2007〕7号)
2007年1月22日	《农村资金互助社组建审批工作指引》(银监发〔2007〕10号)
2007年2月4日	《农村资金互助社示范章程》(银监办发〔2007〕51号)
2007年12月21日	《中国银监会关于农村资金互助社监督管理的意见》(银监发〔2007〕90号)
2008年4月24日	《关于村镇银行、贷款公司、农村资金互助社、小额贷款公司有关政策的通知》(银发〔2008〕137号)

续表 5-2

出台时间	文件名称
2009 年 7 月 23 日	《新型农村金融机构 2009—2011 年总体工作安排》(银监发〔2009〕72 号)
2014 年 3 月 13 日	《中国银监会农村中小金融机构行政许可事项实施办法》(银监会令〔2014〕4 号)(已废止)
2015 年 6 月 5 日	《中国银监会农村中小金融机构行政许可事项实施办法》(中国银监会令 2015 年第 3 号)(已废止)
2019 年 12 月 26 日	《中国银保监会农村中小银行金融机构行政许可事项实施办法》(中国银保监会令 2019 年第 9 号)

纵观农村金融市场在世界各国的发展情况,特别是以小农经济为主的国家,其农村金融体系的构建都没有仅仅布局商业性金融为小农提供信贷服务的案例。按照制度供给和制度需求的理论,无论是选择商业性金融还是选择合作金融,都需要尊重农村金融需求主体的意愿和选择。我国合作金融的发展尽管比较曲折,甚至在一段时间内被取缔,但是合作金融的发展和创新却一直没有停止。比较遗憾的是,历次农村合作金融的发展并没有像西方发达国家或东亚一些国家一样成为农村金融体系的重要力量,特别是在历次的发展中政府强制性制度变迁的作用路径明显,商业化倾向的制度设计也使得农村合作金融的发展走向异化或消亡,严重制约了农村合作金融的发展。

5.2.2 准入制度安排

作为官方认定的金融组织,对农村资金互助社的探讨主要以银保监会对农村资金互助社的相关的管理规定及地方各级政府对农村资金互助社的规范为主要分析框架,结合合作制的制度安排,对农村资金互助社的制度安排进行分析。农村资金互助社的机构设立主要从农村资金互助社组建的要件:制度、章程、发起人、注册资本、管理人员、硬件设施等六个方面,以及农村资金互助社组建的流程进行规定。在当时的农业农村发展语境下,普遍认为农村资金互助社的准入门槛过高,即便是放置于当前的中西部农村地区依然有些高。

在发起人方面,要求至少有 10 名以上符合条件的发起人,发起人可以是农户,也可以是农村小企业,也可以是“某一农村经济组织的成员”,这也是基于农民合作社等农村经济组织实现了较大的发展。成员身份的多样化兼顾了生产性农村经济组织和资本性农村经济组织,也在一定程度上促进了生产和资本的联合,推动农村资金互助社的资金用于农业产生领域。

为推进农村中小金融机构的“放管服”改革，持续推进简政放权，以及优化监管中涉及的行政许可审批事项，提升准入监管质效，国家对包括农村资金互助社在内的农村中小金融机构的准入进行了优化调整，出台《中国银监会农村中小金融机构行政许可事项实施办法》，截至2020年底，对这个文件进行了三次修订。涉及农村资金互助社的主要是设立的条件、发起人资格及筹建申请等，其中发起人的主要条件、持股比例等方面详见表5-3。

表5-3　农村资金互助社发起人的相关要求

发起人	发起人主要条件	发起人持股比例
农民	1. 户口所在地或经常居住地（本地有固定住所且居住满3年）在入股农村资金互助社所在乡（镇）或行政村内 2. 有良好的社会声誉和诚信记录，无犯罪记录 3. 入股资金为自有资金，不得以委托资金、债务资金等非自有资金入股	单个农民或单个农村小企业其持股比例不得超过农村资金互助社股金总额的10%，超过5%的应经银行业监督管理机构批准
农村小企业	1. 注册地或主要营业场所在入股农村资金互助社所在乡（镇）或行政村内 2. 最近2年内无重大违法违规行为 3. 上一会计年度盈利 4. 年终分配后净资产达到全部资产的10%以上（合并会计报表口径） 5. 入股资金为自有资金，不得以委托资金、债务资金等非自有资金入股	

《中国银监会农村中小金融机构行政许可事项实施办法》较之前的《农村资金互助社管理暂行规定》对发起人的条件提出了更为严格的要求，主要体现在信用和入股资金方面。如在农民资格认定上将“有良好的社会声誉和诚信记录，无犯罪记录”替代了“诚实守信，声誉良好”；在入股资金方面将“入股资金为自有资金，不得以委托资金、债务资金等非自有资金入股”替代了“入股资金为自有资金且来源合法，达到章程规定的入股金额起点”等，对农村小企业发起人的资格也从信用和入股资金方面做出了更严格的认定。

在农村资金互助社的筹建及筹建小组的成立方面，充分体现了农村资金互助社在自愿联合、互助合作以及社区性等方面的特征。为提高农村资金互助社的准入效率，政府出台了《农村资金互助社组建审批工作指引》，在该政策指引中政府的行政干预尽量地减少，尽量以民管民办为主。农村资金互助社的组建由农户自发，不需要政府下发的同意批建文件，也没有要求当地政府部门、监管部门兼任筹备组组长，或参与到筹建组中，只要有5名符合社员资格条件的发起人便可以组成筹备组，组长也由推举产生。地方政府和监管部门主要给予引导、帮助推动和具体的政策指导。

在申请筹建和申请开业方面，作为特殊类型的合作经济组织，农村资金互助社需要先取得金融监管部门的金融许可证，然后在工商行政部门进行注册登记。金融许可证甚至成为农村资金互助社的立命和保命之关键。依照我国《银行业监督管理法》《金融许可证管理办法》等，农村资金互助社许可证管理的合法性和合规性不容置疑，但是，这一准入许可制度在理论层面和实践操作层面争议颇大，这一制度的合理性需要进一步商榷。金融许可证是农村新型合作金融组织身份的代表，也是众多农村新型合作金融组织被政府认可的目标，农村地区依然存在诸多经营时间长、没有获得金融许可证的农村新型合作金融组织。如河南濮阳市农村贷款互助合作社，成立于2006年7月，初期为社团法人，其间在转制企业阶段也出现需要报请金融监管机构后方可在工商行政部门注册，因为身份问题业务几乎处于瘫痪停摆状态，后经多方协调在工商部门登记注册为有限合伙企业，尽管互助合作社的发展规模不断扩大、建立了比较完整规范的管理制度，现有九个分社，在服务农村农民方面发挥了巨大作用，但是互助合作社的身份问题依然没有得到解决。

金融许可证制度的本质在于控制金融市场的准入，是对金融机构能否从事金融业务的认可，通过金融许可证能够实现金融市场中机构的质量、数量及市场结构的调整，通过金融许可证制度可以实现金融机构的择优准入、对准入的金融机构进行公示、优化金融市场结构、维持金融市场的适度竞争等方面的功能。金融许可制度四个方面的功能对于商业性金融机构及其他金融机构来说作用明显，但是对于农村资金互助社的设立及其对农村金融市场的推动和改革来说并不算成功。

金融许可证的择优功能主要是选择一些能够应对市场复杂环境、能够抵御风险、不损害储户利益的金融机构。对于农村资金互助社的设立来说，金融许可证在保护储户利益和防范金融风险方面是不必要的。农村资金互助社最大的优势在于社区内信息对称而产生的经营效率、能够实现成本的降低和风险的化解。资金互助社的管理属于民主管理，可以有效化解道德风险。农村资金互助社不对外吸储，储蓄的范围仅限于社员，不涉及社会公众，引发金融风险的可能性不大。濮阳市农村贷款互助合作社成立于2006年，在经历濮阳地区长达8年的民间借贷风波洗礼，投资担保公司消失殆尽的情况下依然在正常运转，截至2020年年底已经经营了将近15年，在2020年互助合作社分红再创历史新高。类似的资金互助组织还有很多，可见，未获得金融许可证的农村资金互助社也很优秀，并不比获得金融许可证的农村资金互助社差。

金融许可证在维护金融市场适度竞争方面，主要是希望通过农村资金互助社的设立，使之参与到农村金融市场的竞争中来。就农村资金互助社的服务对象、服务区域来说，对提升农村金融市场的竞争作用不大。农村资金互助社的服务对象主要是被商业性金融排斥在外并且服务成本较高的农户，合作金融与商业性金融的服务对象几乎不重合。在服务区域方面，农村资金互助社主要以村社为主，填补的是农村地区的金融市场空白地区，与商业银行到县、农村信用社到乡村的情况形成错位发展，通过农村资金互助社的设立形成农村金融市场的激烈竞争局面的可能性不大。

金融许可证在优化市场结构方面，主要是希望通过农村资金互助社的设立能够弥补农村金融市场的缺陷，以合作金融供给的方式，满足村社、农户的资金需求，对金融供给最薄弱的农村地区形成补充。农村资金互助社在弥补农村金融市场方面具有显著的效能，但是从实践来看，农村金融市场只是门槛降低，大门却没有真正打开，监管部门对金融许可证的发放慎之又慎，如果在农村资金互助社的设立程序中以金融许可证的发放来控制市场准入，那么设立条件无论如何放宽都没有太大的意义。从2009—2011年的农村新型金融组织设立的计划看，农村资金互助社只有161家，仅占计划设立总数1294家的12.4%，可见在监管部门的发展规划中农村资金互助社没有得到足够的重视。在实践中，金融许可证不仅没有成为农村资金互助社打开农村金融市场准入的钥匙，起到优化市场结构的作用，反而成为农村金融互助社在数量发展上的重要制约因素。

还有金融许可证的公示功能，并不是只有金融许可证才能表示农村资金互助社作为一个正式的市场主体，工商行政管理部门的营业执照也是市场主体的合法身份证明，只要有营业执照也能正常地开展业务。尽管农村资金互助社作为一种特殊的合作经济组织开展金融业务，但是主要是办理存贷款、结算业务等，比较单一，在现实中一些农村资金互助社也仅仅是办理存贷款业务，结算业务甚至没有发生过，与商业性金融机构相比在业务种类、业务风险方面有较大的差距。国外对于农村合作金融组织的准入政策规定中，不需要金融许可证，如孟加拉国格莱珉银行的成立和运作，可以不遵守公司法和相关金融制度。

5.2.3　运营制度安排

农村资金互助社属于区域性小型金融组织，其服务对象是分散、小额、个性化的低端市场，其服务范围是农村地区，国家对其经营范围、贷款对象、治理结构等运营机制方面进行了规范。总体来说，农村资金互助社的资金用于支持区域内农户、农业的发展，严禁用于“三农”以外的其他领域，服务对象限制在乡(镇)或行政村。

农村资金互助社仅面向社员提供金融服务，严禁向非社员提供金融服务，不得以互助社资产提供担保，除了存贷款业务、结算业务之外，还可以购买国债和金融债券、同业存放和代理业务等。但是，在实际业务的运营中，多数农村资金互助社的资金规模十分有限，对于农户的贷款需求不能很好地满足，对于购买金融债券之类的金融活动更是力不从心。因此，农村资金互助社的日常经营主要是存款业务和贷款业务。

5.2.3.1 贷款业务运行

农村资金互助社设立的目的在于解决农户融资难的问题，满足农户生产生活中资金短缺的问题。首先需要解决的是贷款资金来源的问题，《农村资金互助社管理暂行规定》中的第四十一条对其资金来源有明确规定，来源于社员存款、社会捐赠资金以及其他银行业金融机构融入的资金。农村资金互助社在业务运行中面临的最大问题便是资金来源的问题，农户本身就是资金需求的群体，没有太多的资金，农村资金互助社吸收股金和存款的数量有限，社员的股金和存款数额总量较少，能够贷出去的资金总量不大，不能满足更多的社员融资需求，社会捐赠资金也有限。同时作为弱者联合的农村资金互助社从商业性金融机构或政策性金融机构贷款，一方面成本较大，另一方面也存在困难。例如百信农村资金互助社在开业100多天后，社员由32户增长到了92户，增长速度较快，但是社员的股金和存款余额并没有加大增长。在这期间，百信农村资金互助社共吸收社员股金12.61万元，存款4笔累计7000元，还从诚信社融资2笔共20万元，而实际发生贷款共计76笔，贷款余额29.08万元，几乎到了贷无可贷的境地。设立农村资金互助社的地方，本身就是资金需求大于资金供给，而农村资金互助社吸引社员入股的机制在于可贷款承诺和股金的回报，社员入股的动机和意愿更多的是贷款意愿，因此农村资金互助社面临的首要问题是社员入股资本金和存款难以满足贷款的需求，而监管方面更加严格的要求进一步增加了农村资金互助社资金供求紧张的局面，仅仅依靠社员间的互助难以满足资金需求，更多地需要强化与传统金融机构的合作。

为了规避经营风险，在颁布的《农村资金互助社管理暂行规定》中，对社员贷款额度进行了限制，但是对于贷款额度核算的具体规则、贷款发放的具体流程没有做具体的规定。在监管规则下，单一社员贷款的总额不得超过资本净额的15%；单一农村小企业社员及其关联企业社员、单一农民社员及其在同一户口簿上的其他社员贷款总额不得超过资本净额的20%；前十大户贷款总额不得超过资本净额的50%。

对于贷款额度的核算，不同农村资金互助社有不同的管理办法。首先农村资金互助社在核算社员可贷款额度时主要根据不同的杠杆系数和社员入股股金的数量，最终确定可贷款额度，但是也会对单个股东社员或企业社员的最高贷款额度做出明确的限制。百信农村资金互助社对社员最高借款额规定为不得超过其股金总额的10倍。其次,农村资金互助社对于贷款额度实施分类管理,不同贷款额度的贷款保证、贷款审批流程也不相同。一般情况下,小额贷款按照信用贷款模式办理,也不需要任何抵押或担保,办理流程较短。较大金额的贷款办理,需要担保甚至抵押,也需要更长的审批流程和审批时限。百信农村资金互助社对额度在5000元以下的信用贷款,由业务员办理贷款手续,主管经理审批;5000~20 000元则需要1~3名社员担保,并承担连带责任,在办理中除了主管经理审批外,还需要经理核准;而20 000元以上的额度不仅需要资产抵押,还需要审贷小组的集体研究决定。也有农村资金互助社对贷款管理实行分类授信的情况,如河南省首家农村资金互助社——安阳县黄口村惠民资金互助社,根据社员的资产和信用情况,对社员进行信用等级评定,划分为优秀户、良好户和一般户等三类,对应的贷款额度分别是50 000元、30 000元和10 000元,并对信用等级进行动态管理,一年一评。

在实际运行中不同农村资金互助合作社的贷款程序、还款日期以及利息等方面均有所不同,以吉林梨树县百信农村资金互助社为例,百信资金互助社经过长期实践摸索,形成了比较成熟的社员贷款发放程序。其农户贷款流程如下。

第一,社员申请贷款。社员根据自身的经济状况、资金需求状况、还款能力,以及资金互助社贷款额度规定提交贷款申请。理事会负责人根据农户提出的申请,对其经营状况、信用品德、还款能力审慎调查。在调查期间,理事会负责人会同社员所在村的熟识居民、村干部等进行详细交谈,对贷款社员的经营项目进行实地考察,在很大程度上杜绝了贷款的信息不对称问题。

第二,资金互助社发放贷款。理事会对申请贷款社员的情况核实之后,与农户签订贷款合同并发放贷款。百信农村资金互助社出于防范还贷风险的考虑,对贷款期限、单笔贷款额度等有严格限制,社员贷款的期限较短,最长一般不超过一年。贷款额度不能超过社员股金的十倍。其基本流程如下:农户向互助社递交贷款申请→理事会负责人员审核农户材料,调查认证→理事会根据调查报告对该社员进行信用评级,统一发放贷款→互助社和农户双方签订贷款合同→互助社给农户发放贷款。

百信农村资金互助社的利率是在借鉴当地农业银行、农信社的贷款利率基础上制定的,其利率通常介于二者利率之间。由于社区性的地域优势,百信农村资金互助社向社员发放贷款的整个程序比较简单。

5.2.3.2　存款及其他业务的运行

农村资金互助社组织经营的业务种类有限,运营方式比较简单。对于存款业务,社员只需要携带存折至互助组织的经营场所,在正常营业时间内,即可办理存取款业务,快捷而便利。

苍溪县益民农村资金互助社为每一位社员制发了社员证，社员证既是社员入社的身份和股金证明，也是其办理存贷款业务和分红的账务凭证。互助社仅对社员吸收存款，存款利率只设一个档次、一个统一标准，原则上较农村信用社一年期定期存款利率略高，相当于活期存款按照定期利率计息，比较符合农村资金支出小额分散的特点，既方便了社员随时支取资金，也确保了社员能享有更高的资金收益。其存款利率在执行中也多次进行调整，如2007年7—10月，存款利率为3%；2007年11月—2008年12月，存款利率为3.3%；2009年1月—2010年12月，存款利率3.9%；2013年7月—2015年6月，存款利率为3.3%。贷款业务方面，互助社只向社员发放贷款，根据社员信用等级确定其最高贷款额度，创设了“按揭式贷款”还款方式，学习借鉴了孟加拉格莱珉银行和四川省仪陇县乡村发展协会的信贷管理模式，实行信用贷款、固定利率、一次借款、按月还本付息，从而减轻了集中还本付息的压力，分散了信贷风险。其贷款利率也多次进行调整，如2007年7—10月，贷款利率为8.64%；2007年11月—2008年12月，贷款利率为8.7%；2009年1月—2010年12月，贷款利率为10.44%；2012年1月—2015年11月，贷款利率为12.49%。

在办社之初，益民农村资金互助社仅开展存、贷、汇业务。2009年，互助社与保险公司协商，代理了保险业务；2010年，互助社与民政局、财政局商议，代理支付文林片区社员的各项政府补贴；2011年互助社代理了农行、信用社、邮政储蓄等他行的电子汇兑业务，进一步方便了社员。

5.2.3.3 利润分配机制

根据《农村资金互助社管理暂行规定》，社员代表大会有权利决定该组织的利润分配与亏损分摊。《农村资金互助社管理暂行规定》中第四十九条提到农村资金互助组织应该“按照财务会计制度规定提取呆账准备金，进行利润分配，在分配中应体现多积累和可持续的原则”。农村资金互助组织的合作金融属性，决定了“资合”下股东社员对于股权的直接所有权具有“人合”下民主管理权的特征。因此大多数组织采用了农民专业合作社的“二次利润返还”分配方式，即按股金额和交易额混合分配方式分配收益。在农村资金互助社的实践中，各组织根据不同情况采取了不同比例的股金分配和交易额分配。年终时按照组织章程规定的比例，将农村资金互助组织利润按照股金额和贷款金额进行分配。尽管实践中二次分配利润并不多，但这种二次利润分配对社员既是一种激励机制，又能切实体现成员间的互利互惠和互助组织的非营利性。

如青海省乐都县雨润镇兴乐农村资金互助社在利润分配阶段，股东社员的收益主要来源于按照股金和交易量所进行的二次分配，兴乐农村资金互助社会留存一部分未分配利润计入社员积累，按照股金份额量化至每个社员。年终时除去留存的未分配利润以外，按照50%依据股金额，50%依据社员的存款、贷款的交易额度原则分配给每个股东社员。这种惠顾返还的利润分配是一种激励机制，从存款和贷款两个方面促使社员增加与兴乐农村资金互助社的交易往来。

5.2.4　组织制度安排

农村资金互助组织的组织架构简洁，权力责任比较明了。根据《农村资金互助社示范章程》中的规定，农村资金互助社的组织结构通常由“三会一层”（社员大会、理事会、监事会以及经营管理层）组成。社员大会（社员代表大会）是该组织的最高权力机构，按照章程行使其职权，如制定或修改章程，审议批准年度财务预决算方案和利润分配方案等。社员大会（社员代表大会）每年至少召开一次，社员代表按照社员数量由全体社员选举产生。理事会是农村资金互助社的执行机构，至少由3名以上理事共同组成，其人员的选举和更迭由社员代表大会（社员代表大会）投票决定。理事会选举理事长1人为其法定代表人，并负责召集和主持理事会各项会议。监事会为互助组织监督机构，按照章程规定和社员大会授权，对组织经营活动进行监督。监事由社员大会选举和更换，监事会至少由3名监事组成，设监事长1名由监事会选举产生，监事会的会议由监事长召集和主持。经营管理层由会计、出纳和业务人员组成，进行日常业务的操作。

下面以我国首家银行业监督管理机构批准注册成立的资金互助社——吉林省梨树县闫家村百信农村资金互助社为例。在该资金互助社成立之初，互助社按照银保监会章程，设立了社员（代表）大会、理事会、监事会。社员大会由全体成员组成，是本社的最高权力机构。理事会由7人组成，是本社的执行机构，负责日常工作，并对社员（代表）大会负责。理事全部由社员（代表）大会选举产生，任期3年，可连选连任。

四川省苍溪县益民农村资金互助社批准成立时间为2007年7月，也是较早的一批农村资金互助社。根据该社章程规定，最高权力机构为社员代表大会，共有35名社员代表，包括7名理事、5名监事以及23名社员代表。出资额前十位的社员为社员代表，其余的社员代表根据各村的社员人员以及出资额两个指标确定，但每个村子至少有一名社员代表。社员代表除参加社员代表大会外，平时要承担以下职能：①宣传益民农村资金互助社；②收集所在村社员的信息；③年度末提出社员第二年授信额度的建议；④贷款监督和催收。如果遇到天灾人祸，贷款需要展期的，社员代表还要出具相关证明。社员的主要权利是选举其所在村的社员代表，在选举社员代表时，理事会派人参加予以程序上的指导。

理事会是该社的执行机构，由7名理事构成，设理事长一人，理事长由理事会推选，是该社的法定代表人。除理事长专职外，其余理事均为兼职理事。

监事会是该社的监督机构，有5名监事，均为兼职监事，没有专职监事。东岳镇农村信用社作为益民农村资金互助社的开户银行，其主任自动成为监事，这是为了在互助社业务开展的过程中，能得到农村信用社的帮助。另一名监事由捐赠人代表，四川协合会计师事务所的会计师担任。其余三位监事均为社员，其中一人为监事长，为文林社区党支部书记。理事会和监事会一个季度至少召开一次会议。

理事、监事均由社员代表大会产生，理事、监事以及社员代表的任期均为3年，可以连选连任。选举时，社员代表一人一票。出资额前7位的社员享有附加表决权，即他们每人享有两票表决权。

5.2.5 风控制度安排

鉴于农村资金互助组织经营产品的金融性质，按照金融机构内在的风险防范和外在的风险监管对其制度进行安排。目前，农村资金互助社并未与其他正规农村金融机构形成竞争关系，其“小微”特征和具有社会扶助的民生意义使其以组织平稳运营为主。截至目前，在银保监会监管下的农村资金互助社运行相对稳健。

在外部监管方面：农村资金互助社是正规农村资金互助组织，由银监会审批并颁发金融许可证，因此也由地方银监机构进行监管。2007年银监会出台的关于农村资金互助社的管理暂行规定，界定了一个从严监管、统一监管、审慎监管的互助组织。银监机构要对农村资金互助组织在经营过程中，是否存在超出业务经营范围、账外经营、擅自变更法定事项等行为进行监管。对于理事、经理、工作人员的违法行为，银监机构也可视不同情形，责令农村资金互助社给予处分，取消理事、经理任职资格等。

农村资金互助社应建立完善财务制度和会计准则，向属地银行业监督管理机构报送业务和财务报表、报告及相关资料。实行审慎经营，严格进行风险管理，资本充足率不得低于8%，资本损失准备充足率不得低于100%；银行业监督管理机构根据农村资金互助社的资本充足和资产风险状况，采取差别监管措施：①资本充足率大于8%、不良资产率在5%以下的，可向其他银行业金融机构融入资金，属地银行业监督管理部门有权依据其运营状况和信用程度提出相应的限制性措施。银行业监督管理机构可适当降低对其现场检查频率；②资本充足率低于8%大于2%的，银行业监督管理机构应禁止其向其他银行业金融机构融入资金，限制其发放贷款，并加大非现场监管及现场检查的力度；③资本充足率低于2%的，银行业监督管理机构应责令其限期增扩股金、清收不良贷款、降低资产规模，限期内未达到规定的，要求其自行解散或予以撤销。

确保拨备充足率始终保持在100%以上。银行业监管机构应督促农村资金互助社建立以脱期法为基础的贷款分类和拨备制度。以贷款逾期情况按季进行分类，逾期一个月（含）以内的为正常类；逾期一个月到三个月（含）的为关注类；逾期三个月到两年（含）的为次级类；逾期两年以上的为可疑类；符合《财政部关于印发〈金融企业呆账核销管理办法〉的通知》（财金〔2005〕50号）规定认定为呆账的信贷资产，或借款人无力偿还贷款，预计贷款损失率超过90%的为损失类。银行业监管机构要督促农村资金互助社按关注类2%、次级类25%、可疑类50%、损失类100%的比例提取专项准备，并按有关规定在利润分配时提取一般准备。同时要参照《农村合作金融机构非信贷资产风险分类指引》（银监发〔2007〕29号）对非信贷资产进行分类并计提减值准备。对不按规定提足拨备的，应责令限期整改；整改不到位的，应停止办理部分或全部业务，直至采取停业整顿措施。

在信用风险管理方面，贷出资金不能按期回收所造成的信用风险，是农村资金互助面临的最大风险种类，这也是所有经营货币的组织机构共同面临的最重要问题，更与农村资金互助组织的功能定位紧密相关。农村资金互助组织是一个自发组织，其成立的主要动因是被商业银行边缘化的农民以报团取暖的方式满足自我的融资需求。因此，互助组织的风险主要集中在社员取得贷款之后不能如期还贷的违约风险。农户不能归还贷款的主要原因有：一是农业经营收益降低，影响社员的收入而导致无法还款产生信用风险。农业是弱势产业，受自然条件和市场条件变动的影响很大，一旦遭遇不测，农业投资损失惨重或收不回来。二是社员贷款的非生产性用途引发的信用风险。农村地区对上学、治病、婚丧嫁娶等非生产性资金也有较大需求，并且这些资金需求额度相对较高，借款社员若没有后续的收入保障，很难进行还款。三是担保失灵引致的信用风险。农村资金互助社对社员贷款存在农户联保的，是一种社区信任、人情信任与契约信用的结合，一般是没有实物担保。如果担保人失去担保能力，那么社员还款就会失去最后一层保障。四川省苍溪县益民农村资金互助社在信用风险管理方面，借鉴了农村信用社的评级授信管理方法，以社员入股的股金及风险承受能力为依据，综合确定社员的授信额度。制定了“四不”“四包”和“四坚持”原则，“四不”包括不发放大额贷款、不发放异地贷款、不发放非社员贷款以及不发放非农贷款；“四包”主要是针对信贷人员，实行包发放、包管理、包回收以及包赔偿；“四坚持”是坚持安全第一、坚持规范经营、坚持服务社员、坚持让利于民。

在操作风险方面，与其他金融机构一样主要存在于内部管理层面。一是管理人员的道德风险。主要是指资金互助社的管理者违反内部信贷规章制度，超越管理权限，发放人情款、关系款等，可能造成资金损失，贷款无法回收的情况。二是管理风险。金融业务具有较强的专业性，资金互助社的贷款投放和其他金融机构的贷款投放是一样的，包括贷前调查、贷后管理等，需要较强的专业素质。而农村资金互助社组织管理人员大多是农村居民，在金融素养方面一般较低，对贷款投放数额和方向判断的失误或混乱管理，会影响互助社的收益，最终波及整个组织的资金循环。如青海兴乐农村资金互助社在资金运用阶段所遇到的风险主要是操作风险，这也是该社在运作方面不合规的情况。2007年该社成立三个月时，就存在存贷比高达336%的情况，超过规定指标256个百分点，存在严重的资金支付风险①。2010年在兴乐农村资金互助社发放的所有贷款中，单户最大贷款余额占资本净额的82.64%，远远超过《农村资金互助社管理暂行规定》设定的比例，贷款集中度高。造成这种情况的主要原因是管理人员金融专业知识不足，因此需要尽快提高资金互助社管理层的金融知识结构与管理水平，降低互助组织操作风险发生的概率。

5.2.6 退出制度

在市场制度安排中只有准入和退出相互协调、相互配合，市场才能够实现稳定、高效、创新及可持续。与市场的准入相反，市场退出是终止市场主体的存续状态。合作金融在农村金融的发展历程中，也经历多次的退出。农村资金互助社作为农村金融的组成部分，具有一定的高流动性、脆弱性等特征，加上合作金融在发展中曾经多次出现的风险事件，使得农村资金互助社在政策制定时着重考虑退出制度。农村资金互助社退出制度安排中，包含两个方面的内容：一是农村资金互助社社员及股份的退出；二是农村资金互助社出现监管层面或章程对应的需要退出的情况。

农村资金互助社社员的退出，与社员退股等同。退股社员的社员资格在完成退股手续后即终止。《农村资金互助社管理暂行规定》中规定："要求退股的，农民社员应提前3个月，农村小企业社员应提前6个月向理事会或经理提出，经批准后办理退股手续。退股社员的社员资格在完成退股手续后终止。"对于社员在股金退出上从时间方面设置了一定的障碍，规定了从提出到退出需要一定的时间。

农村资金互助社的退出，是指农村资金互助社的自愿解散或依法被吊销营业执照或依法被撤销等情况。在退出程序履行上，是指依照一定的法律手段，按照一定的程序对有问题的农村资金互助社的主体法人地位进行终止，停止其运营、清理债务、关闭机构，

---

① 根据2015年10月1日起开始实施的《中国人民共和国商业银行法》，删去了原商业银行法中有关存贷比监管指标的规定。

最终退出市场，其核心内容是农村资金互助社法人资格的终止。市场退出是一种淘汰机制，通过终止有问题的农村资金互助社从而实现优胜劣汰，使得不符合条件或违反市场运行规则的农村资金互助社退出竞争和市场经营，最终实现市场资源的有效合理配置。按照《农村资金互助社管理暂行规定》，当出现章程对应的解散事由、社员大会决议解散、依法被吊销营业执照或者被撤销等情况时，应当在解散事由出现之日起15日内由社员大会推举成员组成清算组，开始解散清算。清算组自成立之日起接管农村资金互助社，负责处理与清算有关未了结业务，清理财产和债权、债务，分配清偿后的剩余财产，代表农村资金互助社参与诉讼、仲裁或者其他法律事宜。农村资金互助社在退出时，应当向发证机关缴回金融许可证，并及时到工商行政管理部门办理注销登记，并予以公告。如重庆市黔江区城东诚信农村资金互助社通过《武陵都市报》发布《重庆市黔江区城东诚信农村资金互助社清算组贷款债权划转公告》：经本社全体社员大会决议，本社与重庆鸿业实业（集团）有限公司协商自2018年9月19日起将本社27户、79笔贷款本息债权全部划转给重庆鸿业实业（集团）有限公司。请借款人、担保人自公告之日起向重庆鸿业实业（集团）有限公司履行相关义务。

5.3 农村资金互助社制度安排存在问题

5.3.1 相关立法效力低、适用性差

农村合作金融发展较好的国家都具备完善的合作金融法律。完善的法律体系能够为合作金融的发展提供保障，确保合作金融组织合法的市场主体地位，能够规范合作金融组织的运行，同时也能够对合作金融组织实施监管。从表5-2可以看出，我国目前与农村资金互助社相关的立法主要包括银保监会制定的部门规章以及一些地方制定的地方政府规章制度，它们的共同之处是效力层级偏低。《农村资金互助社管理暂行规定》（以下简称《暂行规定》）是目前用来规范农村资金互助社的根本性立法，但是它是以银保监会为主体制定的部门规章，效力等级比较低，且内容不够细致，仅阐述了一些基本规定，对农村资金互助社的贷款定价、融资支持、财政支持、税收优惠等没有明确的规定，也缺乏更有效、更权威的法律对农村资金互助的法律地位、运营管理、监督管理等进行全面系统的安排。一些地方政府出台的规章制度的效力等级也比较低，仅适用于特定区域。《农村资金互助社示范章程》为组建农村资金互助社在章程制定上提供了借鉴和参考，在

实践中的操作性不够。银保监会发布的《中国银监会农村中小金融机构行政许可事项实施办法》,同样存在效力低的问题,而且涉及农村资金互助社的内容偏少,适用性较差。

5.3.2 准入门槛过高

农村资金互助社"门槛"过高,是被理论界和实践者诟病的一个话题。《暂行规定》对农村资金互助社的设立要求条件过高,农村资金互助社难以建立和发展,与当下农村实际情况不符,按规定农村资金互助社很难组建,更谈不上发展。

一是对管理人员的素质要求过高。《暂行规定》第九条第四款规定:"有符合任职资格的理事、经理和具备从业条件的工作人员。"第三十七条规定:"农村资金互助社理事、经理任职资格需经属地银行业监督管理机构核准。农村资金互助社理事长、经理应具备高中或中专及以上学历,上岗前应通过相应的从业资格考试。"而从农村实际看,农民受教育程度低,流动频繁,高中或中专及以上学历的基本都在外出或打工,留守的农民一般文化程度较低,具有高中或中专以上学历的人不多。根据第三次全国农业普查对农村生产经营人员情况的调查统计,全国农业生产经营人员受教育程度中高中或中专为7.1%、大专及以上为1.2%。再退一步,即便是村里面有符合受教育程度条件的人,由于金融行业具有较强的专业性,相关的从业经验和金融知识极大可能是欠缺的。

二是营业场所硬件条件要求高。《暂行规定》第九条第五款规定:"有符合要求的营业场所,安全防范设施和与业务有关的其他设施。"按照目前一个金融机构营业场所需要的设施来看,营业用房、安保系统、电脑、验钞机、办公座椅、保险柜等都是必需的,这样的规定对于本身资金规模有限的农村资金互助社尤其是村级资金互助组织来说在固定资产方面的支出太多,严重减少了其营业资金,不符合农村小微金融机构的基本要义。如梨树县闫家村百信农村资金互助社,最初由32个农民出资10.18万元组建,其中开办费用支出7.6万元,开业后现金剩余不足3万元,导致了一开业就陷入几乎无资金可贷的局面。

三是审批的复杂程度高。《暂行规定》对于农村资金互助社的行政审核、审批等设立了多条规定。在资金互助社的审批过程中,实质上是按照正规商业银行的标准执行的。如,第十四条规定:"农村资金互助社的筹建申请由银监分局受理并初步审查,银监局审查并决定;开业申请由银监分局受理、审查并决定。银监局所在城市的乡(镇)、行政村农村资金互助社的筹建、开业申请,由银监局受理、审查并决定。"第十五条规定:"经批准设立的农村资金互助社,由银行业监督管理机构颁发金融许可证,并按工商行政管理部门规定办理注册登记,领取营业执照。"第三十七条规定:"农村资金互助社理事、经理任职资格需经属地银行业监督管理机构核准。"等等。对于文化程度普遍偏低的农民来说,如此复杂的审核、审批程序,他们几乎难以完成,甚至出现了专业咨询管理机构,为全国各地的农村资金互助社提供咨询服务,帮助组建者完成相关资料的准备和申请工作。

尽管关于农村资金互助社相关规定对规范发展农村资金互助社很有必要,但是对于资金规模有限的微型金融组织来说,存在申请程序复杂、组建成本高等问题。准入成本高也限制了农村资金互助社的发展。

5.3.3 资金来源渠道少,约束多

经营管理制度安排的不合理主要表现在资金融通层面。资金短缺一直以来都是我国农业农村发展的一个瓶颈,将农村资金互助社作为正式制度安排的目的就是为了解决农村资金严重"失血"的状况,然而国家对农村资金互助社资金来源的安排上并没有解决这一问题。《暂行规定》中第四十一条对于互助社的资金来源有明确规定,其资金主要来源于三个方面,除了吸收入股社员的存款,还可以接受社会捐赠或向其他银行业金融机构融入资金。然而,实际情况是,农民加入资金互助社的首要现实就是缺乏资金,其能够为互助社提供的资金也是有限的。在没有强有力成员(富人或企业)加入或者没有外部资金注入的情况下,资金互助社的规模是很小的,也是满足不了社员资金需求的,甚至在发展中,因资金短缺,为了资金互助社的存活会出现异化或违规的现象。

从互助社资金来源看,其资金规模受资金来源和政策约束双重限制,主要表现在:一是资金互助社是以农户或小微企业需求为基础建立的,社员加入互助社的主要目的是从互助社获取一定的资金帮助,社员以报团取暖的方式和目的进行自救,这种方式在客观上决定了农户加入互助社不会有太多的资金,也不会有太多的存款。此外,从资金的安全性考虑,大额存款社员会更倾向于有国家信用背书的商业银行或农村信用社。二是从其他银行业金融机构融资难度大,政策不明晰。《暂行规定》中仅仅是对农村资金互助社从其他银行业金融机构融入资金做出了符合"本规定要求的审视条件",具体融资的相关配套政策不完善,或者说几乎没有,从其他银行业金融机构融资的可操作性不强。例如支农再贷款,目前央行还没有具体政策,政策性银行还没有开展与农村资金互助社相关的业务对接,甚至一些商业性金融机构不屑于与这种小微金融机构打交道。广西田东鸿祥资金互助社在开业后不久便因发展社员困难而陷入资金短缺状态,在当地银监分局的协调下,从相关金融机构融入 50 万元,才使资金紧张的局面暂时得到缓解。但是,这种依靠行政手段解决市场资源配置的方式方法并不具可复制性和可操作性。

青海省乐都县雨润镇兴乐资金互助社尽管在成立之初就获得了县政府为其提供的

5 万元启动资金，但在经营过程中，依然受到资金有限性的制约，以至于在以后的发展过程中出现异化问题。后经社员大会讨论并得到银监局同意，互助社将其吸储对象从过去的仅面向社员扩大至非社员农民。从成立到 2007 年 5 月 28 日，互助社共吸收存款 126 800 元，发放贷款 427 200 元，存贷比 337%，与银监局规定的 75% 的红线严重不符，因此，互助社于 2007 年 7 月 12 日被责令停止对外贷款。最终由省联社对互助社金融委托贷款，并由村镇银行对互助社入股，才纾解了互助社的困境。从表面看，兴乐资金互助社合作功能的异化主要是因为吸储范围的扩大以及村镇银行的入股。然而，从实质上看，无论是吸储还是村镇银行的入股，其目的都是为解决资金缺乏的问题，因此，农村资金互助社异化的根本原因在于资金的匮乏。更重要的问题在于，由于吸储范围的扩大，导致互助社经营风险的增加，无论是政府出手对互助社风险的干预还是合作社内部其他管理措施的实施，都在一定程度上破坏了互助社的民主管理原则，对合作金融和合作制思想的培育和发展是不利的。

同时，农村资金互助社向同业进行拆借，也存在一定的难度，在向其他银行业金融机构融入资金时，需要搭建社会征信平台，满足同城、异地结算的技术需要。这些技术条件对于商业银行或政策性银行来说，比较容易实现，而资金互助社没有足够的资金、技术和人员支持，实际操作起来障碍较多。而且农村资金互助社经营风险较大，即便是具备一定的技术条件，商业银行出于风险性的考虑，向农村资金互助社拆借资金的意愿也不大。

5.3.4 风险管理机制与农村微型金融组织运行不匹配

农村资金互助社是农民及农村弱势群体的利益联结体，以合作制为原则进行组建，而不是银监会以商业金融机构的设立对农村资金互助社进行监管。在《暂行规定》中，监管部分比对商业银行对资金互助社的风险控制采取了“一刀切”的方式。

《暂行规定》第四十七条规定：“农村资金互助社应审慎经营，严格进行风险管理，资本充足率不得低于 8%。”而同一时期人民银行对农村信用社资本充足率则限定于 4%。对比农村信用社可以看出，监管部门对农村资金互助社在风险监管方面反而更高于农村信用社。但是，在实际中，无论是经营规模还是资金规模，资金互助社与农村信用社都有着巨大的差距，在竞争中是处于劣势地位的，单就这一方面来看，并没有给予一定的保护和优惠。农村资金互助社设立的初衷是为了社员服务，谋求社员的共同利益，但是如果单纯为了达到对资金互助社的资金监管，满足一定的资本充足率，使得农村资金互助社本来规模就有限的资金闲置起来，不能够充分满足社员对资金的需求，违背了农村资金互助社设立的初衷。

在机构监管方面，按照银保监会现有的组织架构，地方相关派出机构也只是到县一级，农村资金互助社的设立则以乡镇和村为主，管理半径较大，成本较高。目前，农村资金互助社的数量很少，倘若将来出现众多的合作金融组织，监管机构将面临繁重的工作任务。

5.4　地方政府监管下的农村资金互助社

尽管国家层面的农村资金互助社发展出现停滞，但是鉴于农村资金互助社已有雏形，在发展中已经起到了示范、引领和带动作用，并且在解决农业农村融资难过程中显示出了一定的积极作用，因此虽然中央层面的农村资金互助社在数量发展和组织创新方面出现了停滞，但是这种新型的合作金融组织在各地并没有停止创新和尝试。在地方政府的监管和支持下，这种新型合作金融组织也取得一定的发展。江苏省早在 2006 年即开始资金互助的试点工作，当时主要依据中央一号文件及《江苏省农民专业合作社条例》，农民资金互助社的申办大多依据当时农工部门或乡镇政府的批文，在当地民政部门注册登记为“民办非企业单位”。经过探索实践以资金互助或信用合作为名义的合作金融组织主要有三类：第一类是经地方有关部门批准成立的各类农民资金互助合作组织；第二类是农民合作社内部的信用合作组织；第三类是未经任何政府部门批准成立的合作金融组织。本章节主要分析的是独立运作且在政府部门监管下的农村新型合作金融组织，故对江苏省新型合作金融组织的分析主要是第一类，即经有关部门批准成立的各类农民资金互助合作组织。

江苏省探索新型农村合作金融模式的起步较早，苏北盐城市阜宁县早在 2005 年便成立了全省第一家农民资金互助合作社，由此揭开了江苏省农民资金互助合作社的试点工作序幕，苏北地区以合作制为原则组建的资金互助社的数量是江苏省总量的 70% 以上。2011 年年底，江苏省全省农民资金互助合作社发展到 134 家，吸纳农户社员 13.76 万户，吸纳社员股金及互助金达 17.16 亿元，累计投放互助金近 50 亿元。2012 年年底，全省有农民资金互助合作社 138 家，吸纳农户社员 20 万户。2016 年年底，全省经地方政府或业务主管部门审批设立的农民资金互助社 350 家，总规模 104.76 亿元，成员约 47.59 万户，入股股金 13.42 亿元，吸收互助金 81.4 亿元，投放互助金余额 77.5 亿元。特别是苏北的盐城市，“十一五”期间农民资金互助合作组织数量达到了 127 个，截至 2017 年底，全市农民资金互助合作社发展到 163 家，累计向农户投放互助金 320 多亿元。作为新生事物，十多年来江苏农民资金互助合作社经历了高速发展阶段，也经历了风险频发甚至引发一定范围内风险,到现阶段的“转籍”,逐步走上了规范性发展道路。

江苏省农民资金互助合作社的设立一开始是在民政部门注册,是以农民专业合作社的组建方式为样本,目的在于解决农民的资金需求。此后一些农民资金互助合作社的发展逐步背离了服务“三农”的初衷,在经营过程中出现违规违法的操作,挪用资金投资失败,导致资金链异常,农户的资金无法兑付。2012 年下半年开始一些农民资金互助合作社纷纷关门,导致了一定范围内的风险。为防范风险,规范农民资金互助合作社的发展,在 2014 年江苏省下发了《关于引导新型农村合作金融组织规范发展的通知》,要求一律停止新批新设农民资金互助合作社。2015 年 11 月江苏省下发了《关于加强农民资金互助合作社规范管理的指导意见》,明确了全省农民资金互助合作社规范运行的基本原则。为进一步规范农民资金互助合作社的运行,江苏省要求农民资金互助合作社必须完成“转籍”。2016 年 8 月江苏省金融办联合民政厅、工商局下发了《关于做好农民资金互助合作社注册登记工作的通知》,要求农民资金互助合作社在工商部门登记为农民专业合作社法人,名称登记为“××市××区××镇(乡、街道)××农民资金互助合作社”或“××县××镇(乡、街道)××农民资金互助合作社”。针对已登记为民营非企业的农民资金互助合作社,文件规定应在同级工商部门重新办理注册登记,并在民政部门办理注销登记,即“转籍”为农民专业合作社法人,完成“转籍”后的农民资金互助合作社必须接入全省联网的统一监管系统。省级农民资金互助合作社监管系统的推广应用,实现了农民资金互助合作社运营情况的及时查询、违规行为的及时通知,可通过线上线下、现场和非现场的方式进行双重监控,实现资金流向的可追溯和全流程监管,能够有效地预防和控制金融风险。2019 年第一季度,扬州市率先完成全市 15 家农民资金互助合作社的“转籍”工作,并接入“农民资金互助合作社监管平台”。

2016 年 9 月金融办下发了《江苏省农民资金互助合作社监管工作指引(试行)》(以下简称《监管指引》)的通知,11 月财政厅下发了《江苏省农民资金互助合作社会计核算办法(试行)》(以下简称《核算方法》),这两个在全国率先推出的规范性文件,对江苏省农民资金互助合作社经营管理、财务制度、行业监管等作出了明确规定,从制度建设上为农民资金互助合作社规范运行奠定了基础。此后,由于机构改革,2019 年 5 月又印发了《省农民资金互助合作社监管联席会议成员单位和职责划分调整方案》。根据上述文件,一是明确监管责任部门。明确了建立由省地方金融监管局、省农业农村厅等单位参与的农民资金互助合作社监管联席会议制度,联席会议办公室设在省地方金融监管局,金融监督管理的职责是省地方金融监管局。县(市、区)人民政府是农民资金互助合作社监督管理、风险防范化解处置的第一责任主体,要制定专门部门承担监督管理职能。二是明确经营边界。在坚持“适度规模、封闭运作、支持‘三农’”基本原则下,明确规定农民资金互助合作社成员总数的80%应为当地农民,互助金吸收和投放仅限于互助社成员;互助金吸收上限为股金的8倍(按股金上限500万元计算,最大互助金吸收额为4000万元);互助金投放仅支持本社成员生产生活;农民资金互助合作社不得跨地域经营,不得从事向非成员发放互助金,吸收或变相吸收公众资金,不得进入资本市场从事股票、债券交易等禁止性行为,从而有效划清了互助金吸收、投放的界限。三是健全管理机制。为防止农民资金互助合作社因实际控制人"一言堂"而导致大股东侵害成员利益,依据相关法规,将原有的依据出资额决定话语权的决策机制,调整规范为成员每人一票的民主决策机制。成员大会是农民资金互助合作社的最高权力机构,成员超过150人的,可以成立成员代表大会。农民资金互助合作社可以设立理事会,理事会职责及议事规则由成员大会规定。四是统一会计核算。财务核算是企业经营的基础性工作,《核算办法》在会计科目设置、账务处理、流动性管理、现金管理、重要控制凭证管理等方面做了详尽规范。其中,为防止农民资金互助合作社经营风险,明确提出建立适当的流动性准备机制。《监管指引》规定,农民资金互助社应计提互助金流动性准备和股金流动性准备,计提比例均不低于10%;上述流动性准备由县(市、区)农民资金互助合作社行业协会统一存管,并建立相应的资金管理办法,接受当地监管联席会议监督。

与国家推行的农村资金互助合作社相比,江苏省农民资金互助合作社有着自身的组织特征。江苏省农民资金互助合作社是糅合了农民专业合作社和农村资金互助合作社的一些特征建立起来的合作金融组织,除了具备新型农村合作金融组织的一般性特征外,在制度安排上比银监会的农村资金互助合作社更详细,落地效果上也更好一点。主要体现在:①在发起人方面,强调了"精英治理",在农民资金互助合作社的主设立人方面以专业大户、家庭农场、农民合作社、农业龙头企业等新型农业经营主体为主,一方面农民资金互助合作社的设立需要强有力的主设人给予资金支持,另一方面也需要为资金互助合作社的规范经营打下基础。②在主体地位方面,农民资金互助合作社注册登记部门为工商行政管理部门,登记为农民专业合作社法人。③进一步拓展了资金来源,允许资金互助合作社在经营周转困难时对外借款,确保了资金互助社在运行中资金的充足性。④在风险监管方面,一是明确了监管主体,成立了农民资金互助合作社监管联席会议制度,明确各部门分工,明确了地方金融监管局作为业务监管方面的主体责任;二是在准备金等方面给予农民资金互助合作社更宽松的政策,有利于互助社的资金更多地服务于社员。

结论如下:

第一,我国农村资金互助社作为正规的合作金融组织,以2007年银监会颁布《农村资金互助社管理暂行规定》为标志,在监管部门的指导下已经发展十多年,很遗憾的是,农村资金互助社的发展并没有像农民合作社一样发展壮大,反而由于内部和外部等诸多因素停滞下来,也出现了多家退出的情况。

第二,作为正规农村合作金融组织,国家以规章制度的形式对农村资金互助社的发展进行规范和指导,从规章制度体现出来的政策层面内容来看,农村资金互助社是一个以合作制为原则组建的农村微型金融机构,服务于社员;同时农村资金互助社也是一个金融机构,其组建、运行和监管更多地是参考了商业银行的制度安排。

第三,国家对农村资金互助社的制度安排,存在制度供给上的诸多不合理性,包括准入门槛过高、风险管理与商业银行趋同、融资渠道狭窄等,使得农村资金互助社在发展中困难重重,甚至出现变异的情况,国家对农村资金互助社的制度安排与农村农民对金融的需求不匹配,对于合作金融在我国的进一步发展存在诸多不利影响因素。

第四,中央层面推动的农村资金互助社出现了发展停滞情况,但是这种新型的农村合作金融组织在地方的发展并没有停下来,如在江苏省农民资金互助合作社的发展以农民合作社为蓝底,在政府部门的支持和监管下探索了适宜的发展模式,在支持“三农”发展中起到了积极作用。

第6章 农民合作社内部资金互助组织运行的制度分析

自德国人雷发巽创立第一个农村信用合作社以来，信用合作已经有170多年的历史，不仅成为一些国家或地区农村金融的重要组成部门，也是世界合作运作的重要组成部分，在支持合作社运动开展方面发挥了重要作用。日本、韩国等东亚国家在推动合作运动过程中，通过积极开展内置金融、综合性合作金融等方式，在支持合作社发展壮大、实现农民增收、促进农业农村发展等方面起到了积极作用。日本、韩国与我国有着相似的资源禀赋和社会结构，在合作社的发展过程中可以借鉴它们开展合作金融的经验和模式。但是，在我国合作社发展的指导思想中，认为合作社是劳动的联合和合作，资本的介入必定会改变合作的性质。这种指导思想在2006年颁布的《农民专业合作社法》中得到了彻底的贯彻，尽管2017年对农民专业合作社法的修订草案中，将“合作社成员可以开展内部信用合作、进行资金互助”等有关信用合作的内容写了进去，但是最终的修订案还是将对信用合作的表述给删除了。截至目前，在农民合作社的发展实践中，绝大多数的合作社还只是单纯的生产、服务合作和联合，资本的合作和联合较少。从农民合作社发展的外部资金支持来看，以政府方式给予的支持少之又少，且大部分农民合作社没有多少固定资产，也难以从商业银行取得资金支持。在缺乏资本支持渠道的情况下，绝大多数农民合作社只能从事对资本要求较低的初加工、信息和技术交流业务，对农民合作社产品的进一步加工及增加其附加值只能可望而不可即，这使得农民合作社产生的收益较低，社员回报较少，难以激励农户加入，难以形成规模效应，收益难以进一步提高。由此形成的正反两方面反馈导致农民合作社发展陷入低水平的均衡。

农民合作社普遍面临融资瓶颈，资金的缺乏使得合作社在发展中难以做强做大，合作社和社员的多项事业也难以展开。一方面是农民合作社需要在激烈的市场竞争中能够不断地发展壮大，提高自己的竞争能力；另一方面是社员在扩大生产中有着强烈的融资意愿，在“外援式”资金供给极少的情况下，“内源式”资金供给无疑成为解决合作社与社员在发展中面临的资金瓶颈问题的一个选项。农民合作社又为社员提供了一个可以进行资金融通的平台，借助农民合作社这个载体，合作社成员之间以“个体利他（互助）以换取利己（融资）”进行资金互助的可能性就可以变成现实。不同于纯粹的合作金融组织（如农村资金互助社），这种合作金融组织形式内生于农民合作社，不仅仅是为社员之间提供融资方便，满足不同社员之间的资金需求，同时也存在着服务于农民合作社的发展倾向。

以农民合作社为载体进行资金互助作为一种农村新型合作金融组织是本书的研究对象之一。它的发展也受到了广泛的重视，从近些年中央一号文件对它的阐述中可见一斑，农业农村主管部门对于这种合作金融组织的发展亦给予重点关注。更重要的是，这种信用合作是建立在生产合作的基础上，与生产合作紧密相连、互为促进，农民合作社的生产发展需要资金的支持，反过来，生产发展又为资金融通提供了土壤和保障，与信用合作发展的“东亚模式”有着相似之处。因此，了解这种农村新型合作金融组织的制度特征，明确这种组织的制度安排、功能构成和存在问题，也有利于这种新型合作金融组织的规范和健康发展。

6.1 农民合作社内部资金互助发展的背景

6.1.1 农民合作社快速发展，产业发展需要资金支持

自2007年7月《中华人民共和国农民专业合作社法》正式实施，与此相配套，《农民专业合作社登记管理条例》《农民专业合作社财务会计制度（试行）》等规章制度，以及农民专业合作社的税收优惠政策的出台实施，使农民合作社的法制化建设取得重大进展。以上述法律法规的颁布实施为标志，我国农民专业合作组织建设进入以发展农民合作社为主导的依法规范发展新阶段。

一方面，我国农民合作社数量呈现快速增加。据来自全国工商登记机关的统计数据显示，到2007年年底共有2.64万家农民合作社在工商机关登记注册，取得法人资格。在2017年农民合作社法第一次修订之前，农民合作社的发展得到了迅速地增长，2017年之后，逐渐平稳。而到了2020年11月底，全国农民合作社的数量已经发展到了224.1万家，比2007年增加了将近84倍（见图6-1）。合作社的迅猛发展以及合作社社员规模的不断扩大，使得合作制的理念更加深入人心，有力地推动了合作社各项运动的发展，也为

合作金融组织的发展提供了组织基础。

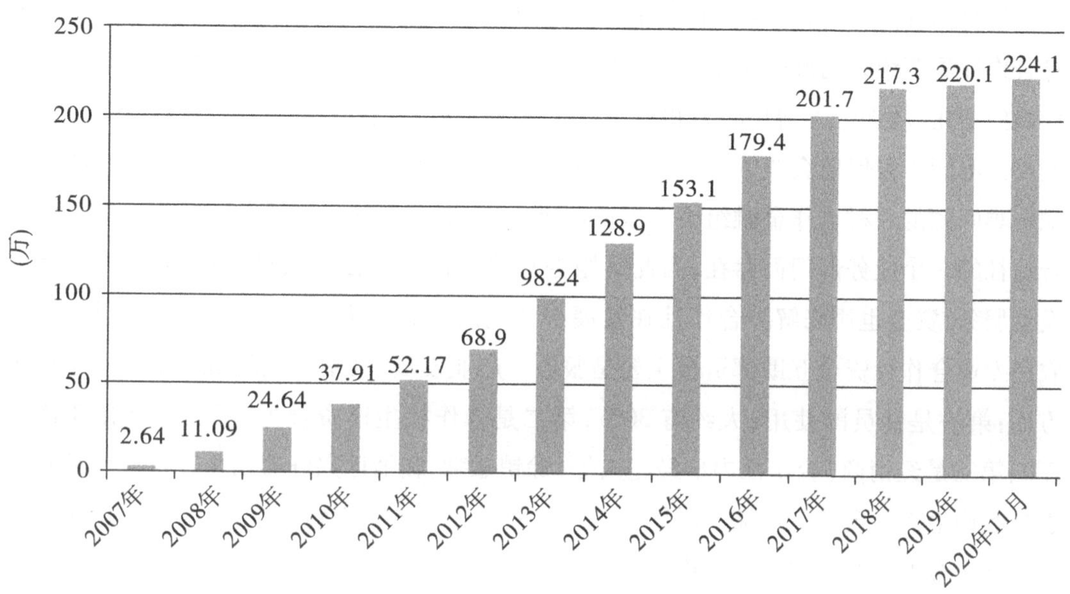

图6-1 2007—2020年我国农民合作社数量情况

另一方面,农民合作社已经成为引领我国农业农村发展的一个重要力量。农业农村现代化依然是国家现代化建设中的突出短板且备受重视,农民合作社作为农业农村现代化建设中的一个重要载体,近些年无论是助力脱贫攻坚还是推动乡村振兴战略,都发挥了积极作用,自身也在助力农业农村发展中不断壮大和创新发展。农民合作社在发展过程中向“贸工农一体化、产加销一条龙”的产业化经营方向发展。大部分有实力的农民合作社已经开始创办、领办农产品加工企业,暂时没有条件的就与农产品加工企业联合,出现“公司+合作社+农户”或“农户+合作社+公司”等形式,将企业与农户连成一体,使农户能够享受到加工销售环节的利润,增加收入。有些农民合作社不仅与龙头企业挂钩,还与农产品批发市场、超市挂钩,形成科研、生产、加工、销售完整的链条。农民合作社通过增强服务功能,逐步由松散联合走向紧密联合、由劳动联合走向劳动与资本的双重联合,成为股份合作制的实体化经济组织。农民合作社兴办初期,一般是以技术、信息服务为主的简单联合,随着生产发展,逐步走向生产、加工、销售等各个环节的全面合作,形成生产经营实体。在此基础上,有些农民合作社以劳动、资金、土地经营权等参股原有龙头企业或是新组建股份合作制龙头企业,由劳动合作向产权明晰、权责明确、管理科学、充满活力的资本合作过渡。在农民合作社的发展过程中,尤其在我国农村信贷资金供需矛盾突出的现实情况下,农民合作社成员之间的资金互助合作是解决成员资金缺少难题的途径之一,也是发展互助合作金融的必由之路。

在实践中合作社内部的资金互助组织主要有两个功能，一是便于成员融资，另一个是支持合作社的发展，当然也不排除个人私利所得。这主要体现的是两个方面，一方面是合作社需要维系内部的正常运作，协调成员之间的行为；另一方面是合作社适应外部环境的变化，增强内生增长动力和在市场中的竞争力，对合作社的功能进行重新定位或调整。不同于银保监会监管下的农村资金互助社，也不同于其他地方的仅用于解决农户融资难问题的农村合作金融组织。根据调研显示，临渭区的合作社内部资金互助是作为合作社的一个业务部门而存在，因此其服务对象不仅仅是社员，也同时为农民合作社的发展服务，资金也用来解决合作社在发展中遇到的资金约束。如，渭南长寿塬果业种植农民专业合作社资金互助部资金主要是服务于产业发展，其中筹集的资金主要用于三个方面：第一是社员的使用，大约有 30%；第二是合作社生产资金的建设（主要用于冷果库）；第三是经销商（合作社内部经纪人等）赊销账款，临渭区兴旺秦川牛专业合作社在向农户收购牛而出现资金短缺的时候会用一部分股金来进行周转，这与目前较多地区农村新型合作金融组织的实践模式中股金只用于社员是有差别的。2010 年 7 月辽宁省农委、辽宁银监局下发的《引导农民专业合作社开展资金互助业务试点方案》也提及筹集资金使用方向，其中涉及“扶持农民专业合作社为提高社员服务水平引进的生产设备或设施”。可见合作社内部资金互助要解决的问题涵盖着农户融资难问题，也有促进合作社发展的意旨。

6.1.2 农户土地流转加快，规模化经营需要资金支持

我国的农村土地承包经营权流转从 20 世纪 80 年代开始出现并逐步频繁起来，特别是随着我国城镇化进程的加快、农村土地制度改革的不断深化以及农村农业经营模式的变化，农村家庭承包耕地流转面积不断扩大，流转速度加快。以专业大户、农民合作社、家庭农场、涉农企业为代表的新型农业经营主体迅速发展，它们不仅是农业农村发展的主体，也是农村金融市场的重要主体。截至 2020 年年底，全国家庭承包耕地流转面积（含流转面积、转让和互换面积）达到了 5.64 亿亩，比 1994 年增长了将近 63 倍，比 2007 年增长了 8.8 倍（见图 6-2）。2020 年流转土地面积 5.32 亿亩，比 2019 年增加 4.3%。从流转面积的流转去向看，2020 年流入农户的面积为 2.49 亿亩，占比 47%；流入农民合作社的面积为 1.14 亿亩，占比 22%（见图 6-3）。农户经营依然占主体，2019 年经营耕地 200 亩以上的农户数为 47.2 万户、经营耕地 100～200 亩的农户数为 104.9 万户，经营耕地 50～100 亩的农户数为 283.6 万户。

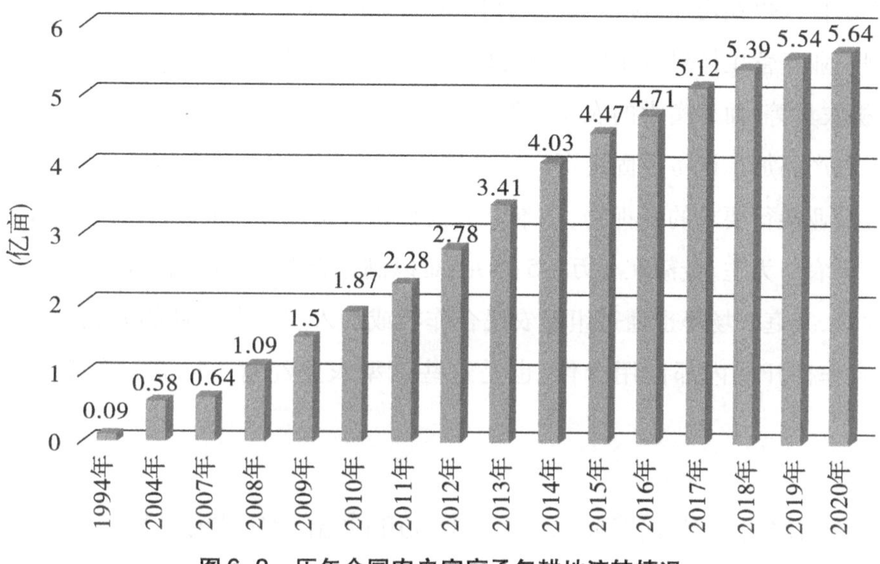

图6-2 历年全国农户家庭承包耕地流转情况

注:2020年数据将土地承包经营权转让、互换情况与流转情况分开统计,为了保持数据连贯性,2020年土地承包经营权流转情况依然将这三项相加。

资料来源:2019年以前数据来自历年《中国农村经营管理统计年报》《中国农村政策与改革统计年报2019》及公开资料,2020年的数据来自农业农村部政策与改革司。

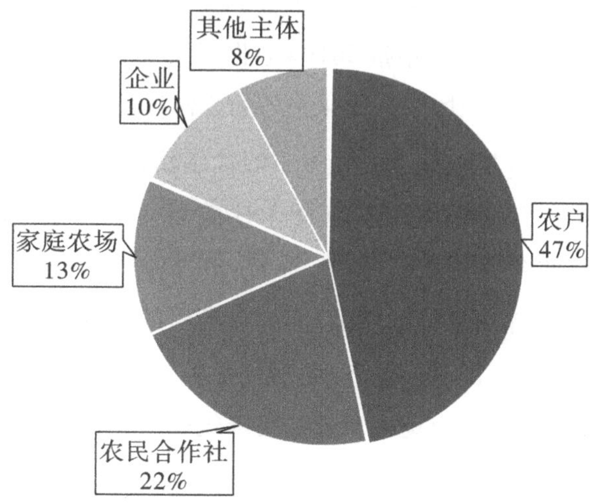

图6-3 2020年全国家庭承包耕地流转去向构成

资料来源:根据农业农村部政策与改革司数据整理。

在传统小农户随着收入水平不断地提高出现小额信贷需求下降的同时,以专业大户、农民合作社为代表的新型农业经营主体由于经营规模的不断扩大,其流动站资金和固定资产的投入也在增加,逐步成为农村金融市场需求的主力军。和传统小农户相比,这些新型农业经营主体对资金的需求规模较大,专业大户和家庭农场需要资金购买生产资料、农机农具等,而有实力的农民合作社和企业不仅需要购买大批的农业生产资料,还需要购置农产品加工设备等固定资产。这些新型农业经营主体和传统小农户一样,几乎没有符合商业银行要求的抵押物,也难以从银行获得贷款。现有的小额信贷政策主要以满足传统小农户为主,金额在3万~5万元,难以满足新型农业经营主体的融资需求。一些专业大户、家庭农场等也通过组建农民合作社或加入农民合作社的方式寻求资金的支持,农民合作社开展内部信用合作,也是这些新型农业经营主体获得资金支持的一种途径。

6.1.3 乡村产业链大幅度延长,生产环节的多样化需要资金支持

随着农业农村现代化进程的加快,以及乡村振兴战略的全面推动实施,农业产业的发展要加快推动农业全产业链的培育发展,从加工到构建全链条、从产品生产到产业发展,从某一环节管理到全产业体系的转变,实现产加销的贯通、农文旅的融合,进一步拓展乡村多功能性,实现一产往后延、二产两头连、三产走高端,拓展农业产业的增值空间。这为各类规模经营主体提供了更多的发展机会和空间,也给农民增收提供了更多的机会。根据《中国农村合作经济统计年报2019》数据显示,2019年全国农民专业合作社的数量是193.5万家,其中从事产加销一体化服务的合作社数量为104.2万家,占合作社总数的53.9%,较上年增长3.1%;加工服务为主的合作社数量为6万家,占合作社总数的3.1%,较上年增长57.1%。创办实体的合作社数量是6.77万家,占合作社总数的3.5%。拥有注册商标的合作社数量10.6万家,占合作社总数的54.6%,较上年增长21.7%。新型农业经营主体由单纯的加工环节,向产前的农资供应和产后流通等环节延伸,这不仅需要大量固定资产的建设投入,还需要品牌培育、市场营销等现代乡村服务业的支撑,极大地增加了农村融资市场中资金的需求规模。

农业全产业链的资金需求,与传统小农户较多的生活性消费、金额较小的生产性消费相比有着比较明显的差异。农业全产业链的培育需要较大的资金投入,同时由于农业生产的特性使得其投资的周期较长、风险较高。乡村产业链的延长和培育,对农村金融市场也提出了新的要求,客观上需要涉农金融机构的创新,为更多的产业链环节和产业链上的涉农主体提供金融服务,提供抵押范围更广、贷款期限更贴近农业生产周期的产品和服务。

6.1.4　乡村精英治理农民合作社,助推合作经济组织的创新

从我国农民合作社发展的历史渊源、内生机理来看,农民合作社的发展一直都离不开乡村精英的参与。在农民合作社演进的道路上,无论是组织内部产权制度的创新,还是对外功能的拓展,乡村精英都承担治理主体的功能,引导农民合作社和社员的经济需求和发展方向。由于外部社会关系和市场环境的变动,精英治理现象的存在使得我国农民合作社在产权安排和治理结构上产生一定的"异化",表现为一定程度上的产权安排资本化和治理结构内部人控制化。传统意义上的农民合作社向强调利润、股份化的趋向转变和演化(郭富清,2007),"资本控制"已经成为我国农民合作社治理中的普遍现象(张德峰,2016)。一些地方如东部沿海地区,以浙江为代表的农民专业合作社一开始就呈现出资本化和股份化的特征(徐旭初,2007;崔宝玉、李晓明,2008),而资本大都掌握在精英手中,更多的农民合作社采取"精英治理"的方式来实现农民合作社的有效运作(周慧颖等,2019)。从农民合作社的发起和组建角度来说,这些合作社大多是大户、能人等少数"带头人"在获取利润驱使下的诱致性制度变迁的结果,使得合作社的发展一开始就有了以市场为导向的合作态势。农民合作社呈现出大户主导、资本控制的"精英治理"特征,农民合作社追求经济价值超越的现象也是合作社资本化的过程,由农民合作社资本短缺导致的合作社资本控制和资本化过程,也是弥补农民合作社资金短缺的过程(肖荣荣、任大鹏,2020)。

在农民合作社发展初期,这些大户、能人等核心社员的目的在于规避各种风险,或者是为了获取稳定的原材料供应;而普通会员之所以进入合作社,其目的亦是规避各种各样的市场风险和自然风险,降低农业生产的各种成本以此寻求一定的利益。这时的农民合作社是一种低层次的合作,是各种类型的社员在合作上的相互磨合和尝试阶段,尽管核心社员和普通社员存在一定的异质性,但是合作初期二者相同的目标无疑就是要提高各自的合作收益,共同利益的诉求使得二者有了合作的平台和基础,能够找到一个合作的利益契合点。因此,较低的合作平台和合作目的使得原始的资本供给基本上能够满足各类社员的需求。

随着农民合作社的进一步发展,农民合作社作为市场主体对盈利性和竞争力增强的渴望增加,这时的农民合作社不同群体之间的合作目的也在发生着巨大改变,特别是当受到目前我国合作社在发展中普遍遇到的资本制约时,农民合作社初期合作的基础条件和平台已经不能再继续维持目前的状况,就会使得农民合作社制度安排发生变化。核心社员有着进一步发展壮大合作社的趋向,表现在经营业务的扩展、产业链条的拉长、盈利

能力的增强以及在市场中竞争力的提升等,对资金的需求日趋明显,这就诱使他们有着合作深化的意向和行动。资金是合作深化的重要推动要素,在无法从正规金融机构取得资金的情况下,内源式的融资是一种很好的选择;而普通社员鉴于合作过程中对既得利益的维持和合作绩效的反馈,较窄的合作视野使得他们往往只是消极地维系目前的合作状况,而不是积极地寻求进一步深化合作,对于普通社员来说这本身就是"理性选择"。

于是,当这种合作深化进一步变为现实的时候,这些核心社员依然有着较大的影响力,而普通社员也会出于自身的考虑,在趋同核心社员价值取向的同时也会维系自己的利益,加入资金合作组织亦可满足自我发展中的信贷约束。无疑,这种合作深化也使合作社的制度安排进一步发生改变,而核心成员对合作深化(农民合作社内部资金互助)有着更为积极的态度,合作经营在推动农民合作社向生产和资本融合的制度演进中扮演了重要的角色,也起到了重要的作用。

6.2 农民合作社内部资金互助的功能定位

从政策层面看,中央一号文件对农民合作社内部资金互助的描述中,出现频率较高的为"信用合作"。从理论上看,信用合作是基于信用的合作,是以社员信用为基础开展的合作活动,其囊括的范围比较广,既包含以货币资金融通为手段的信用合作,也包含以产业链或供应链为基础开展的商业信用合作。以货币资金融通为目的的货币信用合作,主要是解决社员在生产过程中资金短缺的问题;而以产业链或供应链为基础的商业信用合作,包括农民合作社作为授信者,向社员赊销农资、服务、技术等,也包括社员向合作社赊销农产品、提供有偿劳务或技术等,还包括合作社与社员之间的互相赊销,如在一个农业生产周期内,农民合作社和社员之间的经济行为均采用赊销的方式进行记账,一般不计利息,生产周期结束后再进行清算。

商业信用合作中商业信息的构成,是以社员与农民合作社之间的业务往来、物质流为基础的,商业信用行为是嵌入社员与合作社的经济交易中的,有着更为清晰的信息流和物质流,并将其叠加到资金流中。在这一过程中,资金的运用途径、资金的额度、资金使用是否合理,以及还款资金的来源、还款时间等信息有着更为透明的获取机制,并且这些信息也会很快反馈到双方的交易、交换和结算过程,在整个交换和结算过程中,信用合作的信息成本趋于更低,道德风险也降到最低。在整个商业信用合作过程中,金融风险主要是生产经营风险的出现。这种类型的信用合作风险低,可持续性较强,并且商业信用合作是伴随着农民合作社的设立自发产生的,农民合作社在经营过程中采取的"五统一”“六统一”等管理机制，就是商业信用合作的闭环运作，农民合作社统一对外和统一对内，这个过程中也是合作社与社员在生产资料、农产品等方面相互交易的过程。从农民合作社的本性出发，抱团发展及扶持弱小者的本质使得合作社开展商业信用合作有着天然的优势。

但是，从农业生产和小农户的弱质性角度出发，农业生产或小农户家庭经营中会面临各种各样的风险。农户作为一个独立的家庭经营者，既有生产性支出也有消费性支出，社员农户在生产中既有依托于农民合作社的生产性支出，也有独立于农民合作社生产活动之外的生产性支出。当农户有消费性支出（婚丧嫁娶）、独立于农民合作社产业之外的生产性支出，以及受外部风险冲击需要额外支出时，都会使农户家庭产生金融需求。这种金融需求一旦出现，而农户又没有相应的金融储备时，那么农户将会通过减少生产投入或消费投入的方式来应对，这对农户的生产经营和生活消费都将产生一定的影响。类似于这些类型的家庭金融需求，通过正规金融机构难以满足，货币信用合作能够更灵活地满足社员生产类资金的需求，甚至生活类资金的需求。

农民合作社内部资金互助以货币信用合作方式开展信用活动，其在信息成本方面要高于商业信用合作，并且如果货币信用合作规模更大，需要对货币信用合作的信息获取流程、资金投放流程、资金监管流程、风险防范机制等进行合理的设计，需要合作社更专业、更规范的运作资金。所以货币信用合作是比商业信用合作更高阶的信用合作方式，农民合作社在发展初期，依托合作社经营生产活动较多地开展商业信用合作，当农民合作社和社员需求进一步发展时，货币信用合作也将逐步开展起来。

合作社内部资金互助的功能是合作金融本质的体现。当下，农民合作社内部资金互助组织是基于农民合作社发展到一定程度而出现的，并且是以农村资金互助社为模板，已经由农民合作社商业信用合作进入货币信用合作发展时期，农民合作社在规范运营的基础上，商业信用合作已经比较完善，农民合作社社员更多的是对货币信用合作的需求。从实践上看，合作社内部资金互助的功能定位更多地是合作社社员在发展生产、扩大生产方面对资金的需求，是合作社社员内部闲余资金的调剂。与其他类型的合作金融组织相比，合作社内部资金互助有两个典型的特点：一是在组织形态上，合作社内部资金互助依附于农民合作社，是农民合作社内部的一种功能或组织，没有单独的资金互助社组织；二是在服务范围上，仅限于农民合作社社员，一般是依托农民合作社从事的产业，为入股的社员生产服务提供资金帮助。从其本质上来看，农民合作社内部资金互助是合作社服务功能的拓展和延展，由原来的生产、供销、技术、流通服务等，拓展到为社员提供信用服务，解决社员在生产中的资金短缺问题。因此，本章节所指的农民合作社内部资金互助的功能主要是以货币融通为手段的信用合作。

6.3 农民合作社内部资金互助的发展状况

近年来，随着农村改革和农业现代化进程的加快，以及国家对农村地区金融市场的放宽，我国农村金融体系不断完善和发展，除了政策性银行、商业银行、农信社等金融机构以外，村镇银行、小额贷款公司、农村资金互助社也成为农村金融体系的补充。鉴于农村资金互助社的发展出现停滞及国家对农民合作社开展信用合作工作的支持，合作社内部开展资金互助也实现了较大的发展。

6.3.1 国家层面对农民合作社内部资金互助的支持及发展状况

诸多学者一直呼吁将合作社信用合作纳入法律法规，从顶层设计上支持合作金融的发展，但是2017年新修订的《中华人民共和国农民专业合作社法》依然没有将资金互助纳入农民合作社的业务范围。尽管国家并没将合作社发展信用合作纳入法律法规中，但是在支持政策方面一直有所体现。2008年，党的十七届三中全会通过的《中共中央关于推进农村改革发展若干重大问题的决定中提出“允许有条件的农民专业合作社开展信用合作”。这是我国首次在中央文件中提出农民合作社开展信用。随后，2009年中央一号文件中也明确提出“抓紧出台农民专业合作社开展信用合作试点的具体办法”。此后，为推进合作社开展信用合作业务，国家在近年的中央一号文件及其他惠农政策中对合作社开展信用合作给予了多次的指导和鼓励。截至2021年的中央一号文件关于合作社开展信用合作的政策见表6-1。

表6-1 历年中央一号文件关于合作社开展信用合作的相关政策

年份	政策内容
2009年	抓紧出台农民专业合作社开展信用合作试点的具体办法
2010年	各级政府扶持的贷款担保公司要把农民专业合作社纳入服务范围，支持有条件的合作社兴办农村资金互助社
2012年	有序发展农村资金互助组织，引导农民专业合作社规范开展信用合作
2013年	在信用评定基础上对示范社开展联合授信，有条件的地方予以贷款贴息，规范合作社开展信用合作

续表 6-1

年份	政策内容
2014 年	在管理民主、运行规范、带动力强的农民合作社和供销合作社基础上，培育发展农村合作金融，不断丰富农村地区金融机构类型。坚持社员制、封闭性原则，在不对外吸储放贷、不支付固定回报的前提下，推动社区性农村资金互助组织发展。完善地方农村金融管理体制，明确地方政府对新型农村合作金融监管职责，鼓励地方建立风险补偿基金，有效防范金融风险。适时制定农村合作金融发展管理办法
2015 年	积极探索新型农村合作金融发展的有效途径，稳妥开展农民合作社内部资金互助试点，落实地方政府监管责任
2016 年	扩大在农民合作社内部开展信用合作试点的范围，健全风险防范化解机制，落实地方政府监管责任
2017 年	开展农民合作社内部信用合作试点，鼓励发展农业互助保险
2021 年	明确地方政府监管和风险处置责任，稳妥规范开展农民合作社内部信用合作试点

从历年中央一号文件对合作社开展信用合作的政策可以看出，国家层面对合作社开展信用合作也给予了足够的重视。尽管 2012 年之后农村资金互助社被叫停，但是中央对合作社及其内部开展信用合作的尝试一直没有停止。特别是 2014 年的中央一号文件不再局限于合作社信用合作，将开展信用合作的主体扩展至供销合作社，对信用合作开展的领办主体、风险监管、业务范围、制度建设等方面给予了明确。2015 年以后，中央一号文件对农民合作社信用合作的范围进一步明确，将其称为“农民合作社内部信用合作”，即信用合作是作为农民合作社内部提供的一项服务或功能，合作社内部信用合作的服务对象是社员、服务范围是合作社内部，由“生产经营合作”扩展至“生产经营合作+信用合作”。2015 年中央一号文件中关于合作社内部开展信用合作，还有一个比较明显的转变，即将以前的“面上引导”变为“试点探索”；2015 年以后，再由“试点探索”变为“扩大试点范围”直至“规范开展试点”，在发展路径上也沿用了农民合作社的发展轨迹，先数量然后数量和质量并举。

除了中央一号文件，国家出台的其他政策中对合作社内部资金互助也给予了积极的支持。2015 年 11 月中共中央办公厅、国务院办公厅印发的《深化农村改革综合性实施方案》在对 2014 年中央一号文件中关于合作社内部资金互助的原则进一步明确的基础上，强调了“以具备条件的农民合作社为依托，稳妥开展农民合作社内部资金互助试点”。2016 年发布的《国民经济和社会发展第十三个五年规划纲要》中提出“稳妥开展农民合作社内部资金互助试点”。

此外，金融监管部门、农业农村部门等，对农民合作社内部资金互助也有相应的支持政策。如 2014 年，农业部会同银监会下发《关于引导农民合作社规范有序开展信用合作的通知》，旨在进一步推动合作社内部资金互助的监管及监管责任落实情况。2018 年，农业农村部实施农民专业合作社质量提升整县推进试点工作，共确定了 8 个省 30 个县开展试点工作。在试点工作中，要求“选择产业基础牢、带动能力强、信用记录好的合作社开展内部信用合作，探索满足小农户发展产业融资需求的有效途径”。

由上可知，国家层面对农民合作社内部资金互助的开展是支持的，在工作安排上具有连续性、渐进性的特征，始终重视农民合作社内部资金互助的开展，又针对该项工作有较为明确的指示并根据实践和试点工作的开展有一些阶段性的工作调整，对支持农民合作社的发展和农村金融的改革起到了较大的推动作用。由表 6-2 可以看出，2018 年之前，农民合作社内部资金互助的总数及占农民合作社总数的比例都呈明显的上升趋势；社员入股资金总额与使用互助资金总额的比例也由 2015 年的 1.6：1 上升到了 2018 年的 2.4：1，说明随着农业农村的发展，社员的货币收入增长明显，有更多的闲余资金可供调剂；历年成员使用互助资金的平均额度除了 2017 年达到了 1 万元，其他年份均低于 1 万元，按照平均数量看来，社员户使用互助资金的情况依然是小额信贷为主。2017 年，农民合作社内部资金互助成员入股互助金总额达到了最大值，其中平均每个参与合作社内部资金互助的社员入股 2.3 万元，使用互助资金 1 万元。2019 年，由于统计标准的变化或者其他方面的因素，农民合作社内部资金互助各方面数据出现大幅度下滑，开展内部信用合作的合作社个数比 2018 年减少 54.2%。

表 6-2 历年农民合作社内部资金互助发展情况

年份	合作社总数（个）	开展内部信用合作的合作社（个）	占总比（%）	涉及合作社成员数（个）	成员入股互助资金（万元）	成员使用互助资金总额（万元）
2015 年	1 336 089	61 698	4.62%	946 368	1 338 153.4	835 604.8
2016 年	1 562 671	68 686	4.40%	925 909	1 770 972.6	798 286.7
2017 年	1 763 595	89 589	5.08%	803 968	1 856 664	812 348
2018 年	1 891 933	98 535	5.21%	740 531	1 574 833	654 653.4
2019 年	1 935 273	45 091	2.33%	577 904	862 070.3	545 198.4

资料来源：《中国农村合作经济统计年报（2019 年）》、历年《中国农村经营管理统计年报》。

注：2019 年之前，“开展内部信用合作社的合作社数量”是指农民专业合作社成员内部开展资金互助服务的合作社数量；2019 年该项指标是指按照“成员制、封闭型”原则，在成员内部开展信用合作业务的农民合作社数量。

6.3.2　地方层面对农民合作社内部资金互助的支持及发展状况

农民合作社内部资金互助是伴随着农民合作社的发展而发展起来的，早在2007年国家开始放宽农村地区金融门槛、支持合作金融发展之时，农民合作社内部资金互助已经开始发展作为社员之间资金调剂的一种方式。之后，随着农民合作社的飞速发展及农村金融改革的需要，农民合作社内部资金互助作为合作金融的一种模式，也得到了国家层面的鼓励和支持，一方面是国家在地方开展合作社内部资金互助试点业务，另一方面是一些没有试点任务的地方政府对农民合作社开展资金互助也给予了一定的重视，农民合作社内部资金互助在数量上实现了较大的发展，在实践模式上也出现多元化的发展。

在实践中，农民合作社内部资金互助的发展主要是两种情况。一是中央层面推动的试点改革。主要是2014年开始，农业农村部门会同金融监管部门在山东全省，河北玉田、安徽金寨以及湖南沅陵等“一省三县”开展合作社信用合作试点工作。二是地方政府主动推进的创新与发展，如四川省、江西省、北京市等地区。其中四川省为引导规范农村资金互助合作组织的发展，在2016年印发了《四川省试点农村资金互助合作组织监督管理暂行办法（2016年修订）》，保护合作社社员和农村资金互助合作组织的合法权益，其所指的农村资金互助合作组织是农民专业合作社及其成员自愿发起的，在合作社社员范围内开展资金服务的组织。江西省、北京市在2020年及2021年颁布的地方金融监督管理条例中，将开展信用互助的农民专业合作社纳入地方金融监管中，对合作社开展信用合作进行监管，推动合作社内部资金互助的规范发展。随着乡村振兴等一系列“三农”利好政策的落地，农村新型合作金融发展的外部环境得到优化，保证了农村新型合作金融良好的发展环境和可持续发展的动力，在地方政府的支持和鼓励下，合作社内部资金互助获得了较好的发展，并且探索形成了一些可复制、可推广的经验，为金融助力“三农”开辟了新渠道。如图6-4所示，根据农业农村部的统计显示，2019年全国有45 091家农民合作社开展内部资金互助，其中湖北数量最多，为10 312家，占总数的22.9%，湖南、江西、贵州和甘肃排名2～5位，统计数据显示还有天津、上海、重庆等地合作社内部资金互助的数量为零。但是根据笔者的实地调研，有些地方农民合作社内部资金互助的数量要远高于统计数据，合作社内部资金没有正式身份认可，甚至被认为是非法融资，合作社负责人会将开展信用合作的实际情况隐瞒。

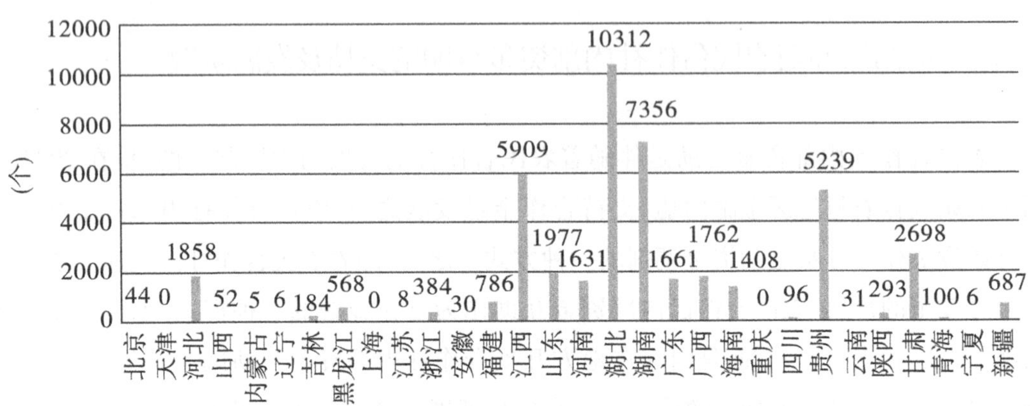

图 6-4 2019 年各地区合作社内部资金互助发展情况

资料来源:《中国农村合作经济统计年报(2019 年)》。

山东省于 2014 年向国务院提交了农村新型合作金融改革试点工作方案,获批之后成为全国唯一的农村新型合作金融改革试点省份,试点的主要内容是在农民专业合作社内部开展信用互助业务。山东省开展农民专业合作社信用互助业务试点是以服务合作社生产流通为目的,解决社员在发展生产中的资金短缺问题。在获批农村新型合作金融试点后,山东省又推出了多项引导、规范农民合作社开展资金互助的管理办法,如《山东省农民专业合作社信用互助业务试点监管细则》《山东省农民专业合作社信用互助业务试点管理暂行办法》等。山东省农民合作社信用互助在运作时严格按照合作制的原则,由省地方金融监管局向申请开展信用互助业务试点农民合作社颁发"农民专业合作社信用互助业务资格认定书"。社员不在合作社存款,可交纳股金,可承诺参与信用互助,社员借款时,合作社向合作托管银行发出指令,托管银行根据指令归集资金,并分配资金至贷款社员。也就是说,不设"资金池",并把资金交银行托管,这是"山东版"农村合作金融的最大特点,可有效避免触碰非法集资等政策红线。此外,在资金用途方面,属于短频快,期限一般不超过 1 年,主要用于支持生产经营,但是允许在满足生产性消费后将互助资金用于消费类资金需求。

截至 2020 年年底,山东省共有 210 家农民专业合作社开展信用互助业务试点,较年初减少 84 家,参与社员(包括法人社员)1.76 万人,互助资金余额 6171.98 万元。试点以来,截至 2020 年年底,山东省累计发生信用互助业务 10 026 笔,累计互助金额 38 566.71 万元,互助金余额 6171.98 万元。自 2015 年试点以来,试点业务逐步壮大,在 2018 年年底获得试点资格的农民合作社和社员数量达到了最大值,试点数量为 460 个,参与的社员数量达到了 3.2 万个,见图 6-5。2019 年开始,为提高试点质量,山东加大试点的规范发展引导，对一些因自身原因信用互助业务不活跃的、继续开展试点意愿不强的，在其主动申请下允许试点退出。

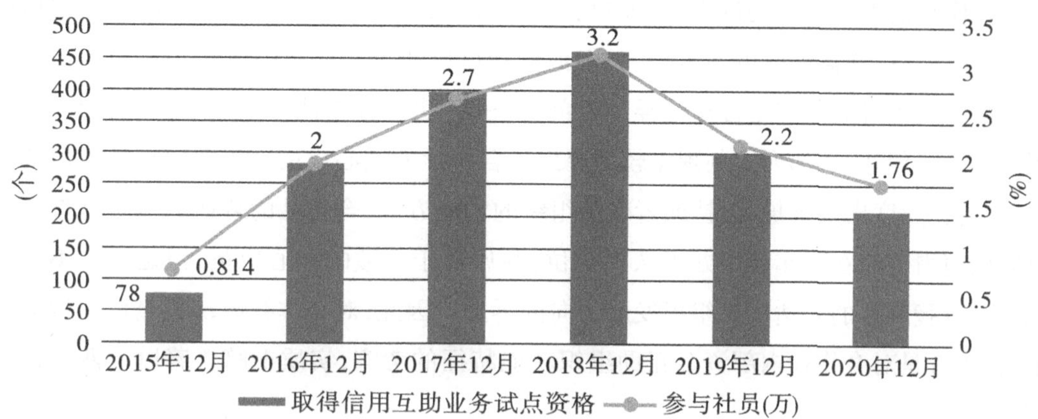

图 6-5 历年山东农民合作社信用互助业务试点及参与社员情况

资料来源：山东省地方金融监管局网站整理。

6.4 合作社内部资金互助组织的制度分析

农民合作社发展过程中融资难的原因可以从资金的供给和需求两个方面进行解释。从资金的供给来看，囿于商业性金融机构的退出，农村金融机构数量上难以满足农村金融市场需求，而且现有的金融机构在配套政策尚未完善之前也不会轻易给农民专业合作社贷款。农业银行、农村信用社、邮政储蓄包括新兴的村镇银行等，在贷款上均有着严格的抵押担保要求，对合作社的信用等级考核系统几近于无，并且就合作社目前的发展情况来说，包含诸多的不确定因素，使得真正给农民专业合作社贷款的金融机构寥寥无几。对资金需求的主体农民专业合作社及农民来说，自身也有着较多的障碍。首先，农业生产本身所具有的诸多风险，贷款时间的灵活性、生产经营的风险性等，使得合作社和农户贷款的微利性和风险性与商业银行的逐利性和低风险性相抵触；其次，我国农民专业合作社规模小，符合金融机构贷款条件的可以用于抵押的固定资产少，仅有的土地抵押又面临着法律的约束；再次，合作社融资供应链中缺乏担保环节，没有担保公司愿意为高风险和低收益的合作社进行担保，国家也没有建立起相应的融资担保机制；最后，农民合作社发展很不规范，特别是财务记录大多不完整，这使得金融机构很难对其进行信用评估，从而阻碍了金融机构对其进行授信和贷款。

我国农民专业合作社的发展动力在于以增进成员自我福利为目标,将不同要素所有者以共赢利益为纽带联合起来,结成利益的"共赢联盟"组织。也就是说,客观上在农民专业合作社的组建和发展过程中,大户、一般农户、经纪人、龙头企业及其他参与主体的资源禀赋不一,利益偏好也不尽相同,但他们却可以通过合作社的组织平台与内部治理走到一起。不可避免的是合作社异质性问题突出,使得合作社在产权、治理结构上发生程度不一的偏移,内部人控制现象较为突出。合作社的核心成员出于实现自我价值的思想,从自我角度出发维护、保持或者变革组织的发展方向;合作社的普通成员所掌握资源有限性使得他们在合作社中处于从属地位,并屈从于少数的核心成员,但是也并不妨碍他们对自我利益的表达和对组织发展方向的诉求。因此,对合作社内部资金使用取向的考察,或者是对合作社内部资金互助组织功能特征的考察,实质上暗含着以下两个假设前提。

其一,满足合作社成员的融资问题。合作社内部资金互助首先要满足的是农村资金需求主体的信贷需求。已经有较多的实践表明,在我国农村地区,特别是广大中西部地区,尽管农户和农村小微企业有着较强的融资需求,但是大多来自非正规金融部门,真正来自正规金融机构的金融供给十分有限(何广文,1999;郭晓鸣,2005;熊学萍、阮红新等,2007)。正规金融部门的供给不足,给民间金融的自主创新留下诸多余地,催生了非正规金融制度的创新。一方面是我国农民专业合作社的迅速发展,为农户和农村小微企业开展信用合作提供了一个良好的载体;另一方面是国家有关政策的支持,如 2008 年 10 月,党的十七届三中全会审议通过的《中共中央关于推进农村改革发展若干重大问题的决定》首次明确提出"允许有条件的农民专业合作社开展信用合作"。各种有利因素使得农户和农村小微企业以合作社为母体开展信用合作,用互助合作的方式满足信贷需求成为一种很好的选择。

其二,资金互助组织的出现是为了弥补合作社发展的短板问题,支持合作社的发展。我国农民专业合作社在发展过程中也面临着严重的信贷约束。在我国合作社发展的指导思想中,一直认为合作社是劳动的合作。这种指导思想在《农民专业合作社法》中得到了贯彻。在实践中,绝大多数合作社只有单纯的劳动合作,没有资本的介入。合作社通过政府支持或信贷方式获取资金十分困难,资本筹措渠道狭窄。大部分合作社没有多少固定资产,也就没有多少合格的抵押品,难以获得正规金融机构的贷款,没有打通进入金融领域的通道,在缺乏资本利用渠道的情况下,进一步发展举步维艰,更难在激烈的市场竞争中发展壮大。因此,在难以取得正规金融机构资金的情况下,在政策允许范围内,吸收社员股金依靠内源式的融资发展壮大亦是首选。

总之,合作社内部开展资金互助,一方面就合作社本身而言,是合作社内部功能重构和弥补外部环境对自己的影响而进行的组织认定的演变，或者是增强合作社的自我发展能力和提高在市场中的竞争能力；另一方面就成员而言，更多的是满足自身需求，体现的是农户之间的互助合作精神。可见，合作社内部资金互助的组织功能特征主要体现在两个方面：一方面是合作社需要维系合作社内部的正常运作，协调成员之间的行为，便于成员融资；另一方面是合作社适应外部环境的变化，为增强内生增长动力和在市场中的竞争力而对合作社的功能进行重新定位或调整。

合作社内部资金互助是在合作社内部开展资金互助服务，就现阶段的发展来说是农民合作社服务内容的一种拓展，与生产合作、销售合作一样都是农民合作社的一种合作形式，其成员、资金的投放和服务对象都严格限制在农民合作社内部，实行封闭管理和运行。目前，我国各地出现了较多形式的农民合作社内部资金互助，运行模式也不一。笔者自2010年开始关注农村新型合作金融组织后，十多年的时间曾到陕西、北京、天津、河南、湖北、浙江、山东等地调研农民合作社内部资金互助情况。在此，由于数据的可得性和调研地区的可选性，笔者仅以陕西临渭区的农民合作社内部资金互助为例，结合已有的理论研究对这种合作社内部资金组织的组织特征进行解析。选取临渭区9家合作社内部资金互助的样本资料进行分析，在分析过程中穿插近年来山东省开展的农民专业合作社信用互助业务进行比对，主要在于临渭区合作社内部资金互助的发展是自发形成的，而山东省则是在政府部门的推动下发展的。

需要说明的是，陕西省推动的合作社内部资金互助基本上有着同样的组织框架，之所以选择临渭区，是因为临渭区合作社内部资金互助业务是自发形成的，发展较早、较为规范，是在农业农村部门的监督下发展的，与通行的合作金融发展有着类似的路径。渭南市在历史上就属于货币经济较发达地区，民间融资发达，曾是全国金融“三乱”重灾区，地下钱庄、高利贷之类的融资组织和方式不胜枚举，也是原农村合作基金会的重灾区，在1997年高峰时期各类金融组织达到447家，共有存款化股金29.27亿元，这也使得农民合作社开展信用合作有一定的历史基础。

也正因为如此，地方政府部门对于合作内部资金互助的发展慎之又慎，对合作社内部资金互助进行了较为严格的监管。笔者调研和整理资料的过程中，共收集了临渭区农民合作社内部资金互助9家，具体如下表6-3。

表 6-3 开展内部资金互助的农民合作社情况

农民合作社名称	主营业务
渭南诚意小麦种植农民专业合作社	小麦种植、销售
渭南农信小麦种植农民专业合作社	小麦种植、销售及农机服务
渭南长寿塬果业种植农民专业合作社	苹果、猕猴桃种植和销售
渭南互惠棉花种植农民合作社	棉花种植
临渭区孝义圣汇花生农民专业合作社	花生的加工、储藏、销售及新品种推广
渭南金汇养牛农民专业合作社	秦川牛养殖销售及技术服务
渭南民乐酥梨种植农民专业合作社	酥梨的种植销售
临渭区兴旺秦川牛专业合作社	秦川牛养殖销售及技术服务
临渭区永昌农副产品农民专业合作社	种植业、设施农业设备生产

作为合作社功能的拓展,农民合作社内部资金互助一般采取封闭式运作。参与互助合作的资金主要来源于合作社社员的股金或入资,除国家和政府扶持以及社会捐赠的资金外,不接受农民合作社外部的出资或入股,也不向外借贷。即便是合作社内部,也只有出资入股参加资金互助合作的合作社成员才能获得贷款的权利。农民合作社与农民的信用往来是建立在双方利益一致的基础上的信用活动。它既是合作经济活动的起点,也是农民合作社服务于农民的一个环节。应该说,资金互助部作为合作社内部的一个功能部门,隶属于合作社,与东亚式的综合性信贷合作社有着类似之处,尽管内部管理框架中有着诸多不规范之处,但是资金互助部致力于解决社员资金短缺问题,提高农民合作社的竞争力、增强农户的增收能力,合作社无疑可以被视为综合性信贷合作社的雏形,而资金互助部也可以看成是合作金融的雏形。

临渭区开展的合作社内部资金互助业务,是在农民合作社内部设立一个资金互助部,专门负责资金互助的运行,以下也将合作社内部资金互助称为"资金互助部"。山东省推进的新信用互助社业务试点在组织设置上与临渭区有着相似支持,要求申请开展试点的农民合作社单独设立新用户在业务部,以及配备具有相应能力的管理人员。

6.4.1 产权制度安排

产权作为制度安排中的核心部分,是其他制度安排的基础。德姆塞茨认为,产权指的是自己或者他人受损或者受益的权利。产权是由于物的存在和使用而引起的主体之间被认可的行为关系，产权的分配格局框定了行为主体与物相关的行为规范。在经济学中对稀缺资源产权的研究其实质是对使用这些资源权利的安排。一般认为，完备的产权是以复数的形式出现的，它包括使用权、收益权和转让权等；产权也是可以分解的，包括使用权、收益权和转让权之间的分解，产权的分解性可以视为同一种资源满足不同主体的需求。产权具有资源配置、降低交易费用和激励等功能，而这些功能总是通过一定的产权安排来实现的。不同的产权安排决定和影响着组织的运行效率，也影响着资源配置。

合作金融组织最初的产权认定来自成员的出资，从动态的角度来看，合作金融组织成立以后产权结构由于权利的重组和产权安排的变迁也会发生一定的变化。合作金融组织的产权制度由法人产权和成员产权两部分组成，其中合作金融组织的登记注册情况属于外部法人产权，而资本结构、股份集中度、股份结构、成员资格、盈余返还等方面构成组织的内部产权。

6.4.1.1　成员资格

合作社内部资金互助在理论上存在“进入自愿、退出自由”的原则，但是这仅仅是对合作社成员来说，并且成员在加入合作社内部资金互助组织的时候，必须以货币出资入股，实物、贷款或其他方式入股是不允许的，这是区别于其他合作经济组织的特征。合作社内部成员之间金融活动的目的，是为全体合作社成员提供各种资金和信用服务。这一目的决定了合作社信用活动的服务对象只能是合作社的成员，并且这些成员加入了合作金融组织。对于合作社以外的农户来说存在“特殊身份”的限制，但是，面对便利的资金融通途径，非合作社成员也希望能够加入进来。在实践中，也会出现这样的情况，往往非合作社成员先加入合作社，再加入资金互助部。渭南农信小麦种植农民专业合作社在《借款须知》中规定：①合作社资金融通必须在合作社成员之间进行，即借款人必须是本合作社的社员；②非合作社成员需要从本合作社借款的，必须先办理入社手续。

其实，这里的关键问题不在于成员加入资金互助部的条件，而是成员能够取得什么样的资格，以什么样的身份出现于资金互助部中，这是至关重要的：一是成员是资金互助部的使用者、控制者和所有者当中的哪一种角色，或者是哪几种角色的综合体；二是这几种角色（身份）能否满足农户对自身利益的诉求。

在目前我国合作金融发展实践中，农户加入合作金融组织的目的不尽相同。第一类成员，以需要较大量资金的资本股入股方式，成为资本服务的提供者和接受资本服务的对象，通过组织运行实现资金融通，满足自己资金短缺的需求，他们往往也是农民合作社和合作金融组织的发起人，在组织运营中往往以既是所有者，又是经营者的双重身份出现。第二类成员，以需要少量资金的资格股入股方式取得会员身份，主要以利用合作社的资金服务为主要目的，以便于融资解决自己资金短缺问题。第三种类型的成员，他们只提供资本，不利用服务，参加资金互助的目的大多源于合作金融组织的较高的分红，从而取得一定的报酬，至于其他方面并不是他们所关心的。这三种类型的组织成员参加合作社内部资金互助的动机不一，也给合作社内部资金互助规范化发展带来一定困难。就第一类成员而言，作为发起人有可能将合作金融组织作为一种工具，这种工具可能是为了满足农民合作社增强自身实力，满足大额资金信贷需求；或者是作为一种盈利工具，出现将地下金融地上化的现象，对于这种现象要坚决给予规范治理，规范的关键在于抑制其可能导致合作金融组织的“变异”的利益冲动，这就需要有关部门的监管以及制度上的约束。就第三类成员来说，应该允许这些社员的存在，目前，农村的发展仍需大量的资金，之所以要实现联合就是要将社会闲散资金聚集起来帮助资金短缺者，若没有较高的资本报酬也不会吸引这些闲散资金的；规范的关键就在于处理好这类成员的管理权限和利益分配问题，防止把加入合作社内部资金互助看作是一种纯粹的资产增值方式并加以利用，给合作金融的长期发展带来负面影响。

作为自发形成的合作社内部资金互助在成员资格方面并没有太多的严格要求，但是山东省开展的试点中要求吸收或发放资金需要“成员加入农民专业合作社 1 年以上”，对成员的户口所在地或经常居住地进行了限制，并且在原则上要求成员的入社时间以在市场监督管理部门的备案时间为依据。

一般说来，退出亦是一种选择权利，而且是一种最终控制权。在一定程度上，资金互助部的退出机制和农民合作社是一样的，可以自由退出，但是，作为社(成)员在退出资金互助部的时候需要偿还其在资金互助部的借款。不过，在现实中，往往是没有成员愿意主动退出资金互助部，特别是对于普通成员来说，即便是不存在信贷需求，他们也会将其视为自己的金融组织以期获取额外收益。

6.4.1.2 股金构成

以资本为纽带的合作金融组织的社员必须以资金的形式入股加入。社员资金互助入股问题的关键：一是资金互助部的股份怎么样设置，二是应该在多大程度上接受社员的异质性。与之相对应的就是资金互助部依托的农民合作社的产权构成如何，以及农民合作社社员异质性，以及合作社的股份设置、股权结构。一方面，在我国农民合作社的发展中，存在相当数量的农民合作社在吸收社员时不用交纳股金，由此可将社员划分为股东社员和非股东社员，其中也有社员仅交纳少量的费用加入合作社，获取最基本的成员资格(使用者或顾客)，临渭区的合作社发展状况即是如此。另一方面，在农民合作社的发展过程中，农民合作社社员异质性情况日益突出，精英治理在我国农民合作社的内部治理中又扮演着重要角色，合作社内部资金互助资金使用的控制权、使用权及剩余索取权等亦受精英治理的影响。因此，合作社内部资金互助资金使用的群体会进一步缩小，且在组建和运作中会受到农民合作社内部治理的影响。

临渭区的农民合作社在组建初期一般是仅有少数核心社员出资入股，在合作社成立资金互助部时，这些核心社员当初入股资金转入资金互助部成为基础股，以及通过扩股的形式追加核心社员在资金互助部的股份份额；一般社员则以流动股（临渭区通行的做法是1000元为一股）的方式入股资金互助部，取得资金融通的资格。基础股一方面作为资金互助部的铺底资金进行组织初期的资金融通，并承担资金互助部的金融运作风险；另一方面作为核心成员对剩余索取的依据，这些基础股的拥有者一般是农民合作社的管理人员（合作社的基本框架可见图6-6，以渭南农信小麦种植农民专业合作社为例）；流动股是社员获得资金融通身份的凭证，社员以流动股作为担保可以取得资金互助部信贷支持，流动股仅是社（会）员取得融资权利条件。资金来源方面，在所调研的合作社中，除临渭区兴旺秦川牛专业合作社等少数规模较大的合作社以存款担保的方式从商业银行获得资金以及少量的政府支持资金外，并没有社员出资以外的其他的资金来源途径。资金互助部的资金来源见图6-7。

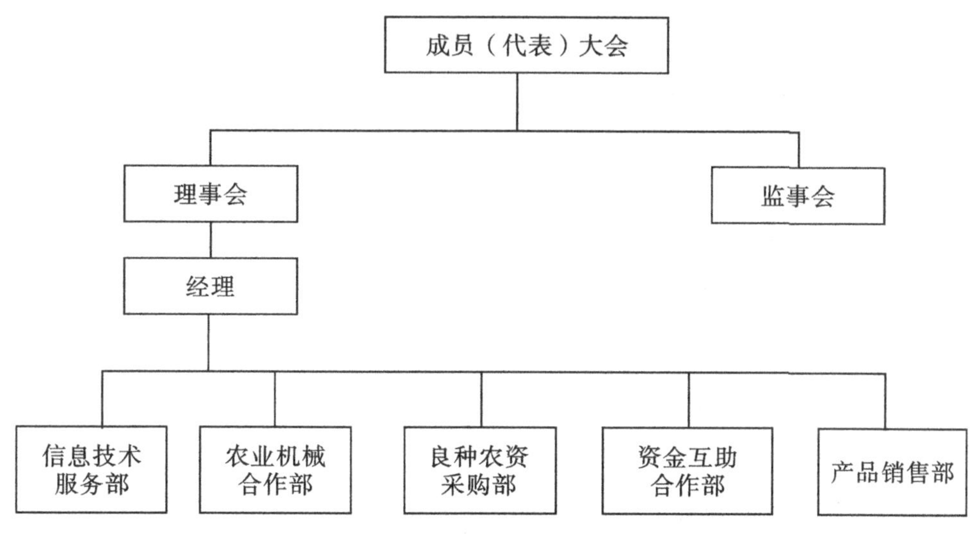

图6-6　渭南农信小麦种植农民合作社组织架构示意图

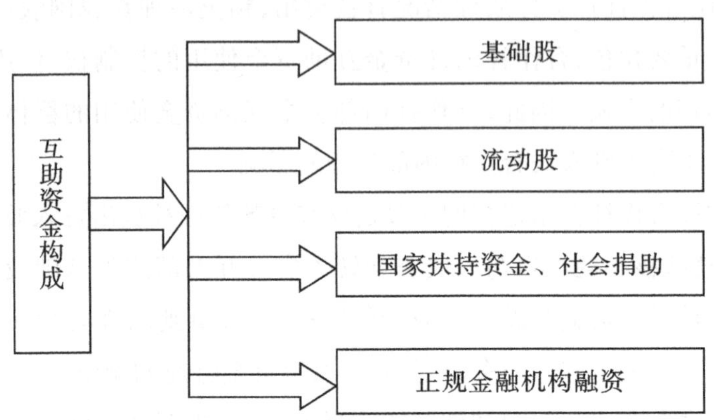

图6-7 临渭区农民合作社内部资金互助组织的互助资金构成

而山东开展的信用互助业务试点中,其互助资金来源是符合条件的社员资金和农民合作社自有资金,除此之外,包括资本公积、盈余公积、未分配盈余、专项基金等,需要经过社员大会同意后才能作为互助资金使用。对于临渭区这些自发产生的合作社内部资金互助来说,由于其发展初期缺乏规范性的指导,其股金的设置与正规农村合作金融组织的要求有较大的偏差,但从另外一个视角考虑,农民合作社内部资金互助框架内的股金设置为民间金融提供了一种正规化的途径,以互助合作方式在政策许可的框架内以灵活的股金设置形式引导民间资本的有序融通。民间融资作为农村资金需求者进行资金融通的一种主要途径,长期以来,尽管对缓解农村资金需求者融资难发挥了巨大作用,但一直未能阳光化。而在一些民间金融发达和活跃的地区,民间金融总会以制度创新的形式或者依附于已有的载体不断发展,如在渭南地区以及江浙地区的合作社内部资金互助等。早期的农村金融新政策提出"有条件的合作社发展内部资金互助",这为民间资本阳光化提供了机遇,也为这些最贴近农户、最贴近需求的金融机构提供了正规化发展、阳光化经营的机会,以免一些非法金融组织扰乱正常金融秩序。

6.4.1.3 资本结构

合作金融组织作为一种合作经济组织,从社员在组织中的角色来看,与商业金融组织的区别在于,它是一种使用者拥有和控制,并根据使用情况进行分配的组织形式。合作经济组织与合伙企业、独资企业、股份有限公司及有限责任公司在其所有权、控制权和利益分配上有其独特性。合作经济组织在归属上由使用者—所有者拥有,在管理上由使用者—控制者(民主)控制,其利益由使用者—惠顾者按照使用情况进行分配。然而,国际合作金融组织的演变,以及我国农业农村发展的现状,特别是农户之间的严重分化,使得社员之间的异质性大大增强,也使得成员资格和角色发生紊乱和剥离,不再是多种角色的重合，而是不同类型和不同需求的社员根据自己的需要加入合作金融组织，并以一种或多种角色出现在合作金融组织中。

根据合作制内涵，合作金融组织的产权应该归出资人（社员）所有，社员享有剩余控制权和剩余索取权。然而实质上临渭区一部分加入资金互助部的会员（普通会员）自动放弃了这些权利，加入资金互助部的农户多是为了满足融资需求，使得剩余控制权和剩余索取权掌握在一部分核心会员手中。临渭区的资金互助部在实践中，在表面上由于股金设置的不同，以及资金互助部隶属于合作社内部的原因，使得合作金融组织内部成员的角色和资格发生严重分离。实质上，出于不同的偏好和对资源控制能力的差异，不同的社员所扮演的角色及其最终利益所得是有差别的。拥有基础股的核心社员，他们所扮演的角色既是使用者、所有者也是控制者，而交纳流动股的一般社员更多地是体现了使用者的身份。在很大程度上，农民合作社内部资金互助组织沿承了我国农民合作社发展中的“精英治理”特征，特别是所调研的资金互助组织核心社员所拥有的基础股占据60%以上，最高甚至达到80%，在渭南互惠棉花种植农民合作社资金互助组织中出资前五位社员股金之和的占比就达到了40%，股金集中度较高。核心社员有着远多于一般社员的货币资本和远高于一般社员的综合能力，他们是合作社及资金互助部制度的设计者和实际控制者，无论是在初始的产权设计和制度构建还是在组织内部的日常管理中，均处于主导地位。对于合作社内部资金互助部的运作，这些核心社员有着互助合作“扶弱”的意念，但是也有取得更多分红收入所得的倾向。

根据对渭南地区的调研可以知道：第一，大部分的资金互助部成员规模大，不仅仅是因为资金互助组织的建立有着广泛的需求基础，同时，资金互助部作为一个金融组织，正常运转亦需要有一定的规模。如兴旺秦川牛专业合作社资金互助成员达到1000人以上，圣汇花生农民专业合作社资金互助成员为576人，农信小麦种植农民专业合作社和金汇养牛农民专业合作社资金互助规模也在400人以上。但是更应该考虑合作社成立之后资金互助部成立之前合作社的人员规模，不排除社员为融资方便，在合作社成立资金互助部以后才加入合作社进而加入资金互助部的。更突出的问题在于，农户以入股股金为名义存款化现象严重。有些合作社内部资金互助并没有像渭南农信小麦种植农民专业合作社一样有关于加入资金互助部严格的规定。一些合作社在实际操作过程中，部分不是合作社社员的农户仅仅是交纳流动股就可以成为资金互助部的会员取得贷款资格，也就是变相地将原来闲散的资金或者存入银行的资金以入股的形式加入资金互助部，使得资金互助部成员无限扩大成为跨乡甚至跨县的一个组织，这也使得合作社内部成员管理混乱，运作存在较大的风险。如金汇养牛农民专业合作社社员为328个，而资金互助部成员竟然为425个；更严重的是在我们的调研中存在着既不是合作社社员，也不是资金互助部成员的农户以入股的方式将自有资金存入资金互助部。

渭南地区的农民合作社内部资金互助代表着这类合作金融发展的初期形态，对于资金互助的规模、地域范围没有严格规定，与合作金融的本质属性有偏差。山东省在开展信用互助社业务试点时，按照农村资金互助社的设立原则，并进行了扩展。在地域经营范围上，原则上不得超出乡（镇）的范围，经监管部门同意后可扩大至相邻乡（镇），但是严格控制在县域范围内。在资金规模上，信用互助业务试点的互助金额是按照以需定缴的原则进行互助金的归集，原则上不得超过 500 万元，可以适当扩大，但是严格控制在 1000 万元以下。山东信用互助业务试点较好体现了合作金融服务村社属性。

第二，实质上，数量众多的流动股的持有者更多地是以使用者的身份出现在合作社中。而基础股的持有者是资金互助部的所有者，他们共同经营、共享收益（享有分红和领取一定的劳务保障）以及共同承担组织的经营风险，在经营管理上有点类似合伙企业的性质。基础股的持有者在一定程度上，将资金互助部作为一个营利性的机构，这也与渭南地区发达的民间融资及曾经繁盛一时的农村合作基金会有着密切关系。如渭南农信小麦种植农民专业合作社的部分经营管理者就是当年农村合作基金会的管理者。

6.4.2 治理结构

新制度经济学理论认为，经济组织中关于治理问题的要点在于，设计一种契约结构或规则，让每个构成要素的行为协调一致，使得每个追求自身利益最大化的主体得到满足时，组织中其他主体的利益也能实现，达到协调和激励的统一。企业治理的本质是一种交易内部化的制度。合作经济组织实质上是一种将农户间或者农户与外部主体交易费用内部化的治理结构，通过成员的积极参与民主管理进行控制的制度。

在这里，单单讨论农民合作社内部资金互助的治理结构是没有太大意义的，作为合作社功能上的一个扩展，其内部治理结构是合作社制度的一个衍生，服从于农民合作社治理结构的基本框架。抑或在将来资金互助业务在农民合作社中逐渐重要，甚至处于主导地位后，合作社的内部治理出现调整。但是，无论如何，它是沿着合作社既有的内部治理框架运行的。同时，其他因素对其内部治理结构的影响，比如有关政府部门的监管和介入、外部同类主体的增多使得合作经济组织之间的竞争更加激烈。如在临渭区由于同类融资机构的增加，合作社内部资金互助出现争夺社员的现象，为巩固和扩大合作社资金互助规模，渭南农信小麦种植农民专业合作社通过调整激励机制以提高自己的竞争力。在临渭区的实践中资金互助部的核算和管理一般是与农民合作社母体一起的，很少有单独分开核算和管理的。山东的信用互助试点则要求信用互助业务试点独立核算，单独体现信用互助试点的经营情况。

我国合作社在发展过程中存在着严重的“发起人”控制这一现象，即便是在合作社章程中规定“一人一票”和“按惠顾额返利”，但在合作社的实际运作中往往并非如此。当合作社拓展资金互助业务时，这一现象也会沿着合作社既有的内部治理结构轨迹延伸到资金互助组织中，也会出现“发起人”控制，或者由一些核心成员控制。其实，这种现象比单纯的生产性或者消费性合作社更容易理解。合作金融组织是以货币为媒介人的联合，首先凸显的是货币的连接功能，当资金作为合作社的一项基本要素和经营业务时，个人凭借资本要素（在这样的组织中，唯一的资源要素就是资本）在组织中的控制能力更是一览无遗，更何况我国合作社在发展中多呈现股份制（资本控制）倾向。即便是在山东的信用互助试点中也有所体现，其对法人社员的出资限额规定不得超过20%，自然人出资额最高不得超过10万元。山东的信用互助试点首先是对农民合作社有着一定的资质要求，试点的成立需要审批，这就要求农民合作社的经营具有良好的业绩，这样的农民合作社很容易出现“精英治理”情况，进而信用互助试点在运作时也会出现相应的情况。这种合作金融组织是农民主导型的，农民在契约安排中占据主导地位。然而，合作社发展中的“发起人”控制、股权高度集中现象严重，也使得这种合作金融组织出现由法人社员、生产大户、运销大户等这些农村精英进行控制，股份集中度较高，互助组织内部治理的“民主管理”出现偏离，社员的监督管理也出现弱化，即这种合作金融主旨是由大户社员或核心社员所控制，普通农户几乎享受不到“二次分配”的权利，普通社员存在被存款化和被顾客化的情况。

进一步讨论，合作社内部资金互助“发起人”控制和股权高度集中现象是否有利于合作金融组织的发展。与农民合作社相比，合作金融的管理者需要更高的综合管理素质，普通社员的综合能力较低，在民主管理、民主决策过程中也难以判断金融业务的实际操作和发展方向，甚至出于乡情、亲情等因素给出不合理的判断。在合作社内部资金互助组织成立初期，以发起人为主出现股权的高度集中和大股东绝对控制现象。一方面大股东居位于权力机构和管理层，有更多的决策权，为激励这些大股东，合作金融组织以剩余控制权和剩余索取权的让渡来换取这些大股东更积极的管理合作金融组织的发展，允许大股东拥有更多的股份、享受更多的剩余分配。另一方面，在资金互助业务发展的初期，需要更有话语权的人去掌控组织的发展方向，凭借自身的管理经验和能力能够对贷款业务更好地审核，提高贷款发放的质量，起到提高资金互助组织运营效率的目的。在实践中，“发起人”控制具有一定的合理性也得到印证，临渭区的农民合作社内部资金互助的发起一般是合作社理事长及管理人员，在山东的信用互助试点中也在一定程度上允许了股权的集中以更有利于管理效率的提高和决策。

但是,值得注意的是非正式制度对治理结构的影响。在我国农业农村发展过程中,非正式制度一直有着深刻的影响。浓厚的血缘、地缘及业缘是"乡土中国"的一个映射,在正式制度尚未形成或者不健全的情况下,资金互助组织的运作也是以此为基础和平台运作的。以亲缘关系为例,这是一种与生俱有的先赋关系,通过亲缘关系人们可以获得各种资源,以及向外递推的各种联系,使得由此而发展起来的合作组织其成员先天地就具备了劳动分工和组织管理的层次差异,同时也使得组织的治理结构与社员之间的亲缘关系交叉呼应。具体表现在,组织管理层面的任人唯亲和家族式核算,内部控制人员在处理期限短又是熟人的贷款业务时会采取口头形式订立贷款合同而后再补办手续的情况,一旦出现纠纷就会带来证据的缺乏,给资金回收带来一定的困难。在所调研的这几个合作社中广泛存在着泛家族化的特点,管理层中的同族或者姻亲关系比比皆是。

6.4.3 风险控制

作为一种金融组织,风险的防范和控制是重中之重,也是其运作和经营的成本之一。新型合作金融组织的发展除了农村资金互助社以外,以农民专业合作社为基础组建的合作金融组织经常出现内部治理结构不完善、外部监管不到位的情况,在"营利性"因素的诱导下容易发生经营风险。这需要一系列规范的制度对其进行监管和监控,一是外部监管问题,银保监会及有关部门对合作金融组织的准入和运行情况进行监管;二是合作金融组织内部监管制度的完善,以及行业的自律。农民合作社内部资金互助的风险控制实际上隐含着这样的前提条件:农民合作社内部资金互助的归口部门是谁。在没有明确有关此类的合作金融组织政策出台以前,其审批、管理和指导部门是地方金融监管局或农业农村部门;在"乡土中国"气息浓厚的氛围下,组织内部资金借贷的风险控制,由正式制度(组织内部制度章程)和非正式制度共同约束,或者非正式制度更具约束力。

首先是外部监管问题。十七届三中全会以及2009年和2010年中央一号文件提出有条件的合作社发展内部资金互助社,但是什么样的合作社才是有条件的合作社,并没有一个明确的概念。2014年以后的中央一号文件中在提及合作社内部资金互助时,基本上都会明确地方政府对农村新型合作金融监管职责,国家将合作社内部资金互助的监管责任下发至地方。金融作为一个敏感的话题,特别是临渭区曾是农村合作基金会的重灾区,又是当地重要的农业生产区域,更需要严格的监管制度。农民专业合作社的主管部门是农业行政主管部门,对于其合作社业务的发展,农业农村部门也要给予指导和管理,作为合作社业务的拓展,农业农村部门自然有着义不容辞的责任,但是地方金融监管的主体部门,更需要地方金融监管局的指导和监管。在农民合作社内部资金互助发展的初期，还没有明确地方金融监管职责时，由于农民合作社对应的是农业农村部门，所以对合作社内部资金互助进行监管的主要力量是农业农村部门，而银保监会及其他部门是辅助。随着国家对合作社内部资金互助政策的逐渐明确，各地的地方金融监管部门也逐步将合作社内部资金互助纳入其监管范围。如山东省明确了“省和社区市、县（市、区）地方金融监管部门是本辖区信用互助业务试点的监督管理部门”。2019年江苏省在调整农民资金互助合作社职责时，也将农民专业合作社内部资金互助的监督管理及风险处置作为省地方金融监管局的职责范围。

合作社内部资金互助应审慎经营，严格进行风险控制。临渭区9家合作社内部资金互助（如表6-4）是在临渭区经管站的监管下运作的，这些合作社均按相应要求，诸如在商业银行开设账户，确保资本充足率，建立了资产损失准备制度等方面进行风险控制，尽可能地向正规金融机构的风险管理框架靠拢。但是，在所调研的合作社内部资金互助样本中并没有建立起严格的资金投放限额管理制度，以及组织的破产和退出制度。按照当地经管站的设想，渭南农信小麦种植农民专业合作社、渭南长寿塬果业种植农民专业合作社、临渭区兴旺秦川牛专业合作社等这三家合作社内部资金互助，由于规模较大，管理比较规范，是将来该地区进一步推动农村新型合作金融组织发展的示范。但是，实质上这些合作社内部资金互助与规范的合作金融组织相比或者与商业金融组织相比在风险管理上还有较大差距。

表6-4　9家合作社内部资金互助风险管理情况

合作社名称	是否在商业银行开设账户	是否能确保“资本充足率”	是否实行“资产损失准备制度”	是否出现不良贷款	是否有推迟归还的贷款
渭南诚意小麦种植农民专业合作社	是	是，按比例（8%）	是	无	有，1笔
渭南农信小麦种植农民专业合作社	是	是，按比例（10%）	是	无	无
渭南长寿塬果业种植农民专业合作社	是	是，没有按比例	是	无	无
渭南互惠棉花种植农民合作社	是	是，按比例（1%）	是	有，15笔	有，35笔
临渭区孝义圣汇花生农民专业合作社	是	—	—	—	—
渭南金汇养牛农民专业合作社	是	是，按比例	是	无	有，较多

续表 6-4

合作社名称	是否在商业银行开设账户	是否能确保“资本充足率”	是否实行“资产损失准备制度”	是否出现不良贷款	是否有推迟归还的贷款
渭南民乐酥梨种植农民专业合作社	是	是,按比例	是	无	无
临渭区兴旺秦川牛专业合作社	是	是,按比例	是	无	有,7 笔
临渭区永昌农副产品农民专业合作社	是	是,没有按比例	是	无	有,很少

资料来源:根据调研数据整理。

山东省在信用互助业务试点的监管方面有着比较严格的规定,特别是在“资格认定”中,开展信用互助业务试点的农民合作社需要向县(市、区)地方金融监管局提出申请,取得“农民专业合作社信用互助业务资格认定书”,“资格认定书”由省地方金融金管局统一印制,并且在经营过程中需要悬挂在经营场所的明显位置。开展信用互助业务试点的合作社也需要按月向县(市、区)地方金融监管局报送相关经营情况。

其次是内部监管和行业自律。我国农村特有的发达的小信任系统是民间金融得以延续的基础,而深谙“乡土中国”特征的乡村精英们,自然会毫不保留地利用农村社区各种关系,以此最大限度地降低资金放贷的风险,减少组织内部管理上的成本。表 6-4 中的这 9 个合作社内部资金互助在贷款管理中通行的做法是采取了:①社(会)员借款需要有担保人,担保人对借款人的借款承担无限责任;②办理借款时,借款人夫妻双方(或其成年子女)和担保人都必须同时到场;③各信贷业务员对每笔借款负全部收回责任。一方面合作社严格担保机制,并将借款由个人行为变成家庭行为,确保合作社资金的安全性;另一方面督促组织内部有关管理人员恪守己任,对资金安全负责。农村金融信贷业务中的担保和联保方式,有着良好的信用绩效,在合作内部资金互助业务也得到了延续和发展,包括山东省的信用互助业务试点也规定,社员在使用互助金时,可采用信用贷款、社员担保或联保的方式,同时山东将农村土地承包经营权、农村房屋权和林权等允许作为信贷业务的抵押物。尽管这些资金互助组织的内部风险防范机制并不健全,但是在资金投放过程中也有着较为严格的监管制度。有申请制度、审批制度和“三查”制度(资金投放前调查、投放时审查、投放后检查)以确保发放资金的正确和安全使用。每笔资金坚持谁经手调查论证、谁审批发放、谁负责收回的原则。因不执行制度造成资金逾期的,要追究当事人及经办人的责任。表 6-4 中后两列是这 9 个合作社的资金贷款基本情况的反映,除了渭南金汇养牛农民专业合作社和渭南互惠棉花种植合作社有借款不还和推迟还款的现象外，其他几个合作社基本不存在借款不还和推迟还款的情况。

在此，需要严肃指出的是，有些合作社过分追求资金互助部的营利性，甚至有些非法组织借合作社外壳，将地下金融地上化。在调研过程中，曾有合作社理事长指着面前的一条街告诉我们，这里一条街均是地下钱庄，有些就是打着农民合作社的旗号，严重扰乱了他们的经营秩序和经营风险。在调研中获知具有陕西西安和富平县双重身份的丁某在没有实际出资的情况下注册成立“西安汇豪瓜果蔬菜农民专业合作社”，并成立渭南富平分社，在富平县设立14个代办点，以“股金”的形式变相吸纳公众存款，及发放贷款，终因管理混乱，扰乱正常金融秩序被富平县检察院以涉嫌非法吸收公众存款罪批准逮捕。

但是，我们在调研中也发现合作社内部资金互助在运行上的创新点。银保监会放宽农村金融门槛、设立微型金融组织的初衷，一方面在于弥补农村地区商业金融机构的空缺，建立起正规商业金融机构向农村金融市场延伸的服务体系，实现商业金融机构向农村地区金融服务体系的延伸；另一方面也是将这些微型金融组织纳入正规金融体系以防范风险。尽管正规商业金融机构已经撤离农村地区，但是农村金融的需求市场始终是一块巨大的蛋糕，正规金融机构与这些新型金融机构实现联合，可以利用这些植根于农村乡土的金融组织减少运营成本，提高正规金融机构的利润，以及防范这些微型金融组织的运营风险。而这种制度设计在我们的调研中也得到实践，临渭区兴旺秦川牛专业合作社在信义街投资建立一个农民合作社社员交易结算大厅。这个大厅一方面是为其社员提供结算，另一个方面也是正规金融机构业务向下的延伸。农民合作社资金互助部和邮政储蓄联合开展业务，农户持储蓄卡即可在交易结算大厅办理存款、借款以及转账等业务，但是不能开户。此举既方便了农户办理存储业务，也实现了正规金融机构向农村市场延伸服务体系。

6.5　存在问题

合作社内部资金互助是伴随着农民合作社的发展而发展的，发展的时间不长，内部治理不规范，并且由于严重缺乏外部监管，使得农民合作社资金互助存在诸多的问题和发展不规范之处。如股金设置存款化倾向严重、内部人控制现象严重、合作社之间因社员股金资源问题出现恶性竞争、外部监管机制不健全等，合作社内部资金互助在规范发展方面任重道远。

一是一些合作社内部资金互助的业务范围出现超出制度边界的情况。主要表现在资金借贷对象不仅仅包括了没有参加资金互助业务的社员，甚至还超出了合作社社员的范畴。在中央一号文件中，明确了合作社开展信用合作的原则是对内不对外，吸股不吸储，分红不分息。但是合作社内部资金互助业务在发展过程中，特别是在吸收社员入股的时候，存在“以存带股”的情况，同一村庄有多个类似组织时，争夺吸收资金的情况时有发生。渭南地区有着悠久的民间融资历史和传统，一些从事民间融资的乡村精英领办合作社以及合作社内部资金互助时，会使得这些合作金融组织在经营过程中出现以利润为导向的治理模式。由于一些地区的合作社内部资金互助发展不规范，在股金设置中不规范，以及股金设置种类的原因使得这些合作金融组织在实际操作中存在“以存带股”现象。

二是假借合作社之名开展非法集资和违规经营。非法集资具有扰乱金融秩序，危害社会稳定，易引发公共性案件等特征，被国家明令打击和禁止。政策上允许农民合作社开展资金互助，也给一些团体或组织开展非法集资提供了机会和平台，他们以农民合作社之名从事非法借贷、高息揽储，进行违法金融活动，有个别出现卷款逃跑的情况，甚至引发区域性金融事件。2013 年江苏盐城市出现多家从事信用业务的合作社关门倒闭的情况，有些合作社涉及金额数亿元。其中有些合作社在经营中严重扰乱金融市场秩序，一些合作社为招揽股金，变相地开展存贷业务，进行高息揽储，当时商业银行年存款利息为 3%，而有些合作社的年息竟高达 10% 和 12%，并且所吸纳的互助金并没有用于社员的生产经营，而是去投资房地产开发，最终出现资金链断裂，引发社员挤兑风险，严重损害了农民的利益。同时，这些非法组织在经营中打着合作社的名义开展业务，混淆了非法融资与合作社信用合作的概念，一旦出现破产跑路的情况，将会使农户对合作社开展信用合作产生不良影响，农户对合作社建立的信任也被摧毁，当地合作社长期经营培育的合作制理念毁于一旦，危及合作社事业的发展。

三是组织边界和利益关系界定不清。一方面，专业合作社与资金互助部成员有交叉，形成你中有我，我中有你的伴生格局，但似乎资金互助部不为专业合作社所有，而为专业合作社部分成员所有；另一方面，互助资金部以合作社为依托开展业务活动，借贷关系涉及专业合作社成员。理论上，资金互助部与合作社组织边界是不同的，并且，不同组织边界中的成员有着不同的利益关系。从主观上看，合作社内部资金互助源于合作社的发展，我国农民合作社的发展存在较为常见的精英治理情况，这种治理延续到合作社内部资金互助治理中。但实际运行中，由于两个组织的理事长是同一个，且资金互助部与专业合作社在固定资产、政府扶持资金使用等方面严重重叠，使得两个实体组织边界因产权关系纠葛而变得不清。运行结果可能是，随着互助资金组织业务范围的拓宽、经济实力的增强和发展壮大，其所依托的专业合作组织载体因并不能对资金互助部新增资产享有权益（分红只是在所有者股东间进行），而使农民合作社成员有可能对资金互助部提出利益分割要求,或者资金互助部出现经营风险,专业合作社将会产生资产损失或其他负面影响。这有可能会成为影响今后彼此发展的突出问题。

四是风险控制手段少,内部组织制度不完善。农民合作社内部资金互助开展信用合作属于金融业务,具备一定金融专业管理能力的人员才能胜任。而合作社内部资金互助起始于农民合作社,即便是农民合作社内部的管理层人员,其金融、会计、管理等方面的知识也是不足的,对信用合作的风险防控和制度设计难以实现科学化管理,大多是依靠个人经营。专业管理人才的缺乏和专业管理技能的不足,使得合作社内部资金互助的发展面临着天然的不足。同时,农业是风险产业,一旦出现规模较大的自然风险和市场风险,贷款资金将面临较大风险。此外,由于资金互助部是合作社的一个业务部,使得资金互助组织有着合作社的制度痕迹,即出现较为严重的内部人控制,普通会员没有享受到应有的权利。

五是缺乏相应的法律保障。除了国家层面一些政策性文件,以及一些信用合作业务试点地区和一些积极支持合作社内部开展资金互助的地区有相关的政策外,农民合作社内部资金互助业务的发展几乎没有正规的制度保障。尽管2009年、2014年中央一号文件也提出要尽快制定出台相关管理办法,但是到目前为止,国家对合作社开展尚未有具体的法律法规。2017年《农民专业合作社法》修订案中曾出现合作社信用合作的提议,但最终的修订稿中并没有出现。农村资金互助社有金融许可证,在银保监会的监管下发展;农民合作社有明确的法律对其进行保障;连同贫困村村级资金互助组织也能在民政部门注册。从业务领域上来看,尽管合作社内部资金互助是农民合作社的服务延伸,但是却不在合作社所规定的服务范围内,没有明确的身份认证,只是附属于农民合作社,业务活动和发展方向都会受到一定程度的影响。特别是受2013年江西一些地方农民合作社开展信用合作相关风险事件的影响,以及近些年国家金融监管部门对农业领域的非法集资加大监管力度,使得一些地方政府和农民合作社发展资金互助业务存在重重疑虑。例如,在农业农村部的统计工作中,2019年开展内部信用合作的农民合作社出现大量减少,可能是合作社负责人在上报时存在顾虑,对其开展信用合作的情况进行了隐瞒。包括笔者曾经在一个地区调研农民合作社内部资金互助的情况,但是农业农村部的统计数据显示这个地区合作社开展信用合作的数量为零。在调研中,也遇到了一些致力于合作社事业发展的合作社负责人,将国家支持农民合作社开展信用合作的相关政策文件打印出来,放在其经营场合的醒目位置,无论是新社员加入还是相关部门来检查,合作社负责人都会将政策文件给予详细解释。然而若是没有地方政府或监管部门的许可,仅依靠国家层面的政策依然是不够的。

总之,农民合作社内部资金互助是伴随着农民合作社的发展而发展起来的,与农民合作社的发展有着相似的发展轨迹和路径。农民合作社内部资金互助作为农民合作社服务功能的延伸和组织架构的拓展，在支持社员发展方面发挥了重要的作用。同时，作为农民合作社组织的一部分，在内部治理上也沿袭了农民合作社的治理模式，存在成员异质性和“精英治理”情况。

农民合作社内部资金互助的发展由合作社自发组建，到国家政策层面的支持，再到山东等地试点的推进，在实践中取得了巨大的进步，既得到了国家层面的支持，也有地方实践的规范性发展。但是对于农民合作社内部资金互助本身的发展来说，时间还较短，在发展中还存在内部治理不完善、风控机制不健全、专业人才缺乏等问题，规范发展任重而道远。

农民合作社内部资金互助作为一种农村新型合作金融组织，是合作金融的一种呈现模式，并且这种模式是融合了金融和产业的发展，信用合作为生产合作提供资金支持，生产合作又为信用合作的可持续提供保障。这种综合性的合作金融模式，是东亚地区合作金融的表现形式，并且在农村农业发展的金融资源配置中已经发挥了显著的成效。因此，合作社内部资金互助或许就是将来我国农民合作社由专业合作社向综合性合作社发展的一个趋势，抑或是将来我国发展合作金融的一个初级阶段。2021 年中央一号文件，明确指出“深化供销合作社综合改革，开展生产、供销、信用‘三位一体’综合合作试点，健全服务农民生产生活综合平台”，这为供销合作社的发展指明了方向，同时也是综合性合作社发展的方向。

第7章 贫困村村级互助资金组织运行的制度分析

我国历来重视扶贫开发工作，在各项财力、物力、人力的投入下，农村扶贫事业得到了巨大发展，贫困治理成果举世瞩目。特别是改革开放以来，国家实施了多轮有计划、有组织、大规模的扶贫开发活动，在经历1994—2000年的“八七扶贫攻坚计划”及2001年进入扶贫开发纲要实施以后，以国家财政方式投入改善农村地区基础设施建设、完善公共服务的工作取得了较大进展，但是到村到户的财政投入方式却存在效率低下的问题。一方面，基础设施和公共服务具有公共物品属性，由政府部门提供，在扶贫开发初期有力地推动了区域经济发展，提高了贫困地区农户的收入，扶贫效应明显；另一方面，到村到户的财政扶贫资金，主要是救济式的帮扶，统一规划的产业与农户自我发展的意愿不符，农户处于被动式的项目参与中，自我发展意识不强，同时财政扶贫资金存在没有精确瞄准到贫困户，也存在有失公平的情况。从微观层面上看，当时的扶贫开发工作面临着持续提升贫困户发展能力、提升扶贫资金利用效率、精确瞄准到贫困户以及贫困户可持续发展能力提升问题。为提高扶贫资金的使用效率、提升农户自我发展和可持续发展能力，以及精准对接贫困户，2006年国务院扶贫办和国家财政部联合，在河北、山西等14个省（自治区、直辖市）启动了“贫困村村级发展互助资金”试点工作。

开展贫困村村级发展互助资金是为了缓解贫困农户发展所需资金短缺问题，探索和完善财政扶贫资金使用管理的新机制、新模式，提高贫困村、贫困户自我发展能力和持续发展能力。资金互助是对过去单纯的由财政资金直接农村信贷以及非政府小额信贷两种金融扶贫思路的修正，是对新时期扶贫开发工作作法的具体体现，即依靠政府、市场和农户三方的合力，以金融扶贫“造血式”的理念提高贫困地区和贫困群体的发展能力。其基本做法是由财政安排一定数量的财政扶贫资金为引导，在部分实施整村推进的贫困村内建立“互助资金组织”。同时，村内农户以自有资金入股等方式实现互助资金规模的扩大，取得互助资金的使用权，村民以借用方式周转使用“互助资金”发展生产。互助资金具有民有、民用、民受益的属性，以金融扶贫为手段、以互助合作为方式，在扶贫开发和合作金融融合方面进行创新。互助资金体现了合作金融的一些特征，是以信用合作方式为理念组建的合作金融组织，并且这种组织因扶贫开发工作的推进在农村地区数量众多，参与金融扶贫的同时，提升了贫困地区农户的合作金融理念，并在后续即便是脱贫攻坚完成后对贫困地区的发展也有着较大的影响。因此，作为一种广泛存在于农村地区的合作金融组织，并且几乎与农村资金互助社、合作社内部资金互助产生于同一时期，本书也将贫困村村级互助资金组织作为农村新型合作金融组织的一个类型进行研究。在“贫困村村级发展互助资金”试点工作启动的初期阶段，要求各地进行探索，因此在这类组织的组建过程中有不同的名称，如“贫困村村级互助资金互助”“贫困村村民生产发展互助资金协会”“村级产业发展扶贫互助社”等，为论述分析的统一，本章将互助资金试点统称为“贫困村村级互助资金组织”。

7.1 贫困村互助资金产生的原因及发展历程

贫困村互助资金同以往的财政资金扶贫方式相比具有贫困瞄准度高、资金使用效率高和扶贫功能的可持续性等优点。贫困村互助资金的设计目的在于解决政府在开发式扶贫实践中所面临的两个重要问题：一是如何引入市场机制以提高政府开发式扶贫的效率；二是如何提高农户和民间资本在政府开发式扶贫活动中的参与度并促进农户自我发展能力的提高。第一个问题揭示了以往所采用的财政资金直接补贴农户与扶贫贴息贷款在实际操作中所存在的政府取代农户选择发展项目、资金使用效率低下的弊端；第二个问题则是肯定了农村自身存在大量的发展资源，激发农村与农户自主发展的潜能是实施开发式扶贫的关键所在。

7.1.1 贫困村互助资金产生的原因

一是扶贫开发面临新形势、新问题。“八七扶贫攻坚计划”之前，我国政府的扶贫方式是“输血式”扶贫，这种扶贫方式在促进贫困地区经济发展和解决贫困人口温饱问题方面发挥了重要作用。在经济高速增长和大规模扶贫开发的共同作用下，绝对贫困人口数量大幅度下降，按照1978年农村贫困标准，贫困人口从1978年的2.5亿减少到2006年的0.21亿，贫困发生率由1978年的30.7%下降到2006年的2.3%。在这期间扶贫开发主要以外在物资资源投入为主，使得开发式扶贫的具体形式，特别是涉及贫困地区产业发展和贫困人口的精准扶持方面的问题饱受争议。农村贫困治理出现一些新的变化，主要体现在贫困性质、致贫因素和贫困治理效果上。

首先，贫困的性质发生了改变。由区域性、整体性的贫困过渡到了个体性的贫困，贫困人口也以边缘化为主。从地势来看，2006 年，全国农村绝对贫困人口山区占 57.2%；从年龄构成看，12 岁以下人群贫困发生率为 3.8%，65 岁以上人群贫困发生率为 2.9%，均高于其他年龄段人群的贫困发生率；从农户类型来看，2006 年纯农户家庭贫困发生率相对较高，为 3.5%，而非纯农户家庭贫困发生率仅为 0.3%。其次，从致贫的原因来看，贫困群体的致贫原因不单单是就业机会的缺失，更重要的是因病致贫、因缺少必要的劳动力致贫，以及一些特殊类型贫困地区的生产条件较差等成为贫困的主要原因。劳动力资源不足以及有病残成员的家庭容易陷入贫困，88.4% 的贫困农户其家庭收入一半以上来源于农业经营，劳动力负担系数超过 2 的贫困户占比 33.4%，没有劳动力的贫困户占比 0.9%，有残疾或病人的贫困户占比 29.1%。再次，根据全国农村贫困监测抽样调查，从贫困地区最希望得到的项目愿望中，发展产业居第一位。国家扶贫重点县村及贫困户最迫切得到的项目依次是种植、养殖、修建公路、人畜饮水工程、修建基本农田和卫生室建设等，对种植和养殖项目的需求排在前两位。但是受低收入农户投入水平低的影响，贫困户和低收入农户在生产经营方面维持性投入特征明显。2006 年贫困户和低收入农户人均生产投入仅为 479 元和 579 元，相当于全国平均水平的 34.7% 和 41.95%。贫困户和低收入家庭经营费用支出投向种植业的占比分别为 58.1% 和 55.4%，且农业经营收益低，每贫困户和低收入农户每百元农业经营费用投入得到的纯收益只有 75 元和 95 元，低于全国平均水平 64 元和 44 元。扶贫的重点以解决温饱为主过渡到帮扶低收入群体的经济和实施发展，使他们的发展赶上平均水平。

二是财政扶贫资金的使用效率需要进一步提升。从 20 世纪 80 年代开始的大规模、有组织和有计划的扶贫开发以来，扶贫财政资金的供给方式都是通过自上而下的供给路径，扶贫项目的实际决策和资金的具体使用基本掌控在基层政府及相关职能部门手中。而贫困户和低收入户的资金需求和发展需求很容易被忽视，也得不到表达，同时财政扶贫资金的使用也缺乏相应的监督管理机制，在这种情况下财政扶贫资金的使用要么被政府挪用，要么与当地发展的取向不符，要么不符合贫困户发展的诉求。

同时，随着扶贫开发的深入，基础设施投入及经济发展带来的扶贫边际效应逐渐减弱。特别是扶贫资金管理中存在的问题越来越突出，有些地方扶贫资金在管理上屡次出现违规违纪的情况，有些地方在扶贫资金的使用上随意分配，以及扶贫资金分配缺少正向激励等问题。尽管扶贫项目瞄准到村做得较好，但是贫困户在项目扶持中仍处于不利地位。扶贫重点村在扶贫项目安排上力度更大，高于扶贫重点县。2006 年在参加各种到村到户项目的行政村中扶贫重点村[①]占60.5%；行政村中当年落实的全部扶贫资金中，重点村占65.5%。但是瞄准贫困户和低收入的效果并不理想，在全国农村贫困监测抽查调查中，2006年只有13.1%的贫困户享受了扶贫资金，贫困户享受的扶贫资金占全部资金总额的5.4%，户均只有128.9元；有15.4%的低收入户享受了扶贫资金，其享受的扶贫资金占全部资金总额的7.71%，户均只有144.4元；而其他农户无论是在扶贫资金占有方面，还是户均额度、享受资金所占比例都高于贫困户和低收入人口（见表7-1）。由此可见，扶贫资金在贫困对象的瞄准方面出现了一定的偏差，贫困户和低收入农户在扶贫资金的方面并没有受到优先照顾。财政扶贫资金效率的低下以及脱贫效应的减弱，使得相关部门对扶贫资金的投入方式、扶贫资金的瞄准方式、扶贫资金的运作机制等需要进一步的思考，以及根据扶贫开发的新形势积极调整财政扶贫资金的投向。

表7-1 2006年国家扶贫重点县农户获得扶贫资金比例及户均资金额（单位：%、元）

	贫困户	低收入户	其他农户
各组得到扶贫资金的农户比例	13.1	15.4	16.2
各组扶贫资金占全部资金比例	5.35	7.71	86.94
户均扶贫资金	128.9	144.4	191.5

资料来源：《中国农村贫困监测报告2007》。

三是金融扶贫政策没有达到预期的效果。我国在扶贫开发过程中一直倡导开发式扶贫，通过给贫困户创造机会、赋予发展的权能，鼓励他们利用现有的资源和技能，实现收入的不断增加。从金融支持产业发展和区域经济发展的作用来看，从完善农村金融市场、提升金融的服务能力来看，农村金融参与开发式扶贫也是题中之意，但是我国农村金融市场的发展历来不尽如人意。首先，农村地区金融服务体系不完善。在市场化改革中，大型国有商业银行陆续从县域、乡镇撤并网点，金融服务人员锐减，一些农村地区出现金融服务盲点。根据中国人民银行发布的《2008年中国农村金融服务报告》显示，2007年年末，全国县域金融机构网点为12.4万个，比2004年减少9877个，有2968个乡（镇）没有任何金融机构，没有金融机构的乡镇占全国乡镇总数的7%。大型商业银行在农村地区提供金融服务并不具有优势，其经营活动与小农户的生产方式不适应，利润空间不大，且无法解决因信息不对称而带来的高风险和高成本等问题。其次，贫困地区的金融

① 扶贫重点村是指按国务院扶贫办要求，由各省确定的、列入2001—2005年扶贫规划的扶贫开发工作重点村。

服务可得性不高。从当年农户借贷资金的来源看,民间组织或个人是借贷的主要来源。2006年,扶贫重点县的农户贷款来源中有61.9%来自民间组织或个人,银行或农村信用社的商业贷款占36%,国家专项扶贫贷款占2.1%。正规金融机构传统的金融供给存在成本较高情况,除了农户贷款利率较高之外,甚至还会因为抵押物缺乏的问题而再寻求其他方式的抵押或担保时出现新的成本,以农村信用社为主的农村金融供给制度安排比较昂贵。

尽管在扶贫政策层面设计了中央扶贫贴息贷款等制度安排,但是贴息扶贫贷款的扶贫效果并不理想,出现贷款到户率低和贷款放不出去的双重矛盾,经办银行和贫困户的受益较少,扶贫效果较差。传统的扶贫贷款存在难以瞄准贫困的问题。2006年农村绝对贫困标准为683元、低收入标准为958元,扶贫贷款中有19.5%的贷款给了上年人均纯收入在2000~3000元的农户,还有14.6%的贷款给了人均纯收入高于3000元的农户,仅有17.9%的贷款给了上年人均纯收入低于1000元的农户。在具体操作和实施过程中,往往存在着真正的贫困农户囿于自身素质等方面的问题难以享受政策的支持,得不到贷款帮助,这种扶贫方式基本上丧失了为贫困户直接提供信贷服务和支撑的能力。正是由于这种原因,贫困地区在用这部分财政扶贫资金时,往往采用政府采购的方法,直接为贫困户提供种植、养殖以及从事加工生产所需的生产资料,这种方法在一定程度上缓解了农户产业发展启动资金不足的问题,对农户发展起到了直接的支出作用,但是,伴生的是运作机制上存在的一些问题:一是政府自主确定的优先发展产业,作为产业结构调整和宏观战略发展需求未必和贫困农户在产业发展中的思路相一致,政府主导下的产业发展思路就使得贫困户丧失了产业发展的选择权利和主导权,会在一定程度上引致农户缺少发展动力和增加产业发展风险。二是统一的政府采购,也会产生政府的"寻租"行为,易产生劣质树苗和畜种,降低扶贫效率,政策的执行效果也会大大降低。三是真正的开发式扶贫应体现在,降低贫困户的生产和交易的外部成本,以及通过教育、培训、医疗等公共手段增加农户的自我发展能力,为贫困户提供产业发展生产资料,其本质在于增加贫困户的物资资本和财产,而不是政府直接向贫困户提供发展资料,政府的直接接入不符合市场经济的基本法则,也没有体现开发式扶贫的内在要旨。

7.1.2　贫困村互助资金的发展历程

随着扶贫开发的逐渐深入,一方面,贫困地区的基础设施建设和区域性发展得到了极大改善,贫困户的发展问题日益被重视,主要体现在缺乏增收项目发展资金。另一方面,扶持贫困户的发展由"输血式"的扶贫模式转型"造血式"的扶贫模式,贫困户的自我发展能力得到进一步的提升。依靠资金的投入依然是解决贫困地区农户生产发展问题最有效的途径,农村金融市场的不断完善才能满足农户发展产业所需的资金。在农村金融市场改革进展缓慢、现有的金融扶贫方式无法满足贫困户生产发展的情况下,需要探索新的金融扶贫模式。在政策支持方面,2006 年以前,国家在多项文件中倡导建立小微金融组织,满足农户小额资金需求。在实践方面,主要是国际援助机构或民间组织在多个地方以社区基金模式建立小微金融组织。如澳大利亚开发署在青海海东的援助项目,采取社区基金与农业银行相联结的模式;20 世纪 90 年代末期,安徽霍山县实施中荷合作扶贫项目,发展社区资金扶贫开发模式,通过重视对贫困户的赋权和参与,把个人和社区能力建设结合在一起。同时,在世界银行项目的支持下,国务院扶贫办与财政部开展了"农村社区滚动发展资金运作模式的研究与试点",并于 2006 年底在四川旺苍县和河南叶县启动了村级扶贫互助资金试点工作。试点的目的在于,通过在贫困村建立起社员互助和自我管理的组织,提高贫困户获得信贷资金的机会,实现贫困户的生产发展;也系统地将扶贫资金下沉至贫困村,提高扶贫资金的使用效率和瞄准度,为财政扶贫资金的使用探索新模式。

贫困村村级资金互助组织是扶贫开发阶段性的产物,主要是针对特定区域和特定人群,但是这种社区资金互助的方式体现了合作制的原则,也是对财政扶贫资金和金融扶贫管理模式的探索和创新。通过建立资金互助组织,有效地提高了扶贫资金的瞄准效率、提升了贫困户的生产收入,也提高了农户的自我积累、自我发展和自我管理能力。自 2006 年开始实施以来,随着我国贫困治理的推进而逐步发展和转型,根据国家对互助资金组织的要求及各地的发展实践,可将贫困村村级资金互助组织的发展分为试点探索阶段、规范发展阶段和转型发展阶段。

一是试点探索阶段(2006—2008 年)。2006 年 6 月,国务院扶贫办和财政部在总结和吸收已有社区基金运作方式的基础上,印发了《关于开展建立"贫困村村级互助资金"试点工作的通知》,决定在全国 14 个省的国家扶贫开发工作重点县开展试点工作。试点坚持不吸储、不出村、民主管理的形式,互助资金主要用于支持贫困村农户开展生产性项目,并积极总结经验、探索发展路径。2007 年和 2008 年两部委连续发文,进一步将试点范围扩大至全国,并对试点工作开展较好的黑龙江、安徽、甘肃等地进行奖励。各试点地区遵循通知要求,开展了多种有益尝试,出现了不同的组织模式。从互助资金的产权归属来看,有村民所有、村集体所有;从交纳互助金的方式来看,有交纳互助金的、有交纳会费入股的、有不交纳互助金的;从互助资金的组织方式看,有以行政村为范围的、有以村小组为范围的;从管理者来看,有农户管理的、有村干部管理的;从管理方式看,有独立管理的、有政府协管的、有政府代管的;从注册登记情况来看,有在民政部门注册的,也有在工商行政部门注册的。在这一阶段,贫困村村级互助资金互助主要是以探索的方式发展,同时伴随着中央政府逐年对试点工作的推进,安徽、甘肃、宁夏、陕西等部分省(区)也在积极推进,在本省开展扶贫互助资金的试点扩大和全面推广工作。在这一期间互助资金试点数量也呈现较快的增长,从2006年的354个增加到2008年的4819个。

二是规范发展阶段(2009—2016年)。由于前期国家层面并没有对互助资金的运行有统一的规定,各地在试点探索阶段的做法也不尽相同,包括发展定位、运行机制等方面有待进一步的规范,随着中央和各省对扶贫互助资金投入的不断加大及互助组织数量的不断增加,政策风险、资金风险及社会风险等需要重点关注。2009年9月,国务院扶贫办和财政部印发了《关于进一步做好贫困村互助资金试点工作的指导意见》(国开发〔2009〕103号),目的就是规范试点的运行程序,促进试点工作的健康有序发展。该文件进一步对试点的目标和基本原则进行明确,对互助资金组织的建立、运行、风险防范、外部监管等进行明确,并随文下发了《贫困村互助资金操作指南》对互助资金的运作进行细化和明确。

由表7-2可知,互助资金组织发展势头迅猛,每年以两倍基的速度递增。2009年开展互助资金的村的个数是2006年的25倍,特别是地方扶贫部门推进的村的数量增加更多,说明互助资金互助在贫困农村最基层确实受到农户的欢迎和青睐。将近93%的互助资金组织主要分布在我国广大的中西部贫困地区,符合我国扶贫区域导向。为在更大范围内发挥贫困村互助资金的作用,缓解贫困地区在生产发展中资金短缺的问题,2010年中央财政在对原有试点村资金规范运营的基础上,专项安排2.85亿元,进一步扩大贫困村互助资金试点范围,资金规模比2009年增加6000万元,新增试点贫困村1900个。

表7-2　截至2009年年末互助资金按区域构成(村数)

	中央	省级	总计
东部	240	512	752
中部	1201	2306	3537
西部	1397	3347	4714
合计	2838	6165	9003

资料来源:杨炼,贫困村互助资金指导意见,2010年10月。

2010年在河南平顶山召开全国培训会,进一步明确互助资金规范运行的四项原则和不可逾越的四条红线。全国各地以2009年文件和平顶山会议相关精神进一步完善和强化本省的运行管理,互助资金在运行中的风险得到有效遏制。截止到2010年底,全国

28个省(区、市)共计1013个县1.35万个村开展了互助资金试点,资金总规模达26.24亿元(中央扶贫资金8.19亿元,省级扶贫资金11.4亿元,农户互助资金5.35亿元,其他资金1.3亿元)。累计入社农户为109.4万户,其中贫困户56.37万人,占51.5%。累计发放贷款25.24亿元,其中贫困户14.39亿元,占57.01%。

国家层面进一步对互助资金管理进行巩固提升,2011年国务院扶贫办开展省际交叉检查,通过检查了解各地区在运行中的财务管理情况、风险防范措施及优秀做法。同年8月,国务院扶贫办和财政部又联合发文,明确提出互助资金试点工作以奖励先进、规范运作和巩固提高为重点,再一次明确不吸储、不分红和不跨村的原则。互助资金试点从最初的14个省140个村扩大到2015年末的1284个县2.17万个村,资金规模达到60.6亿元(其中,中央财政19.1亿元、省级财政24.4亿元,农户缴纳9.1亿元,其他资金8亿元),累计为农户发放贷款115.4亿元,累计为贫困户发放贷款71.8亿元,占发放贷款总额的62.2%。

作为一个扶贫项目或金融组织来说,其覆盖范围之广、发展速度之快、推进势头之猛在历史上是少见的。在这一期间,贫困村村级资金互助组织的运行制度逐步完善,财务运营、风险监控等逐步完善,更重要的是填补了农村金融的空白地区。贫困村互助资金试点实施十年来,切实瞄准贫困户,解决了贫困群众发展中融资难的问题,增强了贫困群众的自我管理、自我组织和自我发展能力,也改善了贫困地区的信用环境。

三是转型发展阶段(2017年至今)。随着国家贫困治理方向和目标的转型,以及贫困治理力度的加大,将脱贫攻坚上升到三大攻坚战之一,把坚决打好精准脱贫攻坚战作为决胜全面建成小康社会的底线任务。互助资金运行的外部环境也发生了明显的变化,扶贫小额信贷的广泛推广、普惠金融战略的推进、贫困户发展生产需要更多的资金,以及脱贫攻坚战的完成并接续推进乡村振兴战略等,使得互助资金的发展也面临着转型。国家层面也及时调整互助资金的发展政策,2017年6月,国务院扶贫办关闭互助资金自动化监管系统,不再推进贫困村互助资金试点工作。省级层面也随之转型,对于管理效率低下的给予退出,对于自主创新有活力的继续发展,还有一些转向支持乡村振兴战略,各地情况不一,转型发展的状况也具有多样性。如2019年,重庆市丰都县按照市扶贫的要求,对全市的59个扶贫互助协会进行了清产核资和全面检查,最终确定47个扶贫互助协会实施退出或直接将财政扶贫资金退回,保留并继续运行12个扶贫互助协会。

7.2　贫困村村级互助资金组织制度分析

与合作社内部资金互助不同的是，贫困村村级资金互助组织经过试点和探索后，在国家层面对其进行了统一的规范管理，有着比较完整和规范的制度框架。先是由国务院扶贫办、财政部于2006年5月下发《关于开展建立“贫困村村级发展互助资金”试点工作的通知》（国开办发〔2006〕35号），并于2008年5月由国务院扶贫办规划财务组和财政部农业司联合下发《贫困村互助资金试点指导手册（试行）》，推动和规范贫困村村级资金互助组织的发展。此后又于2009年，两部委联合下发了《关于进一步做好贫困村互助资金试点工作的指导意见》（国开办发〔2009〕103号），并附带《贫困村互助资金操作指南》（试行），详细地对互助社的组建、互助资金的运行、资金的监管等方面进行了规定。由国家层面自上而下推动制度变迁，也使得组织在发展过程中少了一部分的制度试行成本。因此，本章节内容在探讨时，主要以国家和地方相关规章制度为依据，对贫困村村级互助资金组织的制度安排进行分析。

互助资金将国家财政扶贫资金直接交由农村社区和农户进行自主管理和使用，其创新之处在于将财政扶贫资金的管理权力赋予农民，其实质是将国家的权利调整至社区和农户，并以互助合作方式实现农户之间的合作。一个层面是为了缓解农民发展资金短缺问题，另外一个层面的目的在于推动农户的能力建设和组织化程度的提高，以合作制的方式提升农户的可持续发展能力。在国务院扶贫办公布的《贫困村互助资金试点指导手册（试行）》中明确，互助资金协会是由贫困村村民自愿参加成立的非营利性互助资金组织。其目标是提高贫困群众自我管理、自我组织和自我发展的能力，培育专业合作组织和新型农民；贫困村互助资金的性质是：民有、民用、民管、民享、周转使用、滚动发展的生产发展资金。

陕西是农业大省，也是一个农村经济弱省，农业农村发展的相对落后成为制约全省迈向全面小康社会的一个短板。与此同时，陕西省农村金融发展也相对滞后，对农业农村发展的支持不充分，截至2010年年末，还有102个金融空白乡镇，信贷约束严重。国家放宽农村地区金融准入政策以后，陕西省相继组建了村镇银行和小额贷款公司，但是在农村新型合作金融组织方面一直没有突破，而准正规农村新型合作金融组织在实践中取得了较大的发展。农业农村管理部门在该省农民合作社大发展的情况下，推动“1+1”的合作经济组织模式发展，即“农民合作社+资金互助组织”，解决合作社社员在发展中资金短缺的问题。作为扶贫开发重点地区之一，陕西省的农村贫困问题也比较突出，贫困面大、贫困程度较深。2006年陕西省贫困发生率在5%以上,低收入人口占农村人口比重在10%以上,陕西省共有50个国家扶贫重点开发县,全国集中连片特困地区涉及陕西省的有3个,扶贫难度大,扶贫资金不足。为解决低收入群体发展中资金短缺的问题,陕西省以互助资金为抓手,大力发展贫困村村级互助资金试点,对国家的相关政策规定进行细化落实,不断创新互助资金管理新模式、新机制,该省的贫困村互助资金项目走在全国前列。

在国务院扶贫办公室的统一安排下,陕西省从2006年开始开展贫困村村级互助资金试点工作。截至2010年年底,全省安排实施互助资金项目村290个(其中有90个国家试点项目村),互助资金项目覆盖的村有1450个低收入村,覆盖97个县(区)。全省互助资金的总规模达到3.27亿元,其中,累计安排各级财政扶贫资金2.64亿元,农户交纳的基准互助金达到0.71亿元,社会捐赠资金153万元。陕西省共建立资金互助协会1450个,加入协会的农户有14.5万户,成立联保小组2万余个。已经开展业务的1227个资金互助协会累计发放贷款2.4亿元,享受借款服务的农户累计59 121个,资金回收率达到100%。扶持农户发展种植业、养殖业和农副产品加工业等生产项目将近6万个,项目村借款农户人均增收800多元。截至2016年9月,互助资金项目覆盖陕西省10个市96个县(区),互助资金项目发展到2013个,资金规模达6.19亿元,累计向农户发放贷款20.25亿元,有24.17万户贫困户通过互助资金实现了脱贫。

即便是脱贫攻坚过程中,陕西明确"所有贫困村退前必须建立规范运行的互助资金组织,以确保贫困村实现互助资金全覆盖",贫困村村级互助资金试点在脱贫攻坚时期完成阶段性任务之后并没有消亡,而是转向支持全面推进乡村振兴战略中来。因此,本章节以陕西省贫困村村级互助资金组织的推动和发展为分析对象,主要探讨陕西省作为农业大省、贫困大省在农村金融市场发展不充分,正规合作金融组织没有发展的情况下,准正规合作金融组织的发展情况及其作用发挥情况。陕西省在试点推行过程中,一般将这种组织称为"贫困村互助资金协会"。

7.2.1 互助资金组织的组建

贫困地区农户收入水平普遍较低,没有多余的闲散资金用于发展生产,由于生产发展资金短缺,若以农户自身积累以互助合作方式开展资金合作,囿于农户家庭纯收入较低,组建的资金互助合作组织在规模上难以满足多数成员的融资需求。这就需要外力资金的注入扶持合作金融组织的发展。贫困村村级互助资金组织是在政府主导力量的基础上,农户自愿合作而组建,具体流程如下。

第一,选择项目试点村。按照互助资金试点投向的安排,只有贫困村才能参与项目试点,主要是对具备条件、有需求的贫困村实行竞选式筛选。以资金互助方式体现的金融扶贫模式,其在支持贫困村的发展中需要有基础产业的支持,一样存在"扶强不扶弱"的情况,试点侧重于帮扶有产业基础的行政村。根据《陕西省贫困村互助资金试点工作指导意见(试行)》(陕扶办发〔2009〕3号)要求,作为项目试点村需要满足两个方面的条件:一是有一定的资源优势和产业基础,村民有发展意愿,或者有一定的社团活动;二是民风淳朴,信用较好。在此基础上将试点村的选择由过去的政府指定变为以行政村为单位进行竞争确定,具备基本竞选条件的试点村,由乡(镇)政府、村两委筹划组建事宜,并向县扶贫、财政部门提出申请;符合入围的预选村由县统一组织进行公开竞选,预选村的村代表向由县扶贫、财政部门和预选村所在的乡(镇)人员或聘请相关专家和学者组成的评审组陈述并进行答辩,经评审组打分和评审复议后,确定入互助资金试点村。

陕西子长市在选择试点村时首先考虑到的是项目村的产业规模和发展前景,即有农业产业组织、有一定农业产业规模、有一定的发展前景。在子长市所选的项目村中,大多数村有一定的产业基础,如加工业、蔬菜大棚、养牛等。这些产业需要的资金较少,符合小额信贷的供给特点,周转也较快,村民通过少量的互助资金"嫁接"能在短期内取得较好的经济效益。如杨家园则镇杨一村的互助资金协会为"企业拉动型",协会选择企业,企业带动农户,由协会向会员提供资金,会员向企业购买鸡仔,企业同时负责技术指导和产品回收。商南县在评审试点项目村时,除了将产业基础好、村两委健全且组织能力强因素考虑进去外,还将贫困户的脱贫意愿考虑进去。

以发展产业为出发点,互助资金协会的建立一开始便与合作经济组织紧密相连。有些互助资金组织是合作经济组织的共同体,有些互助资金组织是单独运作。与合作经济组织结合紧密的服务于合作经济组织成员的互助资金组织,其资金主要用于合作经济组织成员生产发展;而单独运行的互助资金协会的资金多数用于不同途径的生产活动,也有少数用于生活消费。

第二,互助资金组织的发起。由推选互助资金筹备小组发动,接受村民交纳互助金加入互助协会成为会员并获得选举权和被选举权。在协会会员中以民主选举方式产生协会管理成员候选人,候选人得票最多的再竞选会长、会计和出纳三种职务组成理事会,同时也选出监事会成员,理事会成员不得兼任监事会成员,并制定各试点村的章程、管理办法、资金投放流程等具体操作规章,统一印发股权证、借款凭证等。最后由会员户以自愿方式形成5~10户的联保中心组,并在联保中心组中选举出中心组组长。

第三,在民政部门注册取得身份认证。民主选举产生的管理成员报予县扶贫办和财政局审查备案;互助协会向民政部门申请注册为合法性非营利社团组织,确认为法人代表,向全村村民和资金援助方承担资金安全责任。其组织成立流程见图7-1。

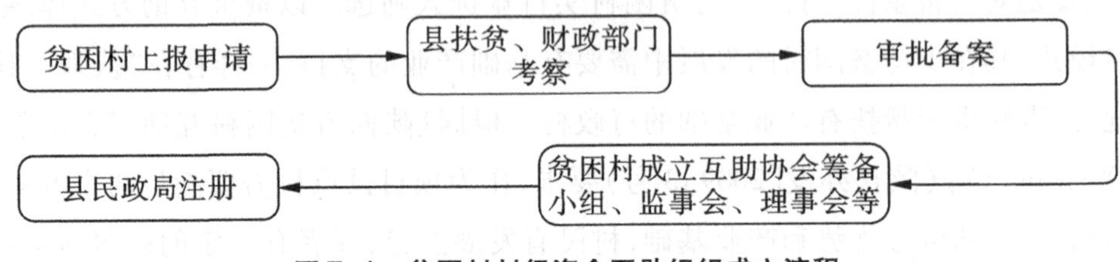

图7-1 贫困村村级资金互助组织成立流程

7.2.2 产权安排

一个组织的经济行为与其特有的产权制度安排有着直接联系,产权是制度安排的核心内容,对其他制度安排起着决定作用。一般来说组织内部的治理结构及经济行为是产权结构的具体实现方式,也是决定组织运营规则的基本规范。对于合作经济组织来说,产权的核心是所有权,所有权的大小决定了成员参与管理的能力和剩余索取权;倘若成员在组织内部没有所有权,他也不会关心这个组织的发展与壮大;没有所有权,成员也不能拥有所有权衍生出来的参与组织治理和获得分红的权利。所有权的制度安排也决定了组织成员的行为方式,对贫困村村级资金互助组织的产权安排的分析亦是从组织成员所有权、资本结构等方面入手。

互助资金组织的资金组成主要是国家财政投资,体现了明确的国家意图,同时又考虑到农民自主管理的原则,将管理的权限赋于农户,农民通过合作和自治实现自身利益。国务院扶贫办在《贫困村互助资金试点指导手册(试行)》中规定,互助资金中财政扶贫资金和捐赠资金及其增值部分归协会所在行政村的全体村民所有,村民交纳的互助金及其增值部分归个人所有。这也是互助资金产权归属争议比较多的地方:一是财政扶贫资金规定归全体村民所有,但行政村有些村民并没有加入互助协会中,享受不到权利;二是以怎样的方式归村民所有,是折股量化到个人还是以其他形式,也没有明确规定,仅仅规定了农户个人入股归个人所有,产权并不明晰。此外,陕西省对各试点行政村的办公设备(包括办公座椅、条幅和宣传标语的制作等)进行全部免费配置,也没有对这些固定资产的产权归属问题进行明确。

合作经济组织与行业协会有所不同,合作制框架下的各经济主体共同存在于一个经济实体内,各主体相互间的联系更为紧密,更重要的是,他们之间的利益得以维护的根源是以共有产权为基础和纽带的[①]。这是行业协会与合作经济组织之间的根本区别。互助资金组织以协会名义提供金融服务，不同于一般的商品性服务，协会是为共同利益而组成的松散型联合体，互助资金协会成员以财政扶贫资金和入股资金作为共有产权，并以产权为基础提供金融服务。尽管互助资金协会是以协会的方式在民政部门组成，但协会之名主要是为了取得合法的主体地位，体现的是互助合作理念，这些互助资金协会在制度安排上有着更加类似于通常意义的合作经济组织，符合一般合作社基本原则：①进入自愿，退出自由；②社员交纳一定的股金；③一人一票；④有一定的不可分配积累基金等。当然，这是在政府的意志下，基于贫困地区农户平等、互助、合作理念而设定的，由此也使得财政赋权成为限制性股权，社员可以拥有管理权和使用权，但是最终的处置权和股金所有权归属于协会，这样做维护了财政投入资金的公共性。社员所有权的限制性，也使得互助资金协会在运作时淡化了分红和盈利分配的规则，更加注重的是资本金的积累。

原则上农户参与互助资金组织进出是自由的，国务院扶贫办亦有同样的规定。农户以户为单位加入互助资金组织，并且每户只能加入一个人，体现的是公平和民主。源于协会益贫扶贫的属性，协会的成立需要有贫困户的加入，而会员需要交纳的基准互助金必须以货币出资，不得以实物、贷款或其他方式。互助资金成员必须是互助组织所在行政村的农户，农户有自由加入和退出的权利，被认定的贫困户可以免交或以配股的方式，由投入到该村的财政扶贫资金承担其互助金。按照陕西省扶贫办规定：对于年纯收入低于 625 元(2000 年不变价)的绝对贫困户，互助金对其以赠送互助金的方式入会；对于年纯收入在 625 ~ 865 元(2000 年不变价)的农户，互助金以配送形式入会；而其他农户则需要交纳全额基准互助金方可入会。其中以赠送和配股方式入会的基准互助金在财政互助资金中列支，入会的贫困户享有民主选举、取得借款等于扶贫成员相同的权利，但是贫困户在赠送和配股方式下获得的资金仍属于互助资金组织。贫困户以获赠方式获得的所有权，会存在贫困户关心的问题是获得资金的使用权，对组织的发展和运行并不关心，组织内部的民主管理也无从谈起。原则上，会员只要没有借款就可以退出，但是有些地区在退出时设置了一定的门槛，子长市统一制定的互助资金协会章程中明确“会员加入本会至少三年以上”。

这种严格意义上的股金均等化使得农户在互助资金组织中享有平等的权力，同时也是社员产权主体地位缺失的根源所在。社员入股的权利被限制，如陕西省明确“每户最高入两份，会员交纳的基准互助金总额不超过财政投入的资金总额”，这些原则与合作金

① 徐旭初. 中国农民专业合作经济组织的制度分析[M]. 北京：经济科学出版社，2005.

融组织中基本产权制度的安排相背离。这种合作金融的组织形式是扶贫意境下的制度安排,几乎没有惠顾返还,也没有分红,仅仅从社员交纳的互助资金增值部分获得的收益来看,农户获得的惠顾返还要少得多,农户作为惠顾者的角色要弱化很多。需要指出的是这些合作金融组织以社会团体组织的形式在民政部门注册,而我国于1998年颁布的《社会团体登记管理条例》(国务院令〔1998〕第250号)中有以下规定:"第二条 本条例所称社会团体,是……按照其章程开展活动的非营利性社会组织;第四条……社会团体不得从事营利性经营活动;第二十九条……开展章程规定的活动按照国家有关规定所取得的合法收入,必须用于章程规定的业务活动,不得在会员中分配。"这就限制了这种类型的合作金融组织成员的剩余索取权,也限制了合作金融组织在金融运作上的特性。

作为政府主导力量下的一种制度安排(政府投入资金占绝大部分,并且归行政村所有),每户拥有均等的、少量的股金来说,实质上讨论其资本结构意义并不是很大。然而,对于入股的成员来说,却可以凭借股金获得来自互助资金组织层面的回报。子长市互助资金协会运作中将资金增值部分的50%用于组织资金协会的积累转入本金;40%用于管理费用,支付日常运行费用及管理人员的工资[①];其余10%的增值部分可以以分红的方式作为互助资金协会对成员的回报。此外,亦有社会层面的回报,比如,子长市牛湾村扶贫互助资金协会对于资金增值部分除了有以上三个方面的分配以外,还将资金增值部分的10%用于行政村的扶贫事业。

7.2.3 治理结构

从管理学角度讲,合作社经营管理权包括三项基本权能:决策权、执行权和监督权。凡是相对规范的合作社都有这三项权力并分别由不同的机构分别来行使:社员(代表)大会、理事会行使决策权(前者是最高决策机构,后者是常设决策机构);合作社聘任的经理行使执行权,执行社员(代表)大会和理事会的决策;监事会行使监督权,监督理事会和经理的行为。社员(代表)大会、理事会、经理、监事会共同构成合作社的内部治理结构。合作社民主管理的核心就是分权制衡,"分权制衡"既是在合作社内部实施民主管理的重要保证,也是完善的合作社内部治理结构最重要的特征,因此,应成为建立规范的内部治理结构的首要原则。互助资金组织是以户为基本社员单位,陕西扶贫办对此也有同样的规

---

① 子长市的互助资金协会开始于2009年,尽管在试行管理条例中允许支付给管理工资,但是,由于扶贫部门并没有对管理人员的工资数量及支付方式作出明确规定,且协会资金的增值部分有限,故子长市很少有互助资金协会支付管理人员工资。

定,但是在实际操作中却又有不同。在《陕西省贫困村互助资金试点工作指导意见(试行)》中第四条规定:"加入互助协会以户为单位,每户加入一人,实行一人一票无记名投票表决制,原始投票作为法律依据由村监事会存档。"但第二十三条对会员交纳基准互助金却出现"每户最高入两份"的规定,商洛县试点村根据本村情况允许农户最多入三股。这就使得原本的一户一股,即一户一票表决制的原则被打破,按照股金数额享受的附加表决权没有体现,对社员用投票表决方式进行组织管理产生一定的消极影响。

互助资金组织内部治理结构上按照农民合作社的基本架构,设置了成员大会、理事会和监事会等内部管理机构,见图7-2。按照相关规定,互助资金组织成员大会是互助资金管理的最高权力机构,理事会负责互助资金的日常运行和管理,主要包括协会资金的发放、回收、公示、财务及档案管理、召集会议等日常管理工作;监事会由协会会员、村民代表大会普选产生,并设主任、副主任和监测员3~5人,每届任期为1~3年,监事会主要负责资金运行管理的监督,同时监事会成员不得兼任协会的管理成员,即理事会成员。

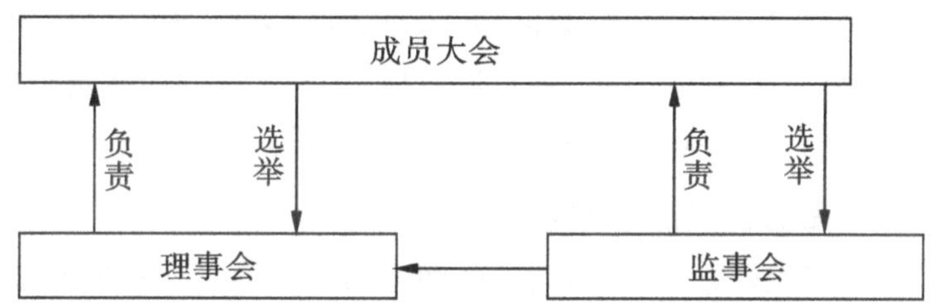

图7-2　互助资金组织内部治理结构的分权制衡

在实际中,无论是与合作经济组织紧密结合的互助资金协会还是独立运营的互助资金组织,理事会和监事会大多都是由合作经济负责人、大户或者村干部担任,主要原因在于贫困村农户素质较差、年轻劳动力外出打工等,留守农村的一些合作经济组织的负责人、村干部或者乡村精英们具有较高的文化素质和一定的影响力,能够负担起这些组织正常运营。在互助资金组织运作早期,这些素质较高的管理者对组织的正常经营起到了较好的管理作用,也与我国合作社发展中的"精英控制""内部人控制"较契合,但不利于贫困村村民民主管理意识的培养。不少互助资金组织存在理事长个人说了算的现象,导致有些社员认为理事长是互助资金组织的"一把手",相当多的社员对互助资金组织分权制衡和理事会集体决策的基本原则根本就不了解,普通成员难以形成对组织管理的实际控制。从长期看,随着扶贫开发的深入及农民合作社的迅速发展,民主管理理念更加普及,精英控制使得民主管理的普通管理者与乡村精英之间的矛盾激化。

7.2.4 资金管理和风险控制

7.2.4.1 资金管理

财政扶贫资金是以互助资金为引导，村民自愿按一定比例交纳入股的互助金为依托，社会捐赠资金为补充，资金使用原则为“民有、民用、民管、民享、周转使用、滚动发展”。互助资金主要包括四个方面的来源：财政资金、村民的入股股金、社会捐赠资金、收益分配后盈余。子长市资金互助组织试点项目成立初期主要由四部分构成：财政扶贫资金，省级贫困村试点由省市县三级筹措，共 21 万元作为铺底资金（其中省财政安排 8 万元，市级配套 8 万元，县级配套 5 万元），而县级贫困村试点，每村安排铺底资金 15 万元；项目村村民自愿交纳的入股资金（500～2000 元）；接纳无条件的社会捐赠资金；互助资金运行中财政扶贫资金增值部分，扣除公积金积累、资金运行成本和支付贫困户的收益分配后，剩余增值部分和捐赠资金增值部分转入本金的部分。商南县的资金来源则主要由两部分构成：一是财政扶贫资金投入项目试点村的 15 万元的铺底资金（个别经济条件较为困难的为 20 万元）；二是农户以自有资金入股的基准金，农户每户可入 1～3 股。在商南县的资金运作中无配股、赠股的情况①。

为保证互助资金组织资金的规范运行，陕西省出台多项资金管理办法，如《互助资金管理办法》《互助资金回收制度》等文件，形成资金使用的投放、运行、回收、再投放的闭环运行。互助资金组织在资金使用中会公布项目计划及资金使用情况，包括项目地点、资金使用计划安排、资金回收等情况，按季度定期向乡镇、县有关部门报送会计报表，并接受审计部门的审计。

陕西省对会员进行统一管理，推动会员借款管理制度化，在全省实行统一的“会员借款证”，它是会员证、借款证、互助资金证及信誉登记证的组合，既表明会员身份，又统计记载有关会员信贷的综合信息；同时，对协会的合同，借、收票据等均实行统一管理，以便监督和管理。互助资金在使用上为避免借款人还款的压力，还实行了整借零还的方式，提高成员的借款偿还率，在一定程度上降低资金的运作风险，也给互助资金组织的可持续发展提供一定的运作基础。无论是国务院扶贫办还是地方扶贫部门，均规定会员在使用资金时需要支付一定的利息，资金的使用具有有偿性，或称为资金占用费，作为组织运行日常开销、管理人员的工资及公积金提取、风险准备金及支付成员入股的分红等。但

① 范思杭，李明贤．村级互助资金试点项目建设的积极探索：基于陕西省商南县村级互助资金运行的调研[J]．农村金融研究，2017(10)：49-52.

是按规定，借款占用费率低于同期银行一年期贷款基准利率。为了保障资金使用的可持续性和互助资金组织的永存性，互助资金主要用于农户发展生产，比如发展种植业、养殖业、加工业以及服务业等项目。

7.2.4.2　风险控制

互助资金在一个行政村内运行，并主要针对贫困户，小额借款一般为小组联保方式，金额较大的需要相关资产作为抵押。为了控制信用借款风险的发生，国务院扶贫办规定互助资金需要在农村信用社设立专户，资金全部存入专户管理，并且借款余额在每期末不能超过组织资金总额的90%，亦可采用其他方式进行风险控制。陕西省规定县扶贫办是互助资金的指导机构和监督机构，负责对互助资金协会进行专门检查和监测，财政部门给予配合。对互助资金管理和监督框架如图7-3，陕西省扶贫办在具体操作中的途径有：

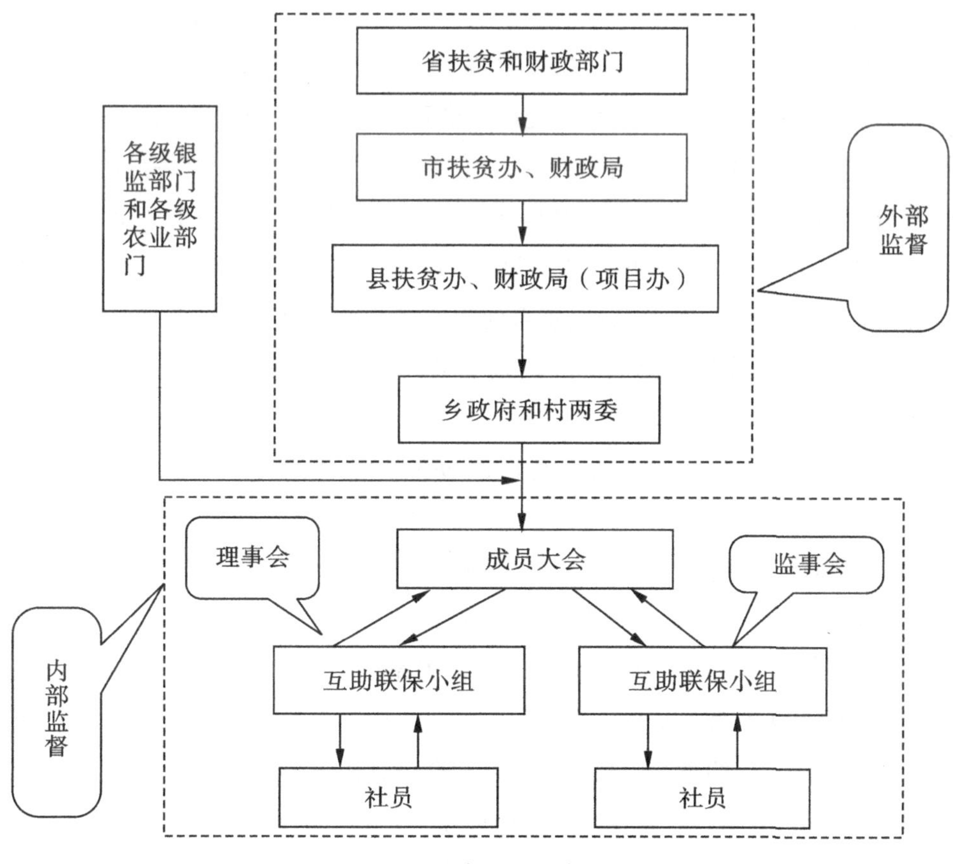

图7-3　互助资金风险管理构架

农户联保制。陕西省根据自身特点,在进行农户借款风险控制时选择互助小组联保制。协会成员自愿结合,五户为一组,在一年中最高只有三户可以取得互助资金协会的资金使用权,另外两户为担保户,需要借款的三户由互助小组成员自行商定。会员不能用自己所持互助金为自己或其他人担保。互助小组内其他成员借款时,其余两户担保成员须签字担保,若小组内任一成员不能偿还借款时,其他成员须代其偿还,并有权向其追讨债务。借款审批程序为:会员填写借款审批表—联保小组确定第一、第二代偿人—协会审批—理事会召开会议,评估成员借款方案的可行性—公示借款申请—会员签订合同,向会员发放贷款。

资金使用有最高限额。农户借款以短期为主,为使大多数贫困农户能够循环使用借款,互助资金每户有最高借款限额,其中每户最高借款限额为 5000 元(2010 年以前为 4000 元),是每户入户资金的 10 倍。在对农户额度评定时,综合农户的家庭情况、还债能力等对农户进行信用评级;同时还规定,在每一借款周期(借款周期为一年)中借款户的比例最高不能超过会员总数的 50%。互助资金的借款总额一般控制在每期末(季度或者年度)总金额的 60% ~80%,最高不超过 90%。互助资金的最长借款期限为一年,借款期限可以根据农户的实际需求,大部分允许随借随还,在还款方式上也比较灵活,可以利随本还、分批分期等。但是在调研中发现,大多数的互助资金协会对每户的放贷资金为一次性放贷,一般情况下由农户在年初借出之后,年底归还,形成一个资金的运作周期,借贷资金在农户之间的周转速度不快。资金的一次性发放和一次性回收,不能滚动运转,大大降低了互助资金的利用效率,资金使用的灵活度不高,有些农户发展生产需要临时周转资金时,由于资金借款总额已经达到了最大限度,农户陷入了需要资金的时候却不能贷款的局面。

互助资金协会主要在行政村内开展业务,进行封闭式运行,不能跨越行政村。主要采用五户联保的形式,以农户的个人信用作为担保。其他的信用风险控制手段几乎没有,尽管要求互助资金组织建立风险准备金制度,但是调研汇总发现,很多互助资金组织风险准备金制度不健全,仅每年提取一定的坏账准备,按每年末应收账款余额的 3% 提取。这些互助资金组织的运行是以一定的社会关系网络中的人际信任和社群信任为基础建立起来的一种关系型信贷融资模式,体现的是非正式制度的安排和社会伦理道德,是一种非强制性的制度约束。这种信贷关系和合作社内部资金互助一样,是符合和贴近农村金融制度安排的,适合农村金融的需求特点,可作为金融扶贫的一个突破点,亦可作为寻求农村金融突破的一个关节点。商南县 2006—2015 年,互助资金的盈利态势良好,除了试点运作当年有亏损外,其余年份均保持了盈利状态;2006—2010 年平均借款逾期率为1.99%,2011—2015年为0①。

7.3 贫困村互助资金的合作制与反贫困双重属性

贫困村村级资金互助组织作为一种扶贫组织形态,其创新之处在于,将财政扶贫资金的使用权赋予贫困户,并在组织形态中体现了合作制的原则,具有"民用、民管、民享"的特性,在其发展中既体现了贫困治理的属性,也具有合作金融的特征。

7.3.1 贫困村互助资金的合作制理念

我国政府的农村反贫困所依赖的路径是政府依靠传统的行政体系将扶贫资源传递给贫困农户。在这个传递链条中,位于上游的是各级政府,位于下游的是广大的分散农户。抛开其他因素来看,一个关键问题在于政府将这些资金传递下去之后,农户如何进行利用,使得这些资源实现效用的最大化。一方面,我国很多贫困地区拥有丰富的自然资源,然而,农户由于缺乏发展资金、能力等因素,没有发展的动力和冲动,最终无法将这些自然资源转变为优势资源。另一方面,很明显,一家一户的小农户经营存在交易成本高、规模小、组织化程度低等不利于自身发展的因素。在市场化方面,一家一户的传统农业抵御市场风险和自然风险的能力不足,因此致贫的风险特别严重。如何增加贫困农户抵御农业生产的自然风险和外部市场风险的能力,增加农户收入,促进农户自我发展和可持续发展,其基本路径在于通过农户之间的联合互助来放大和扩大农户的发展冲动和能力,其次在发展中通过组织化程度的不断提高以此增强农户在市场中的谈判能力,提高其在市场中的主体地位,增强农户在市场中的竞争力。

从扶贫开发的路径演变来看,扶贫开发的最终目的是实现贫困地区的可持续发展、贫困人口的持续增收,实现贫困治理的标本兼治。在这一过程中,作为更为弱势的贫困群体联合起来,组建以合作制为原则的农村经济组织,不仅能更有利于外部力量的"输血",更重要的是还具有"造血"功能。对贫困地区和贫困户的帮扶倘若依托合作经济组织的制度优势,可以将外部直接输入式帮扶内化为内源式发展,可将扶贫开发的投入进一步扩大。在合作社的发展过程中,合作社所具有的益贫和减贫特性,被视为贫困治理

---

① 范思杭、李明贤.村级互助资金试点项目建设的积极探索:基于陕西省商南县村级互助运行的调研[J].农村金融研究,2017(10).

的一个有效载体,也是外部主体实现贫困治理的重要途径。在现代社会中,金融作为经济社会发展的必要因素,对社会个体福利的改善具有积极的正向作用。但是,包括我国在内的世界各国和地区广泛存在着金融抑制和金融排斥,特别是对于贫困地区而言情况更为糟糕。以合作制为原则组建的合作金融组织扎根于基层和社区,融合了生产发展和金融服务的多种功能,为组织的所有者、控制者和惠顾者的特定群体提供金融服务。这些特定群体往往是农村基础的弱势群体和低收入群体,尤其是贫困地区的贫困群体,因此贫困地区组建的合作金融组织具有合作制和亲贫益贫的双重属性。

合作经济组织也是农村公共物品的供给主体之一,扶贫开发中的投入载体、投入渠道等也离不开合作经济组织的助力,农村经营体制的变革也包含了合作经济组织的创新与发展。从这种意义上讲,实现低收入群体之间的合作建立合作经济组织,也是实现贫困地区经济发展和制度供给的手段和体现。有效率的合作经济组织能够提高政策、技术、资本等要素的使用效率,也可降低这些要素在传递中的成本。在农村金融市场不健全以及财政扶贫资金瞄准不到位的情况下,处于更加弱势的低收入群体的权利面临着无法保障的状态,进一步发展的诉求也难以得到满足,建立扶贫互助资金组织是通过低收入群体的联合以组织化的方式增强农户在经营与发展中的权能。一方面,开展资金互助是以资金为纽带,通过促进贫困农户之间的合作,改变过去依靠政府财政扶贫资金对农村社区和贫困农户进行无偿补贴或者政府贴息扶贫贷款中的低效率与高风险的问题,减少贫困农户对扶贫资金的依赖性,扩充农户发展资金的来源途径、扩大单个农户寻求发展资金的数量,以此增加农户发展的冲动和能力;另一方面,互助资金促进的是农户之间的互助和合作,旨在以资金的联合促进农户发展能力的提高和产业的发展,提高农户的组织化程度,其所遵循的互助合作制原则是从制度层面破解贫困地区经济发展和农村社会其他领域发展的难度。

政府通过投入一定的财政资金,引导农户入股参与,组建合作金融组织开展农户间的互助合作,并以“赋权”的形式将这种资金使用的权力赋予农户,可以发挥扶贫资金的引导效应,提高农户及民间资本在扶贫开发中的参与度,提高农户的自我发展能力。在财政扶贫资金的管理权限赋予农民之后,少了政府的行政性干预,多了农户自主发展的选择,真正实现“民有、民管、民受益”。农户有了可以自由支配的资金要素,在市场功能的调节下,可以使得这部分农户根据市场的需求选择适合自己的产业项目和发展路径,并且在组织自身发展的压力下会促使其共同研究进入市场寻求发展的机会,这也是低收入群体逐步提高自我发展能力的过程。我国农村有着数量巨大的民间资本,盘活这部分资金用于发展生产,利用农村社区内发达的小信任系统,展开农户间以资本为纽带的互助合作,也是参与式扶贫新方式的一种探索和尝试。

7.3.2　贫困村村级互助资金组织的减贫路径

互助资金的扶贫模式改变了过去由政府定项目、农户被动接受的局面，由农户自主选择适合的发展项目，以市场化小额信贷的方式使得农户在项目选择和生产经营中有了更大的自主性，解决了农户在发展产业时融资困难和资金短缺问题，提升农户脱贫致富的主动性。然而，对于互助资金协会来说，若想要实现可持续发展，需要有产业发展的支撑，需要推动互助资金互助与合作经济组织的协同发展，促使资本与产业的合作相融合，二者之间联动扶贫机制可见图7–4。

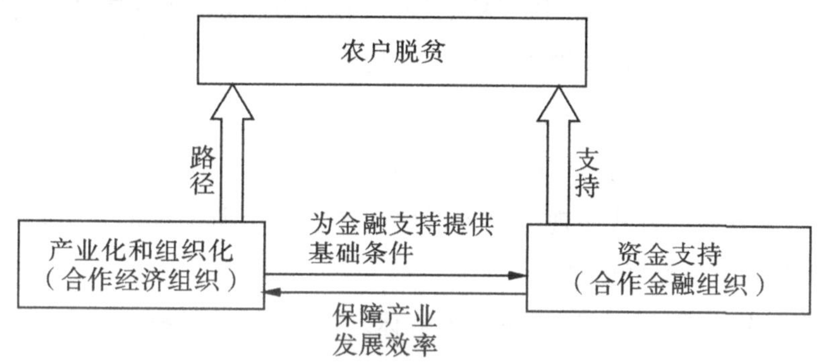

图7–4　合作经济组织和合作金融组织联合促进农户脱贫机制

对于发展不足的贫困地区来说，减贫归根结底取决于经济的发展，农业现代化和市场化是包括贫困地区在内的中国农村发展的必由之路。在市场经济环境下，贫困地区或欠发达地区的经济发展也需要以产业化为基本方向，依托当地资源和市场资源，大力推进当地支柱产业和特色产业的发展，提高农户和农户所在经济共同体的竞争能力，走产业化开发之路是贫困地区和欠发达地区脱贫致富的必经之路。

然而，农业的弱质性和小农户的特点使得农户在进入市场参与竞争时困难重重，在发展产业过程中会事倍功半，甚至出现返贫。农户脱贫的过程表现在持续不断地从市场中获取利润的过程，体现在农户参与市场能力和竞争力的提升，这就需要农户进一步提升组织化和产业化经营水平，依托合作经济组织或组建合作经济组织发展产业便是一条很好的选择。在合作经济组织的保障作用下，农户可以以低于市场的价格购买农业生产资料，也可以通过合作社的统一收购和销售进入市场流通领域获取利润，提高在市场中的竞争能力。产业化和组织化的发展以合作经济组织为载体为贫困地区进行资金支持提供基础平台，也是贫困地区脱贫的根本路径，保证了资金支持脱贫的效率。

资金问题是我国农业现代化和农村经济发展的一个掣肘。广大农户，特别是中西部贫困地区的农户脱贫致富求发展受制于发展资金的缺乏，导致脱贫无力，即便有丰富的资源，没有资金的注入和支持也难以将这些资源优势转化为优势资源。贫困地区农户闲散资金较少，在发展产业脱贫致富过程中，不仅需要内源式的自我供给，更需要外来资金“输血式”的帮助，组建合作金融组织是一个很好的金融支持平台。利用这个平台可以为农户发展产业提供快捷和便利的金融支持，从而保证农户发展产业所需资金支持。

尽管互助资金明确规定不能用于统一经营，但是子长市探索的“互助资金协会+合作社”的模式却能很好地解决这个问题。首先是资金的“化整为零”，互助资金协会根据农户的申请将资金放贷于农户，然后农户再“化零为整”，将各自申请到的贷款以合作社为载体进行统一的经营管理。“零”和“整”的统一与协调既没有违反扶贫部门对扶贫资金在使用上的规定，又符合农户发展走产业化和规模化的道路，确保其在市场中经营能力和竞争力的提高，亦是互助资金在使用上的一种创新。

贫困村村级互助资金在扶贫开发中的创新之处在于，将财政扶贫资金的管理使用权赋予农户，以金融支持的方式实现低收入群体生产发展中所需要的资金短缺问题，其实质是权利的调整和减贫路径的创新。

一是利用合作金融制度优势瞄准贫困群体。贫困村互助资金实施的一个重要问题是提高财政扶贫资金响应贫困户需求的效率，提高扶贫资金的瞄准效率。以商业银行为主要投入渠道的扶贫贴息贷款在实际投放中更愿意投向条件较好的农户，贫困户很难得到发展生产所需的资金。与扶贫贴息贷款不同的是，互助资金组织直接建立在贫困村上，组织的成员是本村入股的村民以及不交纳股金也能参加的贫困户，借款的对象就是入股的村民，直接瞄准了农户。村级互助资金组织基本上是以合作制为原则组建的，充分利用了合作金融的制度优势。互助资金的组建以村为基本单元，实现封闭运行，最大限度地贴近农户，由农户自主管理，并通过熟人社会机制有效地降低贷款的交易成本和贷款风险，社区的信息优势和联保制度大大提高了组织资金投向的瞄准度和互助资金的安全性。村级互助资金在运作上也体现了小额信贷的属性，对互助资金的贷款期限和贷款额度都有一定的限制，这对富裕农户来说是增加了借款的成本，将互助资金的使用更多地留给贫困户。

二是增加贫困农户的初始投资资本。贫困地区有着更为严重的金融排斥，贫困户缺乏生产发展的资金投入，以互助资金的方式给予农户生产发展的投资资金，增加农户农业生产的投资支出，为摆脱贫困陷阱提供基础条件。互助资金除了有财政资金的投入外，还可以充分调动农村内部资金，使其满足贫困农户的资金需求，从而提高贫困人口的收入。在扶贫开发的治理工作中，人们往往把贫困人口脱贫的希望单纯放在提高贫困人口的生产技能上，忽视了贫困人口贫困的原因很大程度上在于其没有足够的资金使其现有的技能发挥出来。互助资金明确要求资金主要用于生产发展，通过合作金融募集的资金，合作金融组织内部的贫困农户可以获得超过其单家独户时自我提供的资金的很多倍，从而可以充分利用现有的生产技能获得收入。

三是以赋权的方式增强农户市场意识和自我发展能力。赋权式反贫困是贫困治理中的一项重要内容，贫困群体自身各种权利或权能的缺失或得不到有效保障是导致个体陷入贫困的原因之一，对贫困主体的赋权可以提高他们自主决策与发展的能力。互助资金试点的推进，其所指就是给贫困户赋予互助资金自主使用的权力，目的就是将贫困户的发展潜力转化为现实优势。互助资金的扶贫模式改变了以往由政府定项目、贫困户被动接受的局面，主要是给贫困户提供生产发展的初始资本，由农户自主选择适合自己的发展项目，由此农户在选择项目时会更加谨慎、在经营项目时更加用心，将以往被动式地接受扶贫项目变为主动地选择适宜的发展项目，贫困户变成了生产发展的市场参与者。以合作制为原则组建的互助资金组织还有助于培养贫困户的合作精神，社区组织生产和发展的压力促使贫困户共同维护组织的发展，共同研究市场，这一过程也是培养具有"企业家精神"新型农民的过程。合作金融的民主管理机制使得贫困农户可以参与合作金融的管理，赋予他们平等参与组织事务管理的权力，从组织内部事务管理的民主决策中体会到自身的尊严和平等思想，通过参与民主管理，增强贫困农户的权利意识和理财能力，增强贫困户发展的自信、激发其潜能，这是贫困治理中唤醒"精神贫困"的重要内容。互助资金组织的管理和发展可以增强社区互助精神，从而有助于贫困农户脱贫。农村合作金融的突出特点是其社区性，不仅是募集社区内部的资金，也将社区内部的社会资本进行充分发掘。社区内部信用的发掘减少了贫困户利用资金的成本，也增添了贫困户获得来自社区内部的各种帮助的渠道。

四是合作经济组织具有公共属性。体现了合作制原则的贫困村村级互助资金组织，在扶持贫困户发展的同时，也体现了公共物品供给的特性。一些发展较好的互助资金组织能够提高社区的基础设施供给水平，帮助社区发展所需要的新的经营方式和新技术的普及，使得贫困农户发展自身家庭经济的外部环境得到改善。互助资金组织为了提高资本的使用效率，也基于自身发展的社区公益性要求，会对社区基础设施供给进行必要投资，这会显著改善贫困户发展家庭经济的外部环境，尤其是道路、生活用水等条件的改善，给贫困户发展生产提供基础，增强贫困户生活的幸福感和获得感。

7.3.3 金融扶贫案例分析

案例1:子长市双牛湾村扶贫互助资金协会

双牛湾行政村辖3个自然村,105户共540人,是省级扶贫互助资金试点村,又是扶贫开发重点村。该村有养猪的传统习惯,为扶持该村产业发展,早在2008年在政府有关部门的积极引导下成立宏平养猪专业合作社。合作社的成立改变了该村养猪的传统养殖方式,走集约化和科学化产业发展的路子,成为省级"一村一品"示范村。

该村被确定为互助资金试点的一个重要因素在于该村有较好的产业基础,能够为村民的脱贫致富提供有力支持。2009年该村互助协会按照互助资金的运行原则,与养殖合作社紧密结合,为社员提供一体化服务。截至2009年底,全村扶持发展20头以上的养猪户93户,养猪产业已经覆盖全村90%以上的农户。目前,农民人均纯收入由2001年的625元增加到2009年的4500元。

该资金互助组织严格按照既有的规定和章程成立,成立了成员大会、监事会和理事会,并按要求进行股金管理和风险控制。该村共有105户,由于外出打工等其他原因留守本村的只有80多户,其中有39户共67个成员加入资金互助协会,每个成员交纳的入会基准金为500元,享有互助资金协会资金使用权。互助资金协会2009年累计发生贷款23笔,贷款余额92 000元,周期均为6个月,与养猪周期基本相符,以上23笔借款全部用于养猪;2010年累计发生贷款23笔,贷款余额115 000元,周期为1年,以上23笔借款全用于养猪。

点评:在互助资金项目试点运行之初,扶贫资金无论在贫困瞄准方面,还是促进农户增收方面,都发挥了重要作用。双牛湾村扶贫互助资金协会与专业合作社紧密结合,主要用于服务合作社的社员,既缓解了合作社社员资金短缺的问题,又增强了农户的合作意识,提高农户的组织化程度,产业化水平进一步提高,农户收入提高显著,扶贫资金使用效果良好。

案例2:商南县村级互助资金协会

商南县是被国务院扶贫办确定的互助资金试点县,自2006年开始试点工作,成效明显,截至2018年年底,商南县有村级互助资金协会76家,实现了该县贫困村的全覆盖,互助资金规模达到3000余万元,累计为1400多户发放贷款2000余万元,其中贫困户700多户、贷款1200万元。在互助资金协会的带动下,该县建立连片产业基地132个,农民合作社385家,带动2.5万名贫困群众实现稳定增收,被称为贫困户增收的"自助银行",形成了可复制、可借鉴的"商南模式"。

进入脱贫攻坚战时期，商南县进一步发挥互助资金协会在精准扶贫中的作用，以“精准”为导向，做好协会资金管理的每一步。该县从精准确定投放对象和投放资金抓起，明确规定“资金主要用于支持农户发展产业、增加收入的项目”。对于申请贷款的农户，协会工作人员需要现场查看项目，对项目的市场运作前景、综合效益及减贫效果进行评定，确定贷款资格后在村内进行公示。在资金的投放上，严格按照“每户一次借款在1万元以内，特殊情况不超过1.5万元”的规定，对贷款的用途进行严格监管，有效杜绝“重复贷”“垒大户”的情况。同时，将互助资金协会的运行与村集体经济发展相结合，全县69个贫困村全部成立互助资金协会，资金运作的收益归全体村民所有，消灭了集体经济“空壳村”，创新了村集体经济发展新模式。

点评：进入脱贫攻坚时期，贫困村村级互助资金协会与时俱进，与新时期贫困治理的特点和需要相适应，以投放对象和资金的精准确定为手段，破解贫困户产业发展中资金短缺的问题，充分释放金融助力精准扶贫的效力。商南县通过积极探索，不断完善机制，形成了“资金投向明确、运作方便快捷、产业支撑有力、民管民用民受益”的新模式。该县的互助资金协会成为农村金融的有益补充，在助力打赢脱贫攻坚战中发挥了重要作用。

7.4 新时期贫困村村级互助资金组织的存续与转型

贫困村村级资金互助组织自2006年开始实施直至脱贫攻坚结束，其在提高财政扶贫资金的使用效率、促进低收入群体的收入增加、增强贫困地区农户自我管理能力，以及助力打赢脱贫攻坚战等方面发挥了重要作用，但是贫困村村级互助资金组织作为扶贫开发中金融扶贫的一种探索模式，其存在和发展具有一定的阶段性特征，随着贫困治理战略的转型，这种组织组建的初衷与贫困治理不适应，组织发展的定位需要调整。进入脱贫攻坚后，贫困村村级互助组织立足当地发展实情，也在纷纷找寻适合自己的发展模式，但是也有一些由于各种原因而退出的。新时期贫困村村级互助资金组织的转型发展主要有以下几种方式。

7.4.1 互助资金组织的退出

随着新时期精准扶贫、精准脱贫政策的深入推进，特别是精准扶贫小额信贷等政策性惠农贷款政策的落实，基本上满足了贫困户生产发展的资金需求，同时互助资金组织运行也存在各种风险因素，与精准扶贫新形势的要求不相符。为进一步提高财政扶贫资金使用的精准度,发挥资金的使用效率,一些地区停止运行贫困村互助资金项目并实施退出工作。宁夏、甘肃、四川等地区出台贫困村互助资金试点退出管理办法,对退出的条件、流程及互助资金的清算进行明确。主要是针对这些地区产业发展已经较好,农户已无小额资金需求;农户在当地金融部门获得贷款比较容易;互助资金长期闲置;财务管理混乱,资金借款逾期严重,无法有效监管;符合以往规章制度中退出条款的试点村。

这些试点项目退出后,财政资金给予及时的收回用于支持脱贫攻坚、村集体经济发展及其他公共事业等。如甘肃省庄浪县开展互助资金协会退出工作,截至2020年8月底,互助协会全部退出,互助资金全部收回。2018年分四批对全县196个贫困村集体经济注入资本金4798万元,2019年将收回的1424万元互助资金安排用于97个非贫困村集体经济的发展。

7.4.2 互助资金组织的深化发展

一些发展较好的贫困村村级资金互助组织随着贫困治理的转型及农业农村经济的发展,其金融服务功能并没有消弱,而是实现了与时俱进,在精准扶贫中亦发挥了重要作用,互助资金用途不仅仅局限于发展农业产业项目,还扩大到生产、流通、电商、光伏、教工、餐饮、基础服务、产业入股等方面,目的在于提高村民特别是贫困户的收入水平。在互助资金组织发展较好的地区,如宁夏盐池县的"盐池模式",不断对原有的评级授信模式提档升级,保证金融服务持续稳定推进。陕西省扶贫办在2017年出台相关政策,新组建的贫困村互助资金协会财政资金一次注入不低于50万元;原有互助资金规模达不到这一标准的要逐步补齐。资金来源更加多样化,除了财政专项扶贫资金和整合涉农资金外,还有外资扶贫资金、福利彩票资金、行业扶贫资金,用于扶持贫困户产业发展的资金也可以注入,并且要求所有贫困村退出之前必须建立规范运行的互助资金组织,实现互助资金互助对贫困村的全覆盖。

河南叶县被国务院扶贫办、财政部确定为全国互助资金项目试点县之一。脱贫攻坚时期,叶县利用互助资金项目支持贫困村成立资金互助社,吸纳农户尤其是贫困户入社,向社员提供生产性贷款,解决农村贫困人口生产资金短缺难题,提高扶贫资金使用效率和扶贫开发工作成效,开辟了农村金融扶贫新模式,国务院扶贫办先后两次在叶县召开互助资金现场观摩会,互助资金项目被国务院扶贫办称作"叶县模式"在全国推广。2006年启动试点工作以来,分批在170个行政村建立了社区资金互助社。全县互助社资金总规模达到6032.38万元,其中财政扶贫资金4853万元,移民财政扶持资金497万元,公积金滚入本金303.68万元,农户交纳互助金378.7万元。截至2018年底,互助社社员累计达1.2万人,借款户数共计71901户次,累计放款金额3.6亿元。其中2018年借款户数10 141户次,累计放款金额7981.9万元,收取占用费315.6万元,贫困户借款2967户次,累计放款金额2383万元。互助资金成了贫困村自我管理、自我发展、良性运转的“小银行”,为村级发展集体经济奠定了基础,成为贫困村脱贫致富的稳固靠山。

脱贫攻坚时期,叶县不断拓展业务保持互助资金的持续运行。启动“互助社种子资金+低息贷款”项目,县农商银行与叶邑镇老鸦张村、南大王庄村、辛店镇桐树庄村资金互助社合作试点启动,向三个互助社分别投放100万元低息扶贫贷款,由互助社负责承贷发放和本金利息回收,满足贫困户生产发展脱贫致富资金需求。目前,逐步在其他互助社开展此项合作业务,继续扩大合作,把有条件的贫困村互助社培育纳入合作范围,如辛店镇桐树庄村在社科院研究员指导下,成立唐山寨农业种植专业合作社,并与科技项目结合,建成千亩林果采摘园,这种合作模式建立后,对助推村集体经济发展,发挥企业减贫功能将起到不可估量的作用。互助资金项目的实施,有力助推脱贫攻坚的进程,实现了由“输血”到“造血”的功能转化,探索出了一条底层突破、扶贫开发的新模式,收到了良好的经济效益和社会效益,在助力脱贫攻坚中实现了可持续发展。

7.4.3 互助资金组织的转型发展

互助资金试点的实施与推广,与国家在农村地区的发展战略息息相关,其组织自身也是围绕“能扶贫”和“可持续发展”两个基本路线。在“能扶贫”方面,互助资金组织自2006年实施到脱贫攻坚结束时,基本上完成了自身阶段性任务。从“可持续发展”的角度来看,有些互助资金组织完成阶段性任务后退出历史的舞台,而有些在试点地区,不仅实现了组织自身的深化发展,成为当地农村金融的重要组成部分,而且随着国家在农村地区治理战略的转型而转型。2017年党的十九大报告提出,必须把解决好“三农”问题作为全党工作的重中之重,实施乡村振兴战略。2021年中央农村工作会议上指出,脱贫攻坚取得胜利后,要全面推进乡村振兴,这是“三农”工作重心的历史性转移。这一科学判断也为农业农村各项事业的发展指明了方向,包括互助资金项目的发展和支持内容。自乡村振兴战略实施以来,发展较好、脱贫较早的一些贫困地区,将互助资金支持的重心转移到服务乡村振兴战略上来,为脱贫村产业后续发展和可持续发展提供资金保障。

安徽省霍山县早在2006年年初便选择霍山、太湖、金寨开展贫困村互助资金试点,在发展中与合作经济组织紧密结合,加大对产业增收项目的扶持,在发展中形成了具有一定影响力的“霍山模式”,并于2006年年底成立霍山县贫困村村民生产发展互助资金协会,成为全国首家成立的县级互助资金协会。脱贫攻坚全面胜利后,为巩固拓展脱贫攻坚成果并接续推动乡村振兴,2021 年霍山县贫困村村民生产发展互助资金协会变更为霍山县乡村振兴互助资金协会,明确加大对乡村振兴的服务力度。

7.5 存在问题

一是产权具有限制性。产权对其他制度安排起着决定性作用,也决定了组织相关主体的行为模式。清晰的产权是组织管理机制、激励机制和监管机制的基础。对贫困户赋权是财政扶贫资金金融服务创新和股权创新的重点,贫困户通过赠股或配股加入互助资金组织,非贫困户通过自筹资金入股,表面上看组织成员产权量化到了个人,但是这种财政赋权是一种限制性股权。互助资金组织中的财政扶贫资金、捐赠资金以及增值部分归行政村的全体村民所有,而村民交纳的互助金归本人所有。这些制度安排与合作经济组织股权设置的基本范式不符,作为合作金融组织的成员,原则上加入合作金融组织需要交纳基本股金,以此取得成员资格,并获得相应的管理权、控制权和剩余索取权等,而村民为获取成员资格交纳的股金被称为“互助金”,这在一定程度上淡化了成员因入股而具有所有权和管理权。对于贫困户来说,其股金的来源是赠股或配股,贫困户获得的主要是管理权,资金的最终处理权和所有权仍归属互助资金组织,这就很容易使人产生一种错误观念:这些财产属于国家,组织的可持续发展和内部管理与自己并没有太大关系。互助资金组织的个人产权模糊、具有一定的限制性,使得成员无法拥有产权主体地位。尽管这种对贫困户赋权的产权制度改革,体现了财政扶贫资金扶贫的理念,保障了贫困户在获得使用权方面的主体地位,保障了互助资金组织一定的合作经济原则,但是这种产权制度改革并没有真正赋予成员产权主体的地位,与以合作制原则组建的合作金融组织还有一定的距离。互助资金组织作为一种政策性工具,其市场主体地位较弱,其发展的前途和走向实际上由政府的意志来决定。

二是筹资渠道少,资金规模有限。互助资金互助的资金筹集渠道少,主要以财政扶贫资金的注入和农户入股的资金为主,其他渠道能筹集到的资金较少。在项目试点初期,财政扶贫资金的投入额度为 15 万元,即便是加上农户入股也不多。从对陕西子长市互助资金组织的调查来看,铺底的扶贫资金加上农户入股的互助金基本上在 30 万元左右,在实际运作中还需要扣除一部分作为风险防范,真正能用于资金融通的并不多,每户 5000 元左右的贷款额度并不能满足农户真正的融资需求。即便是此后进入脱贫攻坚时期,一些地区对财政投入的力度不断加大,如陕西省在 2017 年要求新组建的互助资金组织一次性财政注入不少于 50 万元,对于农户多样化的发展需求来说仍显不够。且吸股不吸储的硬性规定,以及与商业性金融机构开展合作有一定的难度,使得这种"内源式"融资方式困境重重。在实际调研中也有农户嫌贷款额较少,发挥不了太大作用而没有加入互助资金协会。

三是贫困瞄准依然偏移。互助资金项目设立的其中一个目的是提高财政扶贫资金在贫困户中的投放效率,但是其在运转时一些具体的制度是不利于贫困户发展的。首先,在贫困村选择上,需要有一定的产业基础,这就使得一些没有产业基础的贫困村一开始就被排除在扶持范围外;其次,尽管互助资金直接到达贫困村农户手中,对于直接瞄准贫困户具有较高的效率,但是诸如五户一个小组的"联保制"贷款方式,使得收入较高的农户更容易组合,而贫困户通常难以找到自己的"小组"。同时互助资金组织为保障组织的可持续发展和运行,在项目选择上会倾向于投资回报较高的项目,这些项目对作为投资人的农户在经营能力、出资能力等方面都有一定的要求,低收入的贫困户被排除在目标群体之外,互助资金的投向偏好倾向于贫困村的中上等收入农户。最后,在进行资金借贷时,原本能从正规金融机构取得融资的收入较高的农户,因互助资金协会占用费较低而优先选择互助资金协会,出现与低收入农户争夺有限的扶贫资金现象。

四是内部治理不完善。互助资金得以运行的基础是我国传统的农村社区发达的小信任系统,这种以人缘、地缘和血缘关系为基础建立起来的网络社会,很难形成有效的内部监督机制,"面子"问题和"人情"问题是内部监督的优势,也是内部监督的劣势根源。产权的有限性以及贫困地区民主管理意识较弱,农户更多的是关心自己是否能取得资金及自我的发展,对于互助资金协会内部治理结构是否完善,自己的监督权力是否得以实施并不是很关心。

总之,贫困村村级资金互助组织是在政府扶贫意境下推行的合作金融组织,政府的意志和导向在组织组建和发展中具有绝对的影响力,并且由于政府的推动使得这种组织在农村地区,以较小的制度成本和较快的速度实现了对贫困地区的迅速覆盖,成为我国农村地区分布最广并且具有一定影响力的金融组织,这在我国扶贫开发史上和农村金融发展史上均属少见。

互助资金项目意在扶贫,但是体现的却是合作金融的发展理念。贫困村村级互助资金组织的建立和运行,一个重要的意义在于促进了贫困地区农户组织化和合作化程度的提升,对于农村地区合作金融的发展具有深远影响。

源于政府部门利益最终目的在于扶贫,这种组织的金融扶贫政策性优势过于彰显,而忽视了金融行业和金融市场发展的内在规律,如体现不出对资产收益性的追求等,使得这种组织的发展在一定程度上看仅仅是一种过渡性的产物。当这种金融组织完成当前的使命以后,或者消亡,或者改变原有的制度安排蜕变为其他类型的合作金融组织,如银监会框架下的农村资金互助社等。

与合作社内部资金互助相比，政府主导下的制度安排使得这种类型的合作金融组织有着更为统一和规范的运作模式，其制度特征也更为贴近传统意义上的合作金融组织，如成员股金相等、一人一票等，但是就这种组织本身来说，缺少了可持续发展的活力。

第8章 乡村振兴背景下农村新型合作金融组织的发展机遇和挑战

重农固本是安民之基。党和国家一直高度重视农业农村的发展，始终把“三农”问题作为全党工作的重中之重，在脱贫攻坚即将结束之际及时调整推动农业农村发展战略导向，在2017年党的十九大报告中提出实施乡村振兴战略。此后，国家就推动乡村振兴战略出台了多项文件，2018年9月中共中央、国务院印发了《乡村振兴战略规划(2018—2022)》;2021年2月发布了《中共中央 国务院关于全面推进乡村振兴加快农业农村现代化的意见》的中央一号文件，这是21世纪以来的第18个关于“三农”工作的中央一号文件，同时对相关职能部门机构的设置进行调整，国务院扶贫办重组为国家乡村振兴局，并于2月25日正式挂牌，以专门机构主抓乡村振兴的推进，从谋划阶段走向全面落实见效；2021年6月，《中华人民共和国乡村振兴促进法》开始施行，这是推动我国农业农村发展的一件大事，以法的形式明确了乡村振兴的地位和重要性，乡村振兴的“四梁八柱”基本构建起来。

金融活，经济活。金融作为现代经济运行的血液，血脉通，经济增长才有力。《中华人民共和国乡村振兴促进法》第六十五条规定，“国家建立健全多层次、广覆盖、可持续的农村金融服务体系，完善金融支持乡村振兴考核评估机制，促进农村普惠金融发展，鼓励金融机构依法将更多资源配置到乡村发展的重点领域和薄弱环节”，明确了金融在推动乡村振兴中的作用和作为。随着乡村振兴战略的全面铺开，农村金融需要进一步深化改革和创新发展，农村金融不仅仅是政策的对接者，也是引领农业农村创新发展、激发新动能新要素新主体的重要力量。乡村振兴战略的推进，不仅需要大量资金的投入，更需要金融服务水平的不断提升和完善。金融服务乡村振兴战略的实施，经济增长不再是单一的追求目标，而是要以乡村振兴战略中“产业兴旺、生态宜居、乡风文明、治理有效、生活富裕”的20字方针为基本要求，不仅要促进农村金融环境的优化，更要实现金融自身在乡村的进一步发展。合作金融作为农村金融的重要组成部分，自2006年国家放宽农村金融准入后，出现了多模式、多类型的发展态势，无论在数量上还是在服务质量上，都已经成为支持农业农村发展的重要力量。合作金融组织扎根农村社区，与推动农村社区经济发展、公共服务、基层组织建设等方面具有较强契合性，是新时期助力“三农”发展的重要力量。乡村振兴战略的全面推进，为农村合作金融的发展创造了条件，同时新形势下推动农村新型合作金融的发展也面临着一定的调整。

8.1 发展机遇

8.1.1 国家对合作金融发展的重新审视

合作金融是农村金融的重要组成部分，其独特的制度特征在推动乡村发展方面具有先天优势，合作金融组织的发展实践也广泛存在于国外发达国家和发展中国家。我国历来也重视合作金融的发展，无论是从促进农业农村发展的角度还是推动农村金融改革的视角，都对农村合作金融的发展给予了支持和鼓励。

在我国社会主义市场经济建立过程中，国家强调的是强有力的控制力，在制度变迁过程中始终处于主导和引导地位，因此，在国家的顶层设计中关于农村金融的结构和发展变动具有重要的导向意义。我国金融制度的改革和推进也是在政府的主导下进行的，并且在我国制度结构“二重性”（发达而富有控制力的上层结构和流动性强且分散化的下层结构）特征没有改变之前，无论是自上而下的强制性制度变迁，还是自下而上的诱致性制度变迁，国家的态度始终是最重要的。农村金融体系自新中国成立以来就没有按照农村融资问题的一般逻辑而发展，在政府的金融控制下，农村大量资金流向国有工业部门，长期的金融发展让位于短期的经济增长，金融机构在农村的活动主要是为了城市化和工业化的发展动员储蓄。

随着我国城市化和工业化的迅速增长，而农村和农业依然难以取得突破式发展的时候，农业农村的发展已经成为农业农村现代化建设和全面建成小康社会的突出短板，国家对农村金融组织和发展模式的垄断开始进行让步，国家对于农村金融的发展重新审视，多种产权形式的组织形式开始出现，其中农村新型合作金融组织便是其中之一。2006 年颁布的《关于调整放宽农村地区银行业准入政策更好支持社会主义新农村建设若干意见》，以及 2007 年印发的《农村资金互助组织管理暂行规定》等通知，是推动农村新型合作金融组织发展的文件，同时也体现了国家层面推动农村金融改革的意旨。尽管正规农村新型合作金融组织在推进层面不尽如人意，但是国家一直在支持农村地区合作金融的发展，从历年中央一号文件可见一斑。2021 年中央一号文件更是在发展合作金融方面提出两种路径，“明确地方政府监管和风险处置责任，稳妥规范开展农民合作社内部信用合作试点”；“深化供销合作社综合改革，开展生产、供销、信用‘三位一体’综合合作试点，健全服务农民生产生活综合平台”。

自 2006 年放宽农村金融准入门槛后，已有的农村新型合作金融组织实践证明，这些组织的出现对于金融资源配置能起到一定的效果，但是，在实际发展中正规农村新型合作金融组织数量上的有限性和制度建设的不规范性使得这种组织制度对金融资源配置效率的提高程度难尽如人意。全面推进乡村振兴战略需要多层次农村金融建设，新的发展导向也需要农村金融体制的积极响应，同时农村合作金融组织外围发展环境的不断改善，也给农村新型合作金融组织的发展提供了良好的机遇，届时合作金融制度在农村地区将会随之发展和壮大。

8.1.2　农业农村优先发展的政策红利

我国经济社会发展的现实不断提醒，城乡发展的不平衡是我国发展的最大不平衡，农村发展的不充分是最大的不充分。要夯实农业农村整个稳固的基础，深入实施乡村振兴战略，必须坚持农业农村优先发展。党的十九大报告把坚持农业农村优先发展作为实施乡村振兴战略的指导思想和首要任务，十九届五中全会通过的《中共中央关于制定国民经济和社会发展第十四个五年规划和二〇三五年远景目标的建议》中也明确指出“优先发展农业农村，全面推进乡村振兴”。坚持农业农村优先发展，就是要牢固树立农业农村优先发展的政策导向，把落实人才配置、要素配置、资金投入和公共服务等“四个优先”作为“三农”工作的头等大事，以此推动农业农村发展取得成效，不断推动城乡的均衡发展。对于农村金融的发展来说，农业农村优先发展为农村金融的发展拓展了空间和领域。坚持农业农村优先发展的总方针，把农业农村工作摆在党和国家工作全局的优先位置具有历史性意义，为新时代“三农”工作指明了方向，是“三农”理论的创新发展，具有重大现实意义和深远历史意义。农业农村优先发展指出并阐释了当前我国“三农”工作中存在的短板和难点。从宏观上看，当下国际形势复杂、国内经济发展压力较大，需要发挥“三农”压舱石和稳定器的作用，需要保证和加大对“三农”发展的投入；从微观上看，农业农村发展具有不充分和不均衡性，如民生领域欠账较多、基础设施建设仍需加强、全面推动乡村振兴建设需要大量的资金投入，也需要加大要素和资源的投入。农业农村优先发展为农村金融发展和支持“三农”提供行动指南，明确了若干重点发展领域和支持重点，拓宽和加深了农村金融的服务领域和发展空间。

农业农村优先发展促进了农村金融机构的多元化发展。将农业农村优先发展摆在历史性的突出地位，具有鲜明的目标导向性和问题导向性。近年来，我国城乡统筹发展取得了一定的进展，但是各种要素在城乡之间还没有实现合理的流动，要素在城乡之间不平等交换的问题比较突出，特别是农村资金大量流入城市，农业农村发展融资难问题突出，全面推动乡村振兴和推进农业供给侧结构性改革的金融要素配置不足，其中商业性金融机构在资金从农村向城市流动中扮演了“抽水机”作用，资金进入金融机构即便是在支持了城市发展以后也没有很好地“反哺”农村，这就需要建立多元化的金融机构作为资金的中转者或承载者。积极贯彻农业农村优先发展方针，除了需要商业性金融机构和政策性金融机构加大对农业农村支持的力度外，还需要合作金融的发展，以服务社区为目标，实现乡村资金的内部循环，不断满足乡村产业发展的资金需求，提高金融资源在“三农”领域的配置，适应当前农业农村发展的新要求。

8.1.3 现代科技赋能的有力支撑

农村金融服务的一个重要制约因素是服务半径太大，以及由此带来的成本过高。近年来，随着移动互联网、云计算、移动支付、大数据、人工智能等现代科技的突破式发展，金融科技的应用加速推进，有效地突破了金融机构物理网点和经营时间上的限制，有效地降低了金融服务的门槛和成本，破解了农村金融服务“最后一公里”的问题，不仅提高了广大农村地区的金融可得性、便利性，也给小型金融机构的安全运营和低成本运营提供了条件。

首先，乡村地区信息基础建设不断完备。农村通信设施从无到有，不断完善，随着村村通工程的实施，我国早在2010年已经实现100%“村村通电话”。目前，已经发展到村村通光纤、村村通4G，推动各类信息应用进村入户，我国数字乡村建设工作不断推进，带动农村互联网普及率的进一步提升，互联网基础设施建设不断完善，中国互联网络信息中心发布的第48次《中国互联网络发展状况统计报告》显示，截至2021年上半年，我国行政村通光纤和通4G比例均超过99%，农村互联网基础设施不断完善，光纤到达率和4G覆盖率已基本达到了城乡无差别。截至2021年6月，我国农村网民规模为2.97亿，占网民总数的29.4%，农村地区互联网普及率为59.2%，较2020年12月提升3.3个百分点，城乡地区互联网普及率差异缩小4.8个百分点（见图8-1）。

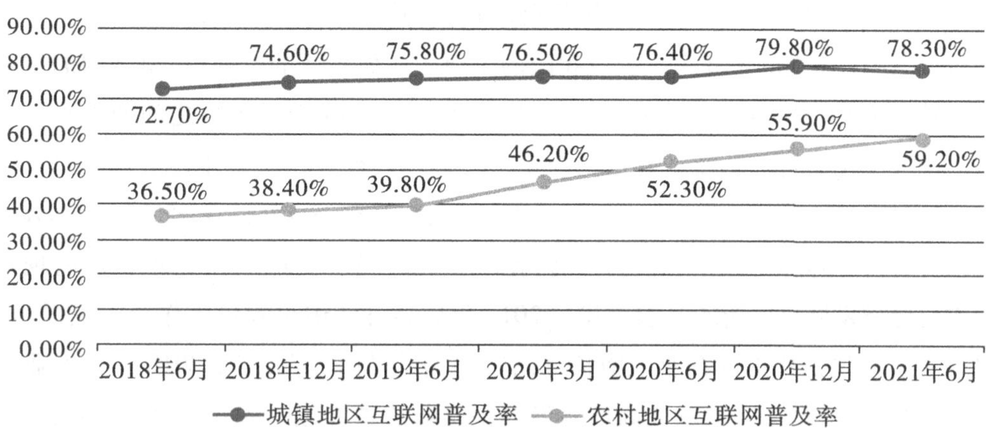

图8-1 城乡地区互联网普及率

资料来源:第48次《中国互联网络发展状况统计报告》。

其次,金融科技为现代金融在县域和农村市场的发展提供了新抓手。银行业金融机构以数字化综合平台、服务模式和业务产品方面的创新和应用,实现对农村金融服务半径的延伸和服务渠道的拓宽。建设银行以“裕农通”平台为依托,打造县域普惠金融服务体系,建设银行2020年年度报告显示,“建行裕农通”普惠金融服务点总数54万个,覆盖全国八成的乡镇级行政村,当年通过服务点为数千万农户提供超过上亿笔服务。通过打造“裕农快贷”线上农户贷款产品体系,进行大数据分析,对农户进行精准画像,有效降低涉农贷款成本。同样,对于农村新型合作金融组织的发展来说,现代科技的发展亦给这些组织发展模式、内部管理和服务产品创新方面提供了有益的支持。平台化、系统化的运作有利于农村新型合作金融组织的规范化发展、风险监管及管理成本的降低,数字化的融入有利于农村新型合作金融组织广泛收集农户信息,在对农户精准画像的基础上为其提供更适合的金融产品,提高信贷决策的精准化水平,实现与其他类型金融机构的对接与合作,适应农村金融市场多元化的竞争态势。

8.2 现实挑战

8.2.1 农业农村高质量发展的要求

改革开放40多年来,我国社会生产力得到了极大的发展,人民的生活水平得到了极大的提高，社会主要矛盾不再是“人民日益增长的物质文化需要同落后的社会生产之间的矛盾”。2017 年党的十九大报告对我国的主要矛盾做出新的论断，提出我国的主要矛盾已经转化为“人民日益增长的美好生活需要和不平衡不充分的发展之间的矛盾”，人民群众对物质文化的需求已经从数量向质量上发展和转变。在农业生产方面，自 2004 年以来，我国粮食连年丰收，口粮实现完全自给，谷物自给率一直保持在 95% 以上。数量发展成绩显著，但是高品质高质量的产品占比较少，农产品“卖难”和“买难”并存，现实对农业农村经济发展提出新的要求。我国 2017 年底召开的中央农村工作会议上提出“走质量兴农之路”“加快推进农业由增长导向转向提质导向”等要求。2018 年被农业农村部确定为“农业质量年”，对农业高质量发展提出新的要求，推动农业由增长导向转向提质导向，加快推动农业转型发展。

农业农村的高质量发展，不仅是为消费者提供高质量的农产品，农业生产体系和经营体系也应该实现高质量的发展，最终实现农民生活和农村经济社会的高质量发展。脱贫攻坚时期，合作金融在广大贫困地区和欠发达地区的支持重点是推动产业发展，主要是解决生产发展中资金短缺的问题。在农业农村高质量发展的导向下，亦需要农村金融业的高质量发展。一方面是农业经营体制的变革，随着农业农村现代化的推进，农村金融需求日益多元化，欠发达地区和低收入群体的金融需求更加旺盛，特别是农民合作社、家庭农场等新型农业经营主体在迅速发展的同时，越加凸显融资难、融资渠道狭窄的问题。农村新型合作金融组织对经营主体的支持不仅仅是解决小农户发展产业的需求，更多的是如何满足这些新型农业经营主体融资的需求。另一方面是农业的高质量发展需要农业产业的创新发展，推动农业产业链的纵深化发展，促进一、二、三产业的融合发展，保障农业高质量发展的产品供给，积极培育农业农村发展的新产业新业态新模式，推动农业全环节升级、全链条升值。农业产业体系的变革，对合作金融的支持也提出新的要求，需要从农业全环节、全链条的角度去探索如何适应农业产业体系的变革。

8.2.2 商业银行普惠金融战略的推进

普惠金融以增进民生福祉为目的，旨在让所有阶层和群体能够平等地享受到符合自身需求特点的金融服务，一直被视为缓解农村地区金融抑制的一个重要手段，国家一直在尝试通过发展普惠金融弥补农村地区金融服务缺失问题，从而增加农村和贫困地区收入。2016 年 1 月，国务院印发了《推动普惠金融发展规划（2016—2020 年）》的通知，将普惠金融的发展提升至国家战略高度，提出到 2020 年建立与全面建成小康社会相适应的普惠金融和保障体系，有效提高低收入群体、贫困人群等金融服务的可得性，让所有市场主体能分享金融服务的雨露甘霖。2016 年 9 月 G20 国际峰会上，提出发展数字普惠金融，中国以主席国身份提出并参与制定了《G20 数字普惠金融高级原则》，倡导利用数字技术推动金融的普惠发展，特别是农村和广大偏远地区，基本的金融需求能够得以满足。在实践中，我国建立了多个普惠金融改革试点，特别是成立于 2016 年年底的兰考国家级普惠金融改革实验区，在普惠金融反贫困方面取得了巨大成功。进入 2021 年后，《推动普惠金融发展规划（2016—2020 年）》已经收官，但是基于普惠金融的良好绩效，国家有可能在战略层面持续推进普惠金融的发展。

为完善农村金融市场，支持农业农村的发展，国家将普惠金融发展战略融入银行业金融机构的发展框架内，鼓励大中型商业银行设立普惠金融事业部，为小微企业、农民等在内的特殊群体提供适当、有效的金融服务，强化普惠金融事业部"三农"、小微企业、扶贫等领域的信贷支持。2017 年 5 月，11 部门联合出台了《关于印发大中型商业银行设立普惠金融事业部实施方案的通知》，对大中型商业银行设立普惠金融事业部提出了具体的要求和时间表。随后，5 家大型国有商业银行及其他股份制商业银行完成了普惠金融事业部或其他专司普惠金融业务的部门或中心布署。商业性金融机构以金融科技为抓手，纷纷拓展农村金融市场，不断创新金融产品，将金融服务下沉至农村地区，涉及乡村产业发展、农村消费金融、小额信贷、信用体制建设等方面，商业性金融的可得性不断提升。以银行卡助农取款服务为例，2011 年 7 月，中国人民银行在前提试点的基础上印发了《中国人民银行关于推广银行卡助农取款服务的通知》，要求各国有商业银行、股份制商业银行等金融机构推广银行卡助农取款服务，目的在于改善农村地区支付服务环境，提升农村金融服务水平。助农取款服务的推动打通了金融服务农村地区的"最后一公里"，大大提升了农村地区的金融可得性，截至 2020 年末，全国共有银行卡助农取款服务点 89.33 万个，同比增加 2.27%，支付服务村级行政区覆盖率达到了 99.31%。有些金融机构积极参与创建"农村普惠金融服务站"，建立了"主办机构+流动服务"的服务模式，实现了基础金融服务不出村，综合金融服务不出镇的布局。商业性金融机构在农村地区推广普惠金融，具有较强的金融科技力量、较快的市场反映速度以及雄厚的资金实力，对合作金融在农村地区的发展形成了一定的竞争性。

8.2.3　互联网金融在农村地区的迅速发展

互联网金融是互联网技术与金融服务的有机结合，其依托大数据、云计算等技术在开放式的互联网平台上为客户提供功能化的金融服务。与传统金融服务相比，互联网金融能打破空间和时间的限制，其突出特点是成本低、效率高、覆盖广。互联网金融通过网络平台能自动对信息进行甄别和匹配,进而完成金融产品的定价和交易等行为,交易成本低,能够为农户提供成本低、操作便捷的金融服务。互联网金融依托先进的技术能够覆盖部分传统金融的服务盲区,提高资源的配置效率。得益于低成本、交易便捷的优势,互联网金融也得到迅猛发展,逐渐渗入越来越多的领域,农村金融也不例外,特别是农村金融作为金融业的蓝海领域,倍受互联网金融的青睐,出现了“电商+金融”、P2P、众筹等模式。

以蚂蚁金服和京东金融为代表的互联网企业依托各自的电商平台,在农村地区开辟自己独有的风控模式,将大数据应用于农村信贷领域,以“数据化模式”来满足县域内新型农业经营主体及农户的信贷需求。以蚂蚁旗下的网商银行为例,其将大数据应用于授信环节,基于大数据的分析发展“线上+线下”熟人模式,为农户提供融资服务;通过农业产业供应链模式,以农业龙头企业为核心,为中小企业提供担保和融资服务;通过数据化产业链融资模式,与县域开展合作,打造融资平台,为农业和农业经营主体提供金融服务,打造更为高效的农业产业链。据网商银行 2020 年度报告显示,截至 2020 年末,网商银行已实现与全国 26 个省(市、自治区)中的 750 多个县域合作,为“三农”客户提供数字化金融服务。2020 年 5 月推出的“亿亩田”项目,通过卫星遥感和人工智能技术,丰富农户基本信息,建立精准的农户风险评估和管理系统,提升种植业农户的融资效率。互联网金融企业凭借雄厚的科技实力、数据化的监管机制以及扎根农村地区多年的耕耘基础,能够方便、快捷地为农户、新型农村经营主体以及涉农龙头企业提供信贷服务,这是农村新型合作金融组织所不能比拟的,互联网金融在农村地区的扩张也在一定程度上压缩了农村新型合作金融组织的发展空间。

8.2.4 外部支持政策不足和内部治理不规范并存

和每种新生事物一样,处于起步阶段的农村新型合作金融组织在发展中面临一系列的问题,内部管理不规范、外部支持政策和发展环境不完善等,以及我国合作经济组织发展的路径依赖,使得农村新型合作金融组织的发展出现产权制度、管理制度、利益分配机制等方面的不规范性。

我国农村新型合作金融组织的发展缺乏明确的法律地位,有关合作金融领域的法律法规一直未出台,尽管中央一号文件多次提及推动发展农村新型合作金融组织的要求,但是在制度建设层面一直未有突破,较为明确的仅为规章制度即《农村资金互助社管理暂行规定》。其对农村资金互助社发展的引导亦存在一些弊端,在权、责、利方面的规定与经典的合作金融发展理念不符,使得合作金融组织内部产权制度和管理制度不清晰、不规范，而且容易给农村地区的非法集资形成可乘之机。广泛存在的合作社内部资金互助以及转型中的贫困村村级互助资金组织，也缺乏统一的、明确的规章制度和引导性文件。法律地位的不清晰使得农村新型合作金融组织在实践中仍处于摸索阶段，组织建设和探索的成本较高、风险较高。

原有制度的路径依赖导致合作经济组织的内部治理出现漂移。对于目前我国存在大量的合作社内部（基础上）的资金互助组织来说，这些合作金融载体在组建过程伊始就或多或少地约束于合作社的制度框架内，而我国的合作社在发展中并没有沿着规范化的轨迹运行，如股份制倾向发展等，使得合作社内部资金互助在发展过程中也呈现发起人内部控制，并以其出资额承担合作金融组织的全部风险，呈现出合伙制的特点。

农村新型合作金融组织在发展中由于产权制度的不完善，使得整个组织运行的根基也不牢，组织发展的聚合力、凝聚力不足，规范性发展任重道远。以农民合作社内部资金互助为例，我国农民合作社的成员构成异质性现象凸显，不同类型的社员在参与合作金融组织时的目的不同，合作金融组织的发生和发展路径、治理结构也发生一定程度的漂移。农民合作社的发展基础薄弱，合作制理念缺乏，在发展中存在浓厚的“精英治理”“能人治理”，组织架构空设，内部管理和生产发展的随意性较大，民主管理机制缺乏，这种情况也延伸到合作社内部资金互助的运行上来，普通社员大都关心自己能否获得融资服务，对于自己所拥有的控制权、管理权以及剩余索取权等并不太关心，组织的内部监督机制也流于形式。

农村新型合作金融组织功能和作用有限。按照国家政策设计初衷，农村资金互助社作为银行业金融机构可向其他银行业金融机构进行融资及经营银行业监督管理机构批准的其他业务，但就目前情况来看，农村资金互助社更多的是办理社员的存贷款基本业务，亦未实现大型银行向农村金融服务延伸的职能，作为农村资金需求者和商业银行的转贷中介作用也尚未得到发挥。专业合作社内部资金互助由于未被作为独立的正规金融主体而获得相应的法人地位，只能在专业合作社内部开展有限的存贷和资金调剂业务，满足成员资金需求的作用尚且是有限的，融资杠杆作用更是无从谈起。

第9章 结论、展望及政策建议

2007年国家放宽农村地区金融准入门槛实施农村金融增量改革，以此为背景，我国农村新型合作金融组织在政策的支持和导向下，得到了实质性的发展，正规合作金融组织的发展具有示范效应，准正规合作金融组织无论在数量上还是规范发展上均取得较大进展。但是与国外合作金融的发展相比、与广大农村地区对金融的需求相比，以及适应新时期国家全面推进乡村振兴战略，农村新型合作金融组织的发展还是不够的，需要从内部组织规范、外部支持政策等多方面发力，推动新型合作金融组织的发展，构建完整的农村金融体系，适应新时期全面推进乡村振兴、加快农业农村现代化及实现全体人民共同富裕的要求。

9.1 研究结论

本书沿着我国农村金融市场发展的历史脉搏，以制度变迁为视角对我国农村新型合作金融组织的产生和发展进行阐释，以农村资金互助社、合作社内部资金互助以及贫困村村级互助资金组织等目前存在较为广泛的三种组织形态为剖析对象，总结农村新型合作金融组织的制度特征以及这些组织在组建和发展中存在的问题，并将农村新型合作金融组织的发展置于全面推进乡村振兴的历史背景中，分析新时期农村新型合作金融组织发展面临的机遇和挑战。

一是农村新型合作金融组织的产生既契合合作金融发展的一般逻辑，也与我国农业农村发展的历史阶段相适应。我国农村金融的发展和改革一直在推动商业性金融、政策性金融、合作金融的共同发展，以此构建市场化、多元化的农村金融体系。但是从农村金融改革和发展的实效来看，以农村信用社为代表的合作金融组织逐步商业化，商业性金融机构退出农村地区以后在金融科技的赋能下又重返农村地区，农村地区商业性金融机构依然是支农的主要机构,农村金融市场领域的改革缓慢。随着我国农村经济发展的进一步深入,信贷约束瓶颈日渐突出,农村合作金融的制度需求日益凸显,农户作为资金需求主体是合作金融组织制度的第一行动集团,是制度变迁中的需求方,而我国政府作为历次金融变革的主导者,是推进和促进农村新型合作金融组织制度变迁的重要力量,是制度变迁中的供给方,同时也是制度变迁的主导方。在农村新型合作金融组织的制度需求和制度供给的共同作用下,农村新型合作金融组织再次萌发。国家在农村地区实施增量改革以后,农村新型合作金融组织得到了迅速的发展,既彰显了合作金融在农村地区旺盛的生命力,也说明合作金融在我国农村地区有生存和发展的土壤环境,只是在不同时期表现的组织形态不同。农村新型合作金融组织的出现对于我国农村金融体制改革、完善农村金融市场具有重要意义,有助于我国建立多元化的农村金融市场体系。

二是本书中主要分析的三种农村新型合作金融组织均属于新时期农村合作金融制度创新的范畴,体现的是农村金融的增量改革。在农村金融供给不足的情况下,金融需求方和金融供给方均在寻求制度均衡点,自上而下的制度变迁和自下而上的制度变迁或单独响应制度创新的需要,或共同作用形成新的组织形态。本书论述的农村资金互助社、合作社内部资金互助及贫困村村级互助资金组织,尽管组织形态不一,它们都是完善农村金融市场所需要的,这些微型金融组织或者内生于合作经济组织内部,或者以合作制为原则组建,属于合作金融的范畴。这些微型金融组织产生的时间大致与我国新一轮的农村金融增量改革一致,一些类型的组织在后期实现了较大地发展,也充分说明了当时农村金融改革的必要性和必然性。

但是,由于制度变迁路径的不一,各个地区合作经济组织的发展程度不同、区域经济发展水平不同,以及地方政府对合作金融支持的力度不同,使得农村新型合作金融组织的发展呈现不同的组织模式。这些不同类型合作金融组织的产生有其独特的成长语境和制度环境,其金融服务指向群体、制度安排也有所不同。农村资金互助社作为正规合作金融组织,体现的是国家推动合作金融发展、完善农村金融市场的意志;合作社内部资金互助内生于农民合作社,主要服务于合作社及社员发展产业,是生产合作与资本合作的体现,具有较强的发展可持续性;贫困村村级互助资金互助是政府主导下建立起来的弱势群体的合作,以合作金融的方式开展扶贫,针对的是贫困地区和贫困户。当然,现实中还存在一些本书尚未涉及的合作金融组织形态。

基于不同类型合作金融组织的发展路径,各地在培育和发展农村新型合作金融组织时需要因地制宜,对于合作经济组织发展的地区来说,可以选择合作社内部资金互助或在生产合作社的基础上组建资金互助组织;对于已经脱贫的地区来说,在贫困村村级互助资金组织发展良好的基础上,可对这些组织支持方向进行调整,对组织的制度架构进行完善。对于经济发达地区来说,合作金融组织可给予“民间”更多的实验空间,对于落后的中西部地区来说,需要政府的更多支持。

三是强制性制度变迁在农村新型合作金融组织的发展中起着重要的作用。在历次的金融制度变革中,政府是主导者,在我国市场经济建立过程中,国家强调的是强有力的宏观调控,制度变迁过程中始终处于主导和引导地位。我国金融制度的改革和创新也是在政府的主导下进行的,并且在我国制度结构的“二重性”(发达而富有控制力的上层结构和流动性强且分散化的下层结构)特征没有发生改变之前,无论是强制性制度变迁推动,还是诱致性制度变迁的使然,国家的支持始终是最重要的。

我国农村金融制度的变迁过程,本质上是政府主导下的改革与演进,农村融资问题的解决并没有按照农村金融发展的一般逻辑推进,早期对农村金融的改革并不是很成功,农村金融机构的功能主要是动员储蓄,更多的是服务城市和工业化进程,长期的金融发展让位于短期的经济增长,在城镇化进程中农村地区的失血越来越严重,农村金融存在的信贷约束没有得到很好的解决。近年来,随着农村全面建成小康社会目标的确立和现代化建设步伐的加快,农业农村发展日益成为经济社会发展的突出短板。在农村新型合作金融组织产生之前,城乡二元结构严重,资金从农村流向城市,农业农村发展的信贷约束趋紧,既有的金融制度安排不能对农业农村的发展形成有力支持。这使得国家重新审视农村金融的制度安排,在产权制度改革方面再发力,降低交易费用和促进农村经济的发展。对于农村金融产权制度的改革,国家做出两个方面的尝试:一是放宽农村金融准入门槛,提高农村地区金融市场的竞争强度,期待更贴合农村经济发展的金融机构发展壮大;二是对农村信用社的改革,对其合作制的原则逐渐抛弃及进行商业化改革,探索农村新型合作金融组织的发展。

国家对农村新型合作金融组织的支持,是国家在农村金融产权垄断方面的让步,以农村资金互助社为代表的合作金融组织开始发展。尽管中央政府提出合作金融发展的大致方向,但是具体细节并不清晰,对于国家职能部门或地方政府来说,或积极探索或小心谨慎,使得合作金融的发展出现多种类型和模式。中央政府、职能部门和地方政府政策的制定和执行过程也是一个博弈的过程,贫困村村级互助资金组织是在政府的行政指导与影响下建立起来的,而合作社内部资金互助源于金融的敏感性使得组织运营受到政府的严格监控。同时,由于农村新型合作金融组织发展时间不长,还有较大的完善空间,政府的指导和监管是必要的,特别是对于金融风险高发的地区,更需要政府部门的监督和引导。

四是我国农村新型合作金融组织发展仍处于探索阶段,自身还存在一些问题。就组织的属性特征来看,不能以经典的合作制原则对我国现有的农村新型合作金融组织进行推敲和衡量。产权制度是合作金融的核心制度安排,但是合作金融产权制度也一直处于演变中,从国外合作金融的发展情况来说,合作金融的产权制度逐步由自然人产权制度向法人产权制度演进,沿袭的是一般企业产权制度变迁的路径。就我国新型农村合作金融的发展来说,一些组织一经成立和组建,其产权制度和发展目标就发生了“漂移”,这与我国当前发展不规范的合作经济组织有关,也与国家对新型合作金融组织的制度安排有关,还与这些组织构建的功能和使命息息相关。

本书所涉及的三类新型合作金融组织,均是在国家或相关职能部门的支持允许下实现了一定程度的发展,对农村金融市场起到了一定的补充作用。但是这些组织的发展还存在诸多不尽如人意之处,特别是在数量上,与广袤的农村大地相比,农村资金互助社数量太少,合作社内部资金互助主要以地方性及试点为主,贫困村村级资金互助组织完成历史性任务后逐渐退出,整体上新型农村合作金融组织的发展仍处于探索发展阶段,并且其在内部治理和外部保障政策方面存在一些需要完善的地方。无论是正规合作金融组织还是准正规合作金融,它们的发展仍处于制度完善和探索阶段,是对新一轮农村金融改革的尝试,就目前的发展来看还不能承担起支持乡村振兴战略的重任。就存量的合作金融组织来看,规范发展是其需要着重探索的内容,进一步完善产权制度、规范内部治理和健全支持政策是这些合作金融组织健康可持续发展的重要内容。

五是就本书所重点分析的三种新型合作金融组织的发展来说,有着各自的特点,所体现的制度特性并不具有普适性,即便是农村资金互助社这种正规合作金融组织,在普适性和模式化的发展中也未必给其他类型的合作金融组织提供更多的借鉴意义。但是这些组织更多的是体现我国农村地区金融市场改革和发展的导向和方向,特别是在没有正规合作金融组织发展的情况下,如何以准正规合作金融组织的发展解决农户的信贷约束问题,这些准正规合作金融组织为其他地区发展农村合作金融提供了经验借鉴。无论如何,这些合作金融组织体现了合作金融组织应有的特性和制度安排,发挥了合作金融组织扶持小农户发展的效能,这对于我国农村金融体系的改革和探索具有一定的意义和价值。

从国外合作金融发展的变迁来看,以社区为单位的组织边界仅仅是合作金融组织发展的阶段性产物,未来合作金融的发展将在规模、地域、业务领域上实现突破,发展成为东亚模式的综合性合作金融组织,抑或现阶段山东整省推进的合作金融试点或供销社推进的“三位一体”是未来合作金融的雏形。就本书所囊括的这三种类型合作金融组织来说,两种类型的准正规合作金融组织在完成当前的历史使命以后,需要退出,也可能通过改造成为正规合作金融组织纳入监管框架之内。而就正规农村新型合作金融组织来说,需要在数量和质量上寻求进一步的突破和尝试,最终实现升级,与商业金融和政策性金融一并形成支持未来乡村振兴战略和农业农村现代化发展的农村金融体系。

9.2 发展展望

农村金融改革的出路不在于既有金融机构的转型,而在于现有的金融产权制度形式之外是否能够形成或者成长出其他类型的产权制度安排,新的产权形式产生具体包含三个方面的内容:一是符合农村金融发展的一般逻辑;二是这种产权形式植根于农业农村发展的现实;三是新的产权制度安排得到了国家的认可和支持。对于我国农村新型合作金融组织的产生与发展来说,契合了农村金融发展的制度变迁规律,并且这种新的产权形式也得到了国家的支持,对于完善农村金融体系是有益的探索。截至 2021 年,经历十余年的发展,以农村资金互助社为代表的农村新型合作金融组织无论在数量、规模还是质量上,并没有达到当初新一轮农村金融门槛放宽时对合作金融的厚望。但是基于农业大国的基本国情和小农户大量、长期存在的现实土壤,合作金融在我国的发展前景也是可期的。对未来新型农村合作金融的发展和走向上,有几个值得关注和期盼之处。

一是科技与数据的赋能。科技与数据的赋能在之前有过论述,它们是新型农村合作金融组织发展的挑战,它们也对商业性金融机构进行赋能,极大地助力了互联网金融的发展,使得这些组织的触角延伸至农村地区,压缩了合作金融组织的发展空间。但是科技和数据同样对农村新型合作金融组织进行科技化、信息化和数据化的改造,通过大数据、移动通讯等先进技术,通过更新自己的信息采集手段、信用评价方式、风险控制手段、优化信贷流程等,赋予组织发展更高的效率、更小的成本和更精准的风险控制。如对于一些生产和信用一体的综合性合作组织来说,可以记录生产端、供销端和信用端的数据,实现成员交易、信用信息的数据化和可视化,不仅便于组织内部管理,更能够实现合作金融组织或组织成员与商业性金融机构的连接,促进商业性金融机构利用数据信息实现信贷资金向一般社员户的发放。

二是资本与生产的联合。日本、韩国等东亚国家“综合式”信贷合作社的路径和制度安排是将信用合作与生产性专业合作联合起来。基于我国已经发展起来的专业合作社,可用信用合作对其进行支撑,提高合作社经营的稳定性。而合作金融组织在制度设计上有着比专业合作社更好的制度优势,以资金为纽带,产权明晰,保障了合作制的性质和经营方向。此外,货币是通货,具有连接各产业的功能,能够分散由于单一产业运作而带来的风险,提高合作社的稳定性。作为合作制的高级组织形式,必将推动合作社的进一步发展,促进两者的相互融合,实现专业合作社向资金互助社发展,资金互助社向专业合作社延伸,最终发展成为综合性合作组织。目前,我国在发展农村新型合作金融的实践中,已经越来越多地倾向于发展综合性合作组织，并且国家在相关的政策文件中给予支持。在实践中，供销合作社引领的生产、供销、信用“三位一体”的发展模式，推广范围也越来越广。近年来，“三位一体”合作经济多次被写入中央及政府部门行管文件。继2017年强调“发展生产、供销、信用‘三位一体’综合合作”以后，2021年中央一号文件中提出：“深化供销合作社综合改革，开展生产、供销、信用‘三位一体’综合合作试点，健全服务农民生产生活综合平台”，对“三位一体”的发展模式给予肯定。截至2019年年底，供销合作社通过成立农村资金互助组织和开展内部资金互助，全系统资金互助组织共计605个，互助资金余额154.36亿元（不含湖北数据），在推动脱贫攻坚和乡村振兴中发挥了积极作用，打通了金融惠农的“最后一公里”。以合作社内部资金互助以及供销合作社推广的“三位一体”模式等为代表的综合性的合作经济组织或许是未来我国农村合作金融，甚至未来农村合作经济组织发展的方向和路径。

三是农村产权与金融改革的融合。以往农村金融改革一直无法取得进展的一个原因是农村基本经营制度的不完善，特别是土地制度，农户有承包的土地和居住的宅基地，但是这些却无法形成有效的融资工具，无法实现金融机构与农户之间的联结。为进一步完善农村基本经营制度，我国对农村承包土地、宅基地进行“三权分置”的改革、对农村集体经济进行改革，迎来农村产权制度改革的红利期。同时前期土地和宅基地抵押贷款业务进行了试点化的探索，也积累了产权改革与金融创新的经验。对于农村集体经济产权制度改革来说，村集体经济组织的发展需要资金的支持，村集体经济组织亦可作为信用合作的载体，组织成员内部实现资金的互助合作，同时村集体经济组织所拥有的大量土地、林地等资源可向商业金融机构实现资金融通，解决组织外来资金渠道和资金不足的问题。

四是小组织与联合体的并存。我国现行农民合作社的发展是单个合作社和联合社的并存，合作金融组织比对和沿袭合作经济组织的发展路径，未来也可能出现单一的、小规模的合作金融组织和大规模的联合社并存的情况。就现实发展实践而言，农村新型合作金融组织也广泛存在着以村社为单元的微型金融机构，同时存在大量突破了村社扩大到乡镇的新型合作金融组织。在未来的发展中，一方面是以村社为组织边界的小规模合作金融组织依然有着生存空间和组建发展土壤，另一方面是大量存在的生产性联合社为大规模合作金融联合社的发展提供组织基础。在未来合作金融大发展的情况下，两种类型组织可能长期并存。

9.3 政策建议

我国“三农”领域的发展进入全面推进乡村振兴战略时期，与脱贫攻坚相比，乡村振兴战略涉及的范围更大、领域更广、复杂性更高，与此对应需要农村金融给予更多的支持，也对农村金融的发展和改革提出了更多的要求，对于农村新型合作金融组织的发展既是机遇也是挑战。修订后的《农民专业合作社法》对农民合作社提出了更多的要求和期望，国家也对建立更高效率合作经济组织提出新的要求。比照农民合作社的发展路径和农村新型合作金融组织的现实基础，围绕支持乡村振兴战略的角度，农村新型合作金融组织创新和发展的总目标是：适应乡村振兴战略和农业农村现代化发展的需求，以解决农户和乡村产业发展中融资需求为主要内容，寻找适宜的合作金融制度安排。一方面在服务对象上，农村新型和金融组织主要是面向小农户和小微企业，在组织内部寻求成员整体利益的最大化，不仅为弱势群体提供成本更低的金融服务，还实现社员福利的改善；另一方面在制度创新上，围绕合作金融组织运行的逻辑核心，理顺合作金融组织的所有权、决策权和分配权等，探索适宜的合作金融组织架构，形成有效率的合作金融组织。

新型农村合作金融组织是农村金融供需矛盾下的产物，是一种积极的制度变迁，合作金融制度的创新是为了更有效率地进行金融资源配置和风险管理，通过强化制度创新，最终实现农村信贷约束的环节，以合作金融的发展促进合作经济的发展和农业农村的发展，形成农户持续增收和乡村产业发展的有力支持。合作金融作为农村金融最需要、最有生命力的制度安排，恰恰却是我国农村金融最薄弱的一块。结合当前我国农村合作金融发展现状和特点，我国乡村振兴战略推进的需要，以及我国合作组织制度变迁的走向，本书提出以下几点促进农村新型合作金融组织创新和发展的政策建议。

（1）出台合作金融法，保证合作金融发展的主体地位。国外合作金融发展的一般经验是先立法，以法作为蓝本推动合作金融的发展，以法律的形式保障合作金融在市场中的主体地位，如美国于 1916 年通过了农业信贷法，德国 1949 年颁布《德意志合作银行法》，均以法律形式保护了合作金融组织的健康发展。合作金融在发展中一定要有政府的支持，没有政府的认可，即便是农民对合作金融的发展有着强烈的需求也无法将合作金融制度推而广之。在支持合作金融的发展中，我国存在严重的政策保障缺失，从新一轮的农村新型合作金融发展至今，除了对农村资金互助社的规范性发展出台相应政策外，农村新型合作金融的保障制度少之又少。在对《农民专业合作社法》进行修订时，也没有将信用合作纳入发展体系中来，使得合作金融的发展丧失一次正名的机会。山东省农民合作社内部开展资金互助，尽管有试点的农民合作社取得了地方金融监管局的资格认定书，但是依然不是法人主体，没有独立的民事法律主体地位，合作金融组织无法独立对外开展融资、担保业务，同时也没有真正地实现独立核算，与农民合作社的紧密联合不利于合作金融组织权、责、利的明晰。

理论界和实操人员在不同场合、不同层面呼吁合作金融的立法，但是比较遗憾的是至今还未出台保障合作金融持续推进的政策法律。因此，笔者也呼吁，在国家层面出台合作金融相关的法律法规，保障农村新型合作金融组织的主体地位和合法权益不受侵害，保持政策的连续性和稳定性，不能像农村信用社一样经历多次的改革后沦为商业性金融机构。此外，还要强化配套政策的建设。从目前的实践看，无论是银监会框架下的农村资金互助社，还是其他类型的农村合作金融组织，在发展过程中尽管有政府部门的支持，但是支持的力度有限，仅仅局限于某一个部门基于本部门战略或者政策发展的需要对其进行支持，没有形成各个部门的群力群策。作为一种有利于农业农村发展的制度安排，政府可给予合作金融一定的财政、税收等支持，例如支付一定数量的启动资金、免征若干年以内的税收用于弥补组织运行成本和风险准备等。

（2）政府指导而不主导，持续放宽农村金融准入门槛。对合作金融放宽准入门槛，实质上只是农村资金互助社实现了发展。依据现有的《农村资金互助社管理暂行规定》，现行的正规农村合作金融组织是按照现代正规金融机构运作的，其过高的准入门槛在一定程度上加大了合作金融组织的组建成本和操作成本，阻碍了合作金融组织的快速发展。农村资金互助社在制度设计方面存在一些问题，也阻碍了合作金融的进一步发展，农村资金互助社不仅没有实现大发展，甚至还出现数量上的减少。作为一种微型金融组织，其审批过程应简化，准入成本需进一步降低。

就目前农村新型合作金融组织在我国的发展来看，尽管农村资金互助数量有限、作用有限，但是其他类型的合作金融组织在数量上有一定的突破，特别是一些地方政府监管下的合作社内部或合作社基础上的资金互助依附于农民合作社的发展呈现诸多亮点。这些生产和资本联合的合作经济组织或许是未来我国综合性合作金融组织发展的蓝底，但是这种类型的组织没有正规牌照，没有获得金融许可证，没有实现身份的转正，推动合作金融的发展略显尴尬。这些合作金融组织在发展中已经被证明能够缓解小农户信贷约束、平滑农户家庭支出、为乡村产业发展提供资金支持，因此，建议还是要继续放宽农村金融准入门槛，进一步提升培育新型农村合作金融组织的准入力度，解决这些准正规合作金融组织的转正问题。

准正规合作金融组织的转正还面临一个问题，广袤的农村大地和有限的监管能力存在巨大的矛盾。以村社为单位的合作金融组织数量庞大，对于监管部门来说，实现对合作金融组织在审批、工作指导、风险检查等方面的管理需要大量的人力和精力，建议银保监部门将审批和监管的权限进一步下放，同时也提高农村新型合作金融组织发展的灵活性。我国农村合作金融组织多次经验表明，政府过多的行政性干预会扰乱合作金融组织的性质和发展方向，因此，针对新时期农村合作金融的再次尝试，政府需要给予的是引导，而不是强迫和过分干预。

(3)坚持必要的合作制原则，保证组织的运行效率。合作金融组织是按照合作制的原则组建的，在治理结构上遵循经典的合作制原则，如民主管理和一人一票制度。从各国合作金融的发展历史和我国合作金融的不断尝试来看，合作金融具有其存在的价值和意义。基于我国农业大国和小农户长期存在的基本国情，对合作金融的需求是存在的。并且我国对合作金融从未停止探索和创新，然而农村合作金融在我国的发展总是存在"异化"的情况，诸如农村信用社、农村合作基金会、合会等组织，这些合作金融组织在内部条件和外部环境的共同作用下，其组织结构、特征和功能等方面发生了合作制相背离的情况。合作金融在我国的发展形成了这样一种认识，对合作金融的需求很旺盛和迫切，合作金融组织的组建比较容易，但是合作金融组织的持续发展很难。对于这些合作金融组织"异化"原因的考量，除了外部因素外，内部的原因就在于没有坚持合作制的原则。

合作金融组织作为一种合作经济组织，本质在于民主决策、共担风险，其参与主体必须是农户。现阶段，我国农民合作社在发展中由"一人一票"的成员公平到"一股一票"的资本公平，与其对应，合作金融组织的发展也出现了"大股东"控制的情况，在合作金融组织中的大股东掌握了组织的剩余控制权，易出现风险问题。就国外现实情况来说，农村合作金融组织的股份制改革也很少涉及基层合作金融组织，在其发展中依然存在着"内外有别"的行为准则，这种行为准则也得到了认可，对内优先满足社员的利益诉求，对外追求效益最大化。就国内出现的这种"大股东"控制现象，尽管与经典的合作制原则不完全符合，但是与我国长期以来形成的思维方式和行为伦理相一致，也得到了社员的认可，具有一定的活力，对这种治理模式我们需要进一步地观察。因此，基于合作金融发展的国际经验和我国合作经济的发展路径，合作金融的发展应坚持：成员的入股、明晰的组织架构、封闭运行，在组织内部保护投资者利益。坚持必要的合作制原则也是合作金融组织不会被"异化"的一个重要保障。

有效率的组织是经济发展的关键，但是合作经济组织作为一种特殊的经济体，公平也需要在这种经济体中彰显，也正是效率和公平造就了合作社运动的蓬勃发展。信息费用和交易费用的存在，使得合作金融组织内部运作也存在交易成本。解决或者降低交易成本最好的办法就是创新内部产权制度，推动合作金融组织建立有效的发展路径和模式。鉴于目前我国农户异质性现象严重，在出资额和股份额不一致的情况下，在股权设置上可采取灵活的方式。这就需要合作金融组织内部产权形式趋向多样化，将多种类型参与主体融入合作金融组织内部，做到产权的兼容性和最终目标的统一，并始终做到各个主体产权之间的明晰。

(4)坚持审慎经营原则，规范内部治理结构。合作金融组织量的发展是规范化建设的前提，倘若没有一定数量的出现，无论是否成功都难以令人信服。合作金融组织数量越多，其发展的方向越明确，规范化建设的效果越明显。因此，通过积极引导和支持合作金融组织的发展壮大，在实践中创造农民合作的机会，及时总结实践中的成功经验，不断完善提高，树立一批可复制推广的典型，扩大典型示范效应，以试点建设作为合作金融组织规范化发展的切入点，不断完善合作金融组织的治理结构。就目前而言，在试点的建设和推动中可借鉴山东的合作社内部资金互助模式和供销合作社的“三位一体”模式，推动试点建设与制度建设同步，做到实践与理论建设的同步发展。

金融业是一项专业性较强、风险性较大的行业，审慎性经营还需要强调和坚持。随着大量合作金融组织的涌现，需要有发展合作金融的专业性的培训，以规范其发展，以防止走合作基金会的老路，因此，建立起行业内的自律机制，是未来我国发展合作金融不可或缺的重要内容。同时我国合作金融事业的成长，也需要相关政府部门的支持，保障合作金融组织以合作制的原则组建和发展，防止走农村信用社的老路，使已经萌生的合作金融组织发生“异变”。目前对合作金融监管重点是内部治理风险和防止发生区域性金融风险，但是对投资者利益的保护不够，也就是应明确合作金融组织存款应付的责任，实现合作金融的更长远地发展，动员组织成员集中资金加杠杆助力是必不可少的。

(5)鼓励试点先行，推动生产合作和金融合作的融合。不可否认我国农民专业合作社在发展中存在诸多问题，如数量发展快，质量不高；企业领办合作社多，农户独立自助合作少；挂牌现象较多，运作较少。归纳这些问题，一是对合作社的参与者在理论上尚存在较大争议，在我国合作社立法中也体现出这一点，出现诸多的公司+农户形式的合作社，未能解决合作社是谁的组织这一问题；二是以产品为纽带的合作社在市场中极易受价格波动和各种风险的影响，对合作社的稳定经营带来严重挑战；三是在信用连接机制的缺失下，专业合作社产权制度不明晰，而产权制度是组织性质和经营方向的决定因素。因此，合作社的发展和规范经营需要构建信用合作机制，这就是农民专业合作社向合作金融组织发展的倾向。而合作金融组织在制度设计方面有着比专业合作社更好的制度优势，一是以资金为纽带，产权明晰，保障了合作制的性质和经营方向；二是农村资金需求的巨大空间，极大地降低了市场风险，而自然风险也可以通过金融的衍生品，如保险等转移出来，实现农业经营风险的极小化；三是货币是通货，具有连接各产业的功能，能够分散由于单一产业运作而带来的风险，提高合作社的稳定性。作为合作制的高级组织形式，必将推动合作社的进一步发展，促进两者的相互融合，共同发展。

目前，就我国合作金融组织发展的实践来看，合作社内部资金互助或合作社基础上的资金互助更具有活力，山东在全省推动农民合作社信用互助业务试点工作，供销合作社的“三位一体”模式被写入中央一号文件中进行推广。未来我国的农村合作金融的发展走向，既取决于农村金融体系发展的内在要求的指引，也取决于人们的认识和选择。就前者而言，可以肯定地说，随着我国农村经济的发展和农村金融市场的不断完善，工业化、城镇化和农业现代化的同步发展，我国的农村新型合作金融组织会有较大的发展，尽管银监会框架下的正规合作金融组织在数量上不多，但是这种以合作制为组建原则的弱小者自发组织起来的互助性组织，在银监会框架以外的合作金融组织已经在蓬勃发展。以政府扶贫资金为主体的资金互助、在专业合作社及协会成员之间开展资金互助合作均是我国未来发展合作金融的载体和组织基础。就后者而言，随着我国农民专业合作社的发展，合作制观念已经日益深入人心，有关支持农村合作金融发展的政策性文件不断出台，只要政府对这种新生事物以鼓励和支持的态度对待之，不断解决发展中出现的新情况、新问题，合作金融在农村金融体系的发展壮大是可期的。

(6)扩展融资渠道，实现与各类农村组织的密切联系。合作金融在发展初期规模较小，普遍存在资金困难，仅内源式融资难以满足成员众多的资金借贷需求，在国家财政扶持甚少和有限的前提下，寻求外来资金的注入是必要的。目前农村金融市场主要正规金融机构是农村信用社和邮政储蓄，这些正规金融机构可与这些合作金融组织联合开展信贷业务，将合作金融组织作为正规金融机构在村一级金融组织延伸，以股权信贷方式、批发贷款等方式实现正规金融机构与非正规金融机构的合作模式创新，建立“商业金融机构批发经营+农村合作金融组织向农户零售”的经营制度，并且这种制度安排在最初设计时政府考虑更多的是作为正规金融机构在农村地区的延伸。这样操作既可缓解农村合作金融组织在发展中遇到的资金问题，也可减少正规金融机构业务风险，也促使了农村闲散资金投放农业领域。

合作金融组织作为一种微型金融机构，其组织界限是村社。我国全面推进乡村振兴战略时期，农村基层组织的建设不断完善和强化，合作金融的进一步发展亦需要加强与这些组织的合作，甚至融合。合作金融组织要与农村集体经济组织、村民自治组织、各类社团组织等进行密切合作，在推动乡村产业发展、乡村治理、乡村基础设施和公共服务等方面共同发力，形成命运共同体，以实现合作金融组织更长远的发展。

参考文献

[1]戴维斯,诺斯,科斯,等.财产权利与制度变迁:产权学派与新制度学派译文集[M].刘守英等,译.上海:上海人民出版社,2014.

[2]尹志超.信用合作组织理论与实践[M].成都:西南财经大学出版社,2007.

[3]道格拉斯·C.诺斯.经济史中的结构与变迁[M].陈郁,罗华平,等译.上海:上海人民出版社,1994.

[4]Y.巴泽尔.产权的经济分析[M].费方域,段毅才,译.上海:上海人民出版社,1997.

[5]汪小亚.新型农村合作金融组织案例研究[M].北京:中国金融出版社,2016.

[6]李宏伟.我国农业成长的融资需求与农村金融类型选择[M].北京:中国金融出版社,2009.

[7]李树生,何广文.中国农村金融创新研究[M].北京:中国金融出版社,2008.

[8]刘玲玲,杨思群,姜朋.清华经管学院中国农村金融发展研究报告完结篇 2006-2010[M].北京:清华大学出版社,2010.

[9]周昌发.乡村振兴战略下的农村合作金融制度改革改进[J].科学决策,2020(12):47-72.

[10]邹一南.农村合作金融的价值与发展[J].中国金融,2020(22):52-53.

[11]戴相龙.新型合作金融是两亿小农户的选择[J].中国金融,2020(Z1):34-36.

[12]董治国.农村新型合作金融体系的构建研究[J].人民论坛·学术前沿,2020(01):108-111.

[13]王杨.新型农村合作金融的异化及法律规制[J].农村经济,2018(10):72-77.

[14]李昌平,杨嘉翔.村社内置合作金融促进乡村振兴及扩大内需的实践报告与政策性建议[J].当代世界社会主义问题,2019(02):20-25.

[15]牛浩.贫困村互助资金发展现状及未来路径探索:基于文献综述的视角[J].金融理论与实践,2020(08):112-118.

[16]殷浩栋,王瑜,汪三贵.贫困村互助资金与农户正规金融、非正规金融:替代还是互补?[J].金融研究,2018(05):120-136.

[17]王瑜,殷浩栋,汪三贵.破解农村金融两难困境与二元逻辑:扶贫互助资金“正规金融村社化”机制分析[J].贵州社会科学,2019(08):108-115.

[18]杨皖宁. 农民专业合作社信用合作业务风险的软法治理[J]. 甘肃社会科学,2020(03):170-176.
[19]温啸宇,刘学侠. 我国农村合作金融的国际借鉴[J]. 理论视野,2020(02):53-58.
[20]蔡旺. 广西农村资金互助社发展研究:以田东县为例[J]. 农村金融研究,2010(04):19-21.
[21]常亮,贾金荣. 起承转合:我国农村合作金融的功能演进[J]. 商业研究,2010(08):27-29.
[22]杜晓山,孙同全. 村级资金互助组织可持续发展面临挑战[J]. 农村经营管理,2010(08):22-23.
[23]韩俊. 建立普惠型的农村金融体系[J]. 中国科技投资,2010(03):49-50.
[24]周立. 中国农村金融体系的政治经济逻辑(1949~2019年)[J]. 中国农村经济,2020(04):78-100.
[25]蒋永穆,王丽程. 新中国成立70年来农村合作金融:变迁、主线及方向[J]. 政治经济学评论,2019,10(06):78-94.
[26]冯兴元. 论农村信用社系统金融机构的产权、治理与利益关系[J]. 社会科学战线,2017(02):31-40,2.
[27]蓝虹,穆争社. 中国新型农村合作金融发展十大问题论争[J]. 上海金融,2017(04):35-49.
[28]郝玉宾. 关于我国农村资金互助社的发展[J]. 理论探索,2009(02):102-103,124.
[29]黄迈,谭智心,汪小亚. 当前中国农民合作社开展信用合作的典型模式、问题与建议[J]. 西部论坛,2019,29(03):70-79.
[30]黄承伟,陆汉文. 宁夏贫困村村级发展互助资金的研究进展[J]. 农业经济问题,2009,30(07):63-67.
[31]赵晓峰. 农民合作社信用合作的生长机制分析[J]. 西北农林科技大学学报(社会科学版),2017,17(06):32-39.
[32]黄胜忠,贾金荣. 农民专业合作社的认定与规范发展:基于浙江省的实证[J]. 西北农林科技大学学报(社会科学版),2008(01):24-28.
[33]苑鹏,彭莹莹. 农民专业合作社开展信用合作的现状研究[J]. 农村经济,2013(04):3-6.
[34]米振超. 发展新型农村合作金融[J]. 中国金融,2015(14):85-87.
[35]黄文胜,陶建平. 创新农村新型金融机构,破解农村金融“边缘化”[J]. 生产力研究,2009(04):28-30.

[36]李明贤,唐文婷.农村资金互助社运营中的金融消费者权益保护分析[J].农业经济问题,2019(12):99-107.

[37]罗荷花,伍伶俐.基于收入异质性视角的农户融资约束评估及影响因素分析[J].农村经济,2019(11):101-109.

[38]孙少岩,张景星.普惠金融视角下农户融资方式选择特征研究:基于"粮食直补资金"担保贷款的分析[J].当代经济研究,2020(10):106-112.

[39]黄祖辉,徐旭初.中国农民合作经济组织发展30年[J].国际学术动态,2009(5):8-12.

[40]薛桂霞,孙炜琳.对农民专业合作社开展信用合作的思考[J].农业经济问题,2013,34(04):76-80.

[41]黎家远.贫困村村级互助资金扶贫模式的经验与发展:基于四川实践[J].农村经济,2010(6):69-71.

[42]李超民.美国农场合作金融法制化与我国农村金融体制建设[J].环球法律评论,2006(6):671-680.

[43]兰永海,高俊,温铁军.农村资金互助组织的三种不同类型及其比较研究[J].贵州社会科学,2018(01):148-153.

[44]高俊,刘亚慧,温铁军.农村小微金融"内部化悖论"的案例分析[J].中国农村观察,2016(06):2-11,96.

[45]周孟亮.普惠金融视角下新型农村合作金融创新发展:兼谈"百信模式"与"山东模式"[J].财经科学,2016(09):14-23.

[46]周昌发.乡村振兴战略下的农村合作金融制度改进[J].科学决策,2020(12):47-72.

[47]宋彦峰,夏英.农民专业合作社成员内部资金互助模式分析:以天津宝坻区民盛养鸡专业合作社为例[J].中国农民合作社,2010(02):58-59.

[48]宋彦峰.新型农村合作金融组织发展的制度研究[J].南方金融,2010(03):57-59.

[49]陈立辉,刘西川.农村资金互助社异化与治理制度重构[J].南京农业大学学报(社会科学版),2016,16(03):111-122,159-160.

[50]王江,神田键策.农村互助合作金融模式绩效分析[J].海南大学学报(人文社会科学版),2008(04):437-441.

[51]张德峰.我国合作金融中的政府角色悖论及其法律消解[J].法学评论,2016,34(01):59-68.

[52]刘西川,钟觅琦.合作金融组织剩余控制权安排的另一种可能:分权型及半阁村实例

[J]. 财贸经济,2018,39(10):91-104,144.

[53]孙同全. 从制度变迁的多重逻辑看农民资金互助监管的困境与出路[J]. 中国农村经济,2018(04):41-53.

[54]王可,刘永祥. 我国农村金融发展中基金支持模式的探索:农村合作基金会发展兴衰及其经验启示[J]. 农村经济,2007(06):55-57.

[55]吴东立. 农民合作社内部资金互助监管问题不容小觑[J]. 中国农民合作社,2017(05):36.

[56]赵铁桥. 关于农民合作社信用合作的理论与实践问题[J]. 中国农民合作社,2015(05):22-25.

[57]王清星. 论民营银行成长的逻辑:一个基于国家效用函数的分析框架[J]. 商业研究,2006(11):117-120.

[58]周立,李萌. 资金互助社的正规化[J]. 中国金融,2015(07):74-75.

[59]张笑寒,陈毓雯. 内生动力视角下农民资金互助合作社的农户收入效应[J]. 审计与经济研究,2020,35(06):88-94.

[60]罗兴,马九杰. 不流于美好愿望:金融企业家与合作金融组织供给困境的破解[J]. 中国农村经济,2019(08):54-71.

[61]王曙光,王东宾. 农民资金互助:运行机制、产业基础与政府作用[J]. 农村经营管理,2010(08):24-26.

[62]夏英,宋彦峰,濮梦琪. 以农民专业合作社为基础的资金互助制度分析[J]. 农业经济问题,2010,31(04):29-33,110.

[63]夏英. 我国农民专业合作经济组织发展中的政府行为与相关政策法规[J]. 农村经营管理,2008(11):17-21.

[64]李海峰,龙超. 金融抑制、金融创新与农民资金互助社发展[J]. 云南财经大学学报,2018,34 (01):70-79.

[65]黄英君. 金融深化、扶贫效应与农村合作金融发展[J]. 华南农业大学学报(社会科学版),2017,16(06):32-41.

[66]任秋娟. 基于优化农村金融生态的农村小型合作金融组织发展路径[J]. 改革与战略,2017,33(06):97-98,118.

[67]陈经伟. 由农村资金互助组织谈中国合作金融体系重构:以温州 Q 资金互助会为例[J]. 学术界,2017(09):185-199.

[68]熊海斌,谢元态. 合作金融融入农民合作社的理论与实践分析[J]. 世界农业,2017(08):30-35.

[69]李巧莎,张杨.日本农村合作金融发展、改革及启示[J].现代日本经济,2017(03):42-51.

[70]王俊凤,庞博,杨德光.农民专业合作社内部资金互助的运行机理研究[J].学习与探索,2017(03):125-130.

[71]夏英,宋彦峰.我国新型农村合作金融类型及其发展现状考察[J].中国经贸导刊,2012(19):29-31.

[72]马斌,韩守富.河南新型合作金融发展研究[J].宏观经济管理,2017(02):83-86.

[73]王俊凤,闫文.农民合作社内部资金互助业务运行机理分析[J].农村金融研究,2016(09):59-63.

[74]彭守天.我国农村合作金融组织可持续发展问题探析[J].武汉金融,2016(06):66-68.

[75]罗斌.农村合作金融组织形式创新研究[J].农村经济,2016(05):101-106.

[76]谌英.国外农村合作金融发展模式及立法研究[J].世界农业,2016(07):126-130.

[77]鞠荣华,许云霄.中国商业性和合作制农村金融机构效率比较[J].中国农业大学学报,2015,20(06):282-289.

[78]刘兰兮.评《民国时期中国农业合作金融研究(1923—1949)》[J].中国经济史研究,2015(05):67.

[79]杨焱,王京.现代合作金融制度的产生:基于一般合约理论[J].南方金融,2015(09):21-27.

[80]黄星澍,乐韵.新型农村合作金融组织的发展问题研究:浙江案例[J].浙江金融,2014(09):67-70.

[81]吴爱华,李明贤.我国农村合作金融组织发展面临的问题与对策[J].广东农业科学,2014,41(17):220-223.

[82]植凤寅.农村资金互助社十年[J].中国金融,2014(16):90-93.

[83]邬平川,王杨.农村资金互助社金融许可证制度的思辨[J].现代经济探讨,2014(06):79-83.

[84]戴翔,张义佼.发达国家农村合作金融模式及在中国的适用性[J].世界农业,2013(08):17-20.

[85]施同兵.农村合作金融发展中政府行为的选择[J].中国行政管理,2013(08):89-93.

[86]赵科源,魏丽莉.以合作金融为着力点 推进供销社改革[J].理论视野,2016(12):78-80.

[87]李涛.基于共生理论的生产、供销、信用“三位一体”综合合作分析[J].生产力研究,2018(11):56-59.

[88]王曙光.中国合作金融的发展变迁[J].中国金融,2020(2):97-99.

[89]宋彦峰.农村新型合作金融组织的制度研究:以陕西省为例[D].北京:中国农业科学院,2011.

[90]杨久栋,孙艺荧,朱云云.2020年中国新型农业经营主体发展分析报告(一):基于农民合作社的调查数据[N].农民日报,2020-9-26(008).

[91]ALTMAN EDWARD I. HOTCHKISS EDITH. Corporate financial distress and bankruptcy: predict and avoid bankruptcy, analyze and invest in distressed debt[M]. John Wiley & Sons, 2005.

[92] NORTH, D. C. Institutions, institutional change and economic performance [M]. Cambridge: Cambridge University Press, 1990.

[93] RICHARD A. BREALEY, STEWART C. MYERS. FRANKLIN ALLEN. Principles of corporate finance[M]. New York: McGraw-Hill Australia, 2010.

[94] ABDUL HYE MONDAL. Social capital formation: the role of NGO rural development programs in Bangladesh[J]. Policy sciences, 2000(33): 459-475.

[95]PAT MCGREGOR. Credit unions and the supply of insurance to low income households [J]. Annals of public and cooperative economics, 2005, 76 (3): 355-374.

[96] IRFAN ALEEM. Imperfect information, screening and the costs of informal lending: a study of a rural credit market in Pakistan[J]. World Bank economic review, 1990, 4(3): 329-349.

[97]ASIF DOWLA. In credit we trust: building social capital by Grameen Bank in Bangladesh [J]. Journal of Socio-Economics, 2005, 35(1): 102-122.

[98] MARTIN PETRICK. Empirical measurement of credit rationing in agriculture: a methodological survey[J]. Agricultural economics, 2005, 33(2): 191-203.

[99]MILIND SATHYE. Efficiency of banks in a developing economy: the case of India[J]. European journal of operational research, 2003, 148 (3): 662-671.

[100]BRESLIN MEGAN J. The price of a dream: the story of the grameen bank and the idea that is helping the poor to change their lives / Women at the center: Grameen Bank borrowers after one decade[J]. Current history, 1996, 95(604): 394.

[101]BRETT E. COLEMAN. Microfinance in Northeast Thailand: who benefits and how much? [J]. World development, 2006, 34(9): 1612-1638.

[102] ADAM B. ELHIRAIKA. An econometric analysis of farm household participation in the rural credit market in Sudan[J]. Savings and development,1999,23(2):193-213.

[103] MURRAY FULTON, KONSTANTINOS GIANNAKAS. Organizational commitment in a mixed oligopoly: agricultural cooperatives and investor-owned firms [J]. American journal of agricultural economics,2001,83(5):1258-1265.

[104] G. S. HARSHITA, S. B. MAHAJANASHETTI, H. S. VIJAYAKUMAR, H. BASAVARAJ, B. BASAVARAJ. Management appraisal of district central co-operative bank: a case of DDC Bank, Shimoga, Karnataka[J]. Karnataka journal of agricultural sciences,2008,21(3):403-406.

[105] GÜNTER LANG, PETER WELZEL. Mergers among german cooperative banks: a panel-based stochastic frontier analysis [J]. Small business economics, 1999, 13 (4): 273-286.

[106] ANJINI KOCHAR. An empirical investigation of rationing constraints in rural credit markets in India[J]. Journal of development economics,1997,53(2):339-371.

[107] LEVINE R. Financial development and economic growth: views and agenda[J]. Journal of economic literature,1997,35(2):688-726.

[108] NOURSE, E G. The place of the cooperative in our national economy[J]. American co-operation,1992(7):104-111.

[109] ROBIN BELL, ANNIE HARPER, DYSON MANDIVENGA. Can commercial banks do microfinance? Lessons from the Commercial Bank of Zimbabwe and the Co-operative Bank of Kenya[J]. Small enterprise development,2002,13(4):35-46.

[110] STIGLITZ J. E. WEISS A. Credit rationing in markets with imperfect information[J]. The Amercian economic review,1981,71 (3):393-410.

[111] TSAI, K. S. Imperfect substitutes: the local political economy of informal finance and microfinance in rural China and India[J]. World development,2004,32(9):1487-1507.

后　记

本书是在我的博士学位论文《农村新型合作金融组织的制度研究——以陕西省为例》基础上，经过认真修订和补充完善之后形成的。尽管经过多年金融理论的学习和研究有一定的积累和沉淀，但是在金融实操方面自我感觉依然存在很大的不足。因此，博士毕业以后进入一家国有商业银行省分行工作，主要从事金融产品创新管理和普惠金融业务。在实际工作中并未放下对农村新型合作金融组织发展问题的研究与思考，也时常利用培训机会与在农村新型合作金融组织发展情况比较好的地区工作的同事沟通交流。从事金融管理工作后，明白了金融业务和金融体系的复杂性，也更加明白金融监管和金融风险的重要性，特别是在农村地区培育发展一种新型金融组织更需要审慎对待，基于这些理念和认识，我时常关注农村新型合作金融组织的发展。

后因工作变动，重新回归纯科研岗位。在这期间我国农业农村正在经历脱贫攻坚的全面结束和乡村振兴战略的全面推进，"三农"工作重心发生历史性转移。同样，作为服务"三农"工作的农村金融也在发生着改变，各种类型的农村新型合作金融组织发展几经沉浮，有的蓬勃发展、有的积极转型、有的日渐式微，还有的发生了变异，对于这些发展中出现的新情况和新问题，对于一个研究者来说需要进行深入的探讨和思考。为了更好地了解农村新型合作金融组织的发展，这期间我又去了一些地方，对一些农村新型合作金融组织进行调研和考察，看到了更多类型的农村新型合作金融组织，这是毕业论文中没有涉及的，因此本书亦将这些组织类型收录进来进行分析。多年的金融管理工作经验，让我对农村金融的发展、对我国农村新型合作金融组织的发展有了更多的想法和判断。同时，在我国"三农"工作进入全面推进乡村振兴战略时期，更加需要进一步发挥农村金融的支持作用。新形势下，如何实现农村新型合作金融组织的规范发展、如何实现这些金融组织更好的支持乡村振兴战略的推进，这些因素是促使我补充完善和完成书稿的重要动力。

在本书的形成过程中，首先要感谢的依然是我的导师夏英，无论是我在学习期间，还是走上工作岗位，总是能够给予我各种帮助。感谢在银行工作期间给予我指导和帮助的同事们，让我认识到庞大的金融体系以及细微的金融实操环节。我还要感谢陈明星、生秀东、李国英、侯红昌、苗洁、安晓明、乔宇锋、刘依杭对我的帮助和对本书的贡献。

但是，受本人研究能力和研究条件的制约，本研究还存在着一些不足，主要表现在：

第一,现阶段我国农村新型合作金融组织的发展模式和类型多种多样,特别是政府主导下的农村金融改革和发展也使得新型合作金融组织的发展表现出一定的地域性,受研究条件限制,笔者在数据处理和分析对象方面还有一定的局限性,其他地区的典型模式并没有囊括在内;第二,在对金融组织进行制度分析时,源于这三种不同类型的合作金融组织存在较大的差异性,本人仅仅是对三者进行分开阐述,在产权安排、治理结构等方面并没有给出共性的概括;第三,围绕这些农村新型正规金融组织进行制度分析时,诸如制度边界、利益分配等方面并没有给予阐述,使得研究对象的制度分析并不完整。因此,这也是笔者以后的工作和学习过程中需要加强和完善的地方。

宋彦峰

2022 年 4 月